KB069954

HABITUS
아비투스

일러두기

1 본문의 모든 인용문은 독일어판 텍스트를 한국어로 옮긴 것입니다.
2 본문의 괄호 안 글 중 옮긴이가 독자들의 이해를 위해 덧붙인 글에는 '옮긴이'로 표시
   했습니다. '옮긴이' 표시가 없는 것은 원저자의 글입니다.
3 본문에서 언급하는 단행본이 국내에서 출간된 경우 국역본 제목으로 표기했고, 출간되
   지 않은 경우 최대한 원서와 가깝게 번역하고 원제를 병기했습니다.
4 책 제목은 겹낫표(『』), 편명, 영화, 공연, 방송 프로그램 등은 홑낫표(「」), 신문, 잡지는
   겹화살괄호(《》)를 써서 묶었습니다.
5 본문에서 유로, 달러로 표현된 금액은 원화로 환산하여 표기했습니다. (유로 1300원,
   달러 1200원 기준)

Habitus: Sind Sie bereit für den Sprung nach ganz oben?
by Doris Märtin
Copyright © 2019 Campus Verlag GmbH

Korean Translation Copyright © 2023 by Dasan Books Co., Ltd.
Korean edition is published by arrangement with Campus Verlag GmbH, Frankfurt
am Main through BC Agency, Seoul

HABITUS

아비투스

PSYCHOLOGY
CULTURE

KNOWLEDGE
ECONOMY

PHYSICAL

인간의 품격을 결정하는 7가지 자본

도리스 메르틴 지음 | 배명자 옮김

LANGUAGE
SOCIETY

다산
초당

아무리 애를 써도 멈춰 있는 것 같고, 무언가가 내 앞을 가로막고 있는 것 같다면 이 책이 길을 열어줄 것이다. 성공으로 가는 지름길, 그것도 아주 구체적이고 똑똑한 지름길이 있음을 당신도 알게 되길.

— 켈리 최(켈리델리 회장, 『웰씽킹』 저자)

어떤 사람은 돈 때문이라고 말한다. 실패할 수밖에 없는 것도, 더 이상 도전하지 않는 것도. 그런 사람이 많아서 다행이다. 그들은 앞으로도 그렇게 살 테니까. 상대적으로 당신이 성공할 확률은 높아진다. 포르쉐와 에르메스 백이 겉모습을 매력적으로 꾸며줄 순 있지만 거기서 끝이다. 당신을 타인과 구별 짓는 건 몸에 밴 사상과 태도, 언어와 몸짓이다. 그러니 어떻게 사고하고 무엇을 즐기고 누구와 어울릴지 고민하자. 이 책을 읽을 당신은 운이 좋다.

— 이우성(시인, 《GQ》, 《아레나 옴므 플러스》 전 피처 에디터)

내가 매 순간 행하는 말투, 행동, 버릇, 심지어 나의 세 글자 이름조차 모두 나의 자본이었다는 사실, 즉 좋은 이름을 갖는 것조차 좋은 '문화자본'의 시작이라는 것. 나는 이 사실들을 뼈를 깎는 고생을 하고서야 겨우 조금 깨달았다. 매우 손쉽게 이런 소중한 정보를 알게 될 독자들이 벌써 부럽다. 행운은 다른 데 있는 게 아니라 남들보다 빨리 아는 데 있다.

— 홍춘욱(EAR 리서치 대표, 『50대 사건으로 보는 돈의 역사』 저자)

타고난 계층을 바꾸는 유일한 힘

2020~2021년 한국에는 투자 시장의 붐이 일었다. 한동안 비트코인과 주식에 투자해 큰돈을 벌었다는 사람이 매일 같이 등장했고, 가파르게 오르는 집값을 보며 수많은 사람이 '영혼까지 끌어와' 내 집 마련을 하며 부동산 시장에 뛰어들었다.

이러한 흐름은 두 가지 시선을 만든다. 하나는 투자로 빠르게 부자가 된 이들을 향한 부러움의 시선, 또 하나는 한 칸 더 높은 사다리에 올라서서 다음 스텝을 어디에 밟아야 할지 살피는 시선이다. 어느 쪽이든 더 높은 계층으로 올라가고 싶은 욕망이 어느 때보다 간절했을 것이다. 『아비투스』가 한국에서 출간되자마자 인문 분야 베스트셀러에 오르고 출간 후 2년이 지난 지금까지 스테디셀러로 팔리며 많은 독자의 사랑을 받은 데는 이런 배경도 있었을 거라 생각한다.

아비투스란 세상을 살아가는 방식과 태도다. 모든 사람에게는 아비투스가 있고, 최초의 아비투스는 가족을 통해 습득한다. 타고난 사회 계층이 의식도 못 하는 사이에 나의 가치관과 취향까지 만드는 것이다. 예를 들어 부유한 교수의 아이는 자신이 고가의 브랜드를 선호하고 클래식 음악과 문학에 정통한 것을 당연하게 여긴다. 반면 가난한 계약직 직원의 아이는 티셔츠 한 장에 1만 원 이상 쓰는 것을 돈 아깝다고 생각하고 오페라하우스 내부에는 관심도 없다.

하지만 아이들은 언젠가 어른이 된다. 부모를 뛰어넘어 자신이 물려받은 위치보다 더 높이 오를 수 있다. 빈곤층에서 벗어나 중산층까지, 또는 중산층에서 최상층까지 올라갈 수도 있다. 다만 그러려면 타고난 아비투스를 바꿔야 한다. 최상층이 되고 싶다면, 최상층의 아비투스를 갖춰야 한다.

아비투스는 결코 돈으로만 이뤄지지 않는다. 내가 만나는 모든 사람, 내가 즐기는 모든 것, 내가 해내는 모든 과제가 나의 계층을 드러낸다. 나는 이 책에서 최하층과 최상층의 아비투스는 어떻게 다른지 분석하고, 인간의 품격을 이루는 심리, 문화, 지식, 경제, 신체, 언어, 사회 자본을 활용해 최고의 아비투스를 구축하는 방법을 알려주고자 했다.

고상한 아비투스는 저절로 생기지 않는다. 실현하고 싶다면 뭔가를 해야 한다. 할 수 있는 일은 무한하다. 낯설게 느껴지는 세계에 열린 마음으로 뛰어들어라. 부러울 만큼 여유로워 보이는 사람들을 롤모델로 삼자. 현대 미술을 전혀 이해하지 못하더라도 일단 전시회에 가자. 생각만 해도 긴장이 되더라도 새로운 초대나 업무를 수락하자. 언뜻 낯설게 느껴지는 주제와 아이디어에 호기심을 가지자. 교양 있는 사람들과 멋진 일들을 자주 경험할수록 당신의 지각 능력이 확장된다. 그리고 그 경험이 당신을 당당함과 자신감에 한 걸음씩 더 가까이 데려갈 것이다.

당연히 나는 이러한 계층 사회가 불공정하다고 생각한다. 아마 당신도 같은 생각일 것이다. 그러나 한국에서든 독일에서든, 사회가 변하기를 기다리는 것은 도움이 되지 않는다. 그래서 당신에게 권한다. 지금 당장 더 당당한 아비투스를 기르기를. 일단 시작하면, 모든 상황에서 자신감과 여유를 더 많이 느낄 수 있을 뿐 아니라 여러 흥미로운 경험을 통해 삶이 더욱 풍성해질 것이다.

고상한 아비투스를 갖지 못한 채 더 높은 곳에 오르면 금세 길을 잃은 기분이 든다. 위, 아래, 중간 어디든 비슷한 사람들끼리 가장 잘 어울리기 때문이다. 비슷한 경험을 가진 사람들은 본능적으로 서로를 믿고 더 쉽게 협력한다.

당신은 당신의 아비투스에 만족하는가? 지금 있는 자리가 당신의 최선이라고 생각하는가? 그게 아니라면 내가 가진 모든 것을 자본으로 활용하는 새로운 인생 전략을 세워보자. 당신을 새로운 차원으로 끌어올릴 아비투스를 기대한다.

아비투스는 당신이 어떤 사람인지 폭로한다

심리학에는 '크랩 멘털리티(Crab mentality) 효과'라는 용어가 있다. 어부들이 게를 잡아 그냥 산 채로 바구니에 던져놓는 것에서 유래한 용어다. 게들은 사실 바구니에서 쉽게 기어올라 탈출할 수 있다. 높이 기어오른 동료를 다른 게들이 다시 아래로 끌어내리지만 않는다면 말이다. 당신은 여기서 선택할 수 있다. 아무런 도전도 하지 않고 다른 게를 방해만 할 건지, 조금 오르다 쉽게 좌절할 건지, 아니면 끝까지 기어올라 결국 바구니를 탈출할 건지. 당신이 지금까지 어떤 '게'였든 앞으로는 더 나은 꿈을 꾸길 바라며 이 책을 썼다.

한국은 어떤 나라보다 똑똑하고 전도유망한 젊은이, 각 분야의 트렌드를 이끄는 선구자가 많은 나라라고 들어왔다. 그럼에도 많은 가능성을 가진 이들이 결국 '이미 정해진 삶'의 늪에 빠져 좌절한다는 사실도 알고 있다. 하지만 변하지 않는 것은 없다. 어떤 아비투스도 돌에 새겨지지 않았다.

아비투스는 의사소통과 같다. 아비투스가 없는 사람은 없다. 아비투스는 우리의 취향, 가치관, 야망을 드러낸다. 누구와 결혼을 하고, 어떻게 외모를 꾸미고, 심지어 얼마나 능숙하게 국제적으로 활동하는지조차도 아비투스에 달렸다. 지금까지 그런 결정과 행동이 당신 개인의 일이라고만 생각했나? 결코 그렇지 않다. 아비투스는 은밀한 폭로자나 다름없다. 아비투스는 당신이 어떤 사람인지 다른 사람들에게 폭로한다. 당신이 어디에서 왔는지, 당신과 어울리는 사람은 누구인지, 당신의 무엇을 믿어도 되는지, 그리고 당신이 거기에서 어떤 기회를 얻는지.

이 지점에서 고약한 합병증이 생긴다. 모든 아비투스가 똑같이 세상 사람들의 선망을 받는 건 아니다. 모든 아비투스에 저마다 강점이 있더라도 상위 10퍼센트의 자유롭고 주체적인 아비투스가 최고의 기회를 가진다. 상위 3퍼센트면 더 좋다. 그런 사람을 알고 가까이 지내는 사람은 돈과 출신에 상관없이 모든 계층에서 안전할 뿐 아니라, 잠재력을 가장 빨리 발휘할 수 있는 곳으로 진입한다.

당신의 아비투스는 당신의 과거, 가족, 교육, 경력을 통해 형성된다. 하지만 그 이상의 고급 아비투스가 저 높은 곳에 있는 이들의 독점적 특권은 아니다. 나는 이 책을 당신과 나 같은 보통 사람들을 위해 썼다. 계층 사다리의 중간에 있는 사람들. 교육을 중시하고 사회에 공헌하며 자신의 소득으로 평범하지만 최고로 잘 살 수 있는 사람들. 연구자, 간호사, 기술자, 관리자, 교사, 사업가, 정치인, 프로젝트 팀장, 대학생, 심리학자, 웹디자이너, 자영업자….

당신이 아는 모든 사람, 당신이 만드는 모든 것, 당신이 해내는 모든 과제가 아비투스를 만든다. 올바른 방향 설정은 당신에게 달렸다. 열쇠는 당신 손에 있다. 당신의 아비투스에 날개를 달아라! 날아올라 꼭 최정상을 차지하길 바란다.

용기와 기쁨과 큰 성공이 있기를.

차례

1장
아비투스가 삶, 기회, 지위를 결정한다

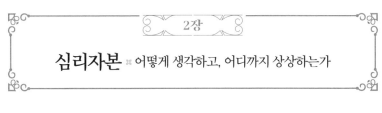

2장

심리자본 ❖ 어떻게 생각하고, 어디까지 상상하는가

3장

문화자본 ❖ 인생에서 무엇을 즐기는가

4장

지식자본 ⁑ 무엇을 할 수 있는가

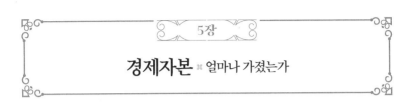

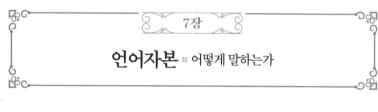

7장

언어자본 ※ 어떻게 말하는가

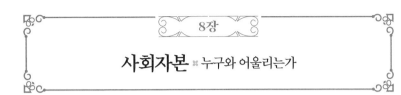

8장

사회자본 ※ 누구와 어울리는가

HABITUS

1장

PSYCHOLOGY
CULTURE
PHYSICAL
KNOWLEDGE
ECONOMY

심리 문화 지식 경제 신체 언어 사회

LANGUAGE
SOCIETY

아비투스가
삶, 기회, 지위를 결정한다

세계정신은 우리를 붙잡거나 옥죄려 하지 않고,
우리를 한 단계 높이고 한 단계 넓혀준다.

_헤르만 헤세

아비투스는 아우라처럼 인간을 감싸고 있다. 협상할 때, 데이트할 때, 어린이집을 고를 때, 사업상 접대 자리에 나갈 때, 심지어 마트에서 장을 볼 때도 드러난다. 아비투스는 인생 설계, 명성, 사고방식 및 생활방식, 식습관, 말투, 만족감, 신뢰, 사회적 지위, 성숙한 삶을 좌우하는 결정적 구실을 한다.

아비투스란 세상을 사는 방식과 태도를 말한다. 아비투스는 누구에게나 있다. 그러나 아비투스는 일부에게만 평평한 길을 만들어주고, 누군가에게는 날개가 되어주기는커녕 날아오르는 것 자체를 방해한다. 하지만 이런 아비투스는 바꿀 수 있다. 어떻게? 이 책에서 그 방법을 알게 될 것이다.

높은 신분으로 태어난다는 것

◇◇◇◇◇

점박이하이에나는 복합적인 사회에서 생활한다. 강한 암컷들의 지배 아래 최대 100마리에 이르는 하이에나들이 서열 집단을 구성한다. 점박이하이에나의 미래는 태어나는 순간 결정된다. 어미 하이에나가 상류층에 속하면 그 새끼들은 최상의 미래에 대한 전망과 함께 삶을 시작한다. 독일 생물학자 올리버 헤너(Oliver Häner)와 베티나 바흐터(Bettina Wachter)가 탄자니아에서 이를 연구했다. 응고롱고로 분화구 지역을 수년간 관찰한 끝에 다음 사실을 알게 되었다. "서열이 높은 암컷의 새끼들은 태어날 때부터 생존에 매우 유리하다."[1]

왕자와 공주로 태어난 새끼들은 어미의 살뜰한 보호 속에서 성장한다. 서열이 높은 암컷들은 직접 사냥하지 않고, 서열이 낮은 암컷에게 사냥을 시켜 필요한 것을 얻는다. 이런 특권이 새끼들에게 직접적인 도움을 준다. 고귀한 태생의 새끼들은 위험으로부터 더 안전하게 보호받고, 더 좋은 먹이를 더 많이 얻으며, 더 빨리 자란다. 또한 어릴 때부터 상류층의 전형적인 행동 방식을 보고 배운다. 이들은 최상의 자리를 보장하는 성공 아비투스도 같이 얻는다. 그 결과 서열이 높은 어미의 딸들 역시 지도층이 된다. 아들들은 새로운 무리에 합류하는데, 우두머리 암컷을 유혹하는 방법을 일찍이 터득하기에 경쟁자들보다 더 빨리, 더 많이 번식한다.

어린 하이에나의 지위는 사회적으로 상속된다. 입양된 새끼 하

이에나가 입양모와 비슷한 지위를 차지하는 모습에서 이것을 유추할 수 있다.[2]

인간도 각자 다른 조건을 갖고 삶을 시작한다.

어디에서 태어났느냐에 따라 우리는 성공에 유리한 아비투스를 많이 혹은 적게 몸에 익힌다. 행동 방식과 생활방식, 지위와 언어, 자원, 성공 기회, 삶에 대한 기대에서 추진력을 얻느냐 제동이 걸리느냐는 아비투스에 달렸다.

불공평한 현실부터 인정하기

내가 고등학생 무렵 교환학생으로 프랑스에 갔을 때, 처음으로 아비투스의 차이를 경험했다. 나는 서민 아파트에 사는 한 가정에 홈스테이로 배정됐다. 그 집의 부모는 주야간 교대 근무로 일했고, 저녁 식사로 통조림 라비올리를 먹었으며, 그 집의 주방에는 늘 바퀴벌레가 기어 다녔다. 나는 그곳에서 이틀도 견딜 수 없었다. 하지만 인솔 교사는 나 몰라라 하는 데다, 핸드폰과 메신저도 없던 시절이라 부모님에게 도움을 청할 수도 없었다. 그때 한 친구가 자신의 호스트에게 나도 그 집에서 지낼 수 있게 해달라고 청했다. 동화처럼 하루아침에 나는 한 사업가의 집에서 지내게 되었다. 우아한 문양이 새겨진 천장, 고급스러운 골동품, 서로 존댓말을 쓰는 부부, 고상한 식탁 대화, 로브스터…. 책장에는 성경처럼 얇은 종이에 금테를 두른 프랑스 고전문학전집 플레이아드(Pléiade)가 꽂혀 있었다. 이 가정의 생활양식 역시 내가 원래 경험하던 것과 전혀 달랐다. 나는 그들의 생활에 큰 감명을 받았고 최고의 환대를 받고 있다고 느꼈다. 하지만 내가 아무리 애쓰고 수학과 프랑스어를 잘하더라도, 여기가 나의 세계라는 느낌은 받을 수 없었다.

파리에서 지낸 몇 주는 내가 꿈꾸는 좋은 삶의 표본이 되었다. 지금까지 없었던 열망이 자라났다. 그 후로 나는 근본적으로 다른 두 환경의 생활방식을 구분할 수 있게 되었다. 프랑스 사회철학자 피에르 부르디외(Pierre Bourdieu)의 『구별 짓기』[3]는 대학 시절 토론 수업의 독서 목록 중 하나였다. 부르디외는 이 책에서 상류층, 중산층, 하류층의 전형적인 생활방식과 인생관을 연구했다. 이 책이 알려준 개념 하나가 교환학생 때의 내 경험에 이름을 붙여주었다. 바로 '아비투스(Habitus)'다. 이 단어는 '가지다, 보유하다, 간직하다'라는 뜻의 라틴어 동사 'habere'에서 파생했다.

부르디외에 따르면 우리가 어떤 가치관, 선호, 취향, 행동 방식, 습관으로 세상을 맞이하느냐는 아비투스에 달려 있다. 태어나 자라면서 경험했던 모든 것이 지금의 태도를 빚어낸다. 돈이 부족했나 풍족했나? 어린 시절 방에 책이 50권 넘게 있었나 아니면 플레이스테이션이 있었나? 휴가 때 여행은 어디로 갔나? 혹시 여행 자체를 안 갔나? 부모님은 성실과 상상력 중에서 무엇을 더 많이 칭찬해주었나? 아빠는 조깅을 했나 아니면 낚시를 했나? 이 모든 경험이 합쳐져 나중에 무엇을 평범한 일, 추구할 만한 가치가 있는 일, 의미 있는 일로 느낄지 결정한다. 우리가 내리는 모든 결정은 우리가 어떤 사회적 관계 안에서 성장했는지와 관련이 있다. 표면적으로만 개인이 결정한 것처럼 보일 뿐이다. 이 말은 다음을 의미한다.

아비투스는 사회적 지위의 결과이자 표현이다. 아비투스는 우리의 사회적 서열을 저절로 드러낸다.

우리와 비슷하게 생각하고 행동하는 사람들이 있는 곳이 우리의 아비투스와 가장 걸맞다. 그런 곳에서 우리는 자신의 본질에 맞게 산다고 느낀다. 사다리의 어느 단계에 있든 상관없이 모두가 비슷하다. 차이는 다른 곳에 있다. 모두 자신의 가정에서 아비투스를 가져오지만 모든 아비투스가 세상에서 똑같은 가치로 간주되지는 않는다. 비록 계층 간의 경계가 모호하고 많은 사람이 다양한 세계에서 내 집처럼 편히 지내더라도, 적은 돈으로 건강한 식탁을 차리는 것보다 고급 레스토랑을 익숙하게 이용하는 것이 더 깊은 인상을 준다. 이런 가치 평가의 차이 뒤에는 냉정한 논리가 있다.

지위와 구별 짓기 게임에서는 상류층 아비투스가 모든 것의 기준이다. 그런 아비투스가 더 많은 명성을 얻고 더 많은 가능성을 가진다.

상위 10퍼센트, 나아가 상위 3퍼센트의 고급 아비투스를 가진 사람이 위로 도약한다. 이것을 못 가진 사람은 위로 오르지 못한다. 맞다, 불공평하다. 하지만 그것이 현실이다.

모든 게 돈으로 결정되는 건 아니다
◇◇◇◇◇

누가 최고일까? 더 나아가 누가 과연 최고 중의 최고일까? 소득이 가장 높은 사람일까? 기업 상속자? 로또 당첨자? 의학, 디지털, 교통 분야의 문제를 혁신적으로 해결해내는 사람? 정치인이나 판사 같은 권력자? 최고 요리사, 올림픽 금메달리스트, 오디션 프로그램 우승자처럼 각 분야에서 최정상에 오른 사람? 아니면 유튜브 구독자 수가 수백만에 이르는 사람?

아무튼 돈으로만 결정되지 않는다. 다른 자원들도 의미 있는 삶, 영향력, 만족감 등에 돈만큼 결정적인 역할을 한다. 부르디외는 탁월함의 전제 조건을 자본이라고 보는데, 그가 말하는 자본에는 돈과 능력 이외에 많은 것이 포함된다. 출신 배경과 인맥도 자본이다. 교육, 관계 맺는 방식, 미적 감각, 달변과 적합한 목소리 톤, 당당한 자세도 자본이다. 그리고 무엇보다 낙관주의와 안정적인 정신도 자본이다.

그러므로 남들과 자신을 구별 짓고 돋보이게 할 수단은 아주 많다. 여러 범주의 자본이 인간의 잠재력을 맘껏 발휘하게 한다(혹은 방해한다). 심리자본, 문화자본, 지식자본, 경제자본, 신체자본, 언어자본, 사회자본. 이 모든 자본이 아비투스에 영향을 미친다.[4] 자본 유형을 다양하게 가질수록 더 높이 올라간다.

* 심리자본: 낙관주의, 열정, 상상력, 끈기. 잠재력을 온전히 실현하느냐 아니면 중간 수준에 머물게 하느냐는 심리적 안정감에 달려 있다.

* 문화자본: 선망과 존중을 받는 코드와 취향. 몸에 밴 고급문화와 탁월한 사교술이 고전적 문화자본이라면 주의 깊고 한결같은 생활양식 혹은 용기 있는 기행(奇行)과 개별성이 새로운 트렌드의 문화자본이다.

* 지식자본: 졸업장, 학위, 전문 지식, 경력, 학술 및 기능 자격증, 자신의 지식과 역량으로 어떤 일을 해내는 능력.

* 경제자본: 소득, 현금 자산, 부동산, 주식, 연금, 보험, 예상되는 상속 재산 등 모든 물질적 재산.

* 신체자본: 스스로 얼마나 매력적이고 건강하고 활기차다고 느끼는지에 대한 판단. 사람들은 외형에서 사회적 지위, 내적 가치를 유추한다.

＊ 언어자본: 유창한 언변으로 사람들에게 다가가고 다양한 관점에서 구체적, 객관적으로 주제를 설명할 수 있는 능력. 어디에서 무슨 주제를 어떤 방식으로 말해야 할지 아는 것이 특히 중요하다.

＊ 사회자본: 누구를 아는가. 개인이나 집단과 얼마나 잘 지내는가. 든든한 가족, 훌륭한 롤모델, 도움을 줄 수 있는 인맥, 진정성 있는 멘토, 결정권자와의 친분, 서로를 격려하는 동료, 영향력, 권력, 가시성.

일곱 가지 자본 유형은 투자 포트폴리오와 같다. 저마다 자본 유형의 구성과 비율이 다르다. 어떤 이는 돈과 인맥이 풍족하다. 어떤 이는 고급 취향과 교양으로 빛을 발한다. 또 어떤 이는 동년배들이 은퇴를 계획할 때 여전히 실력 발휘를 한다. 상류층은 보통 모든 자본 유형을 넉넉히 갖고 있고, 그런 가정의 아이는 삶의 출발선부터 더 많고 좋은 자본을 쥐고 있다. 그러므로 비슷하게 좋은 교육을 받았다고 해서 반드시 비슷한 아비투스를 갖는 건 아니다.

상류층의 자손들은 자본 유형 대부분을 부모와 조부모에게서 물려받는다. 그들에게는 큰 포부를 갖는 것이 당연한 일이다. 점박이하이에나와 마찬가지로 이런 출신 배경은 아름다운 유년기를 선사하는 것에서 끝나지 않고, 평생을 최상층 혹은 상당히 높은 위치에 머물도록 보장한다. 독일 사회학자 미하엘 하르트만(Michael Hartmann)은 이런 배경이 얼마나 큰 장점인지를 입증했다. 그는 여러 국가의 주요 기업 최고경영자와 임원의 이력서를 분석했다.

독일의 경우 대부분의 최고경영자가 상위 4퍼센트, 즉 매우 부유한 고소득 중산층 혹은 상류층 가정 출신이다.

부유한 가정 출신이더라도 자기 힘만으로 경제, 정치, 문화계에서 최고의 자리에 오를 수 없다. 그러나 확실한 이점이 있는 건 사실이다. 엘리트 채용에서는 유사성 원리가 지배한다. 결정권자가 되려면 결정권자와 닮는 것이 가장 좋다.[5] 물론 전문성도 중요하다. WHU 오토 바이스하임 경영대학원의 연구 결과에 따르면 독일의 최고경영자 중 14퍼센트가 노동자 계층 출신이며, 전문성이 중요하지 않았더라면 그 자리에 오를 수 없었을 것이다. 그렇더라도 능력은 절반의 무기에 불과하다. 어려서부터 고급 아비투스가 몸에 밴 사람은 평균적으로 두 배 더 빨리, 더 쉽게 최고가 된다.

계급을 나누는 7가지 기준

◇◇◇◇◇◇

중산층 가정에서는 부모가 아이에게 영문법의 '과거'와 '현재완료' 시제의 차이를 열심히 설명하지만, 하류층 가정에서는 아이의 영문법 공부를 도와줄 사람이 거의 없다. 거대 출판사 사장의 아들은 이미 2개 국어에 능통한 채로 자란다. 필하모니 후원회 회원인 아빠 덕에 9세 아이가 리사이틀을 마친 오페라 가수에게 꽃다발을 전달하는 기회를 갖는다. 처음엔 약간 쑥스러워하는 것처럼 보이지만 곧 익숙해질 것이다. 비현실적으로 보이는가? 누군가에겐 그럴지도 모르지만 상류층 부모의 생각은 다르다.

상류층 자녀들은 책임감과 자신감을 동시에 훈련하고, 어려서부터 구별 짓기와 탁월함을 몸에 익힌다.

그러는 동안 중산층에서는 야심, 자제력, 충동 억제 같은 다른 자질이 훈련된다. 독일 청소년 생활환경 연구에 따르면 상위 중산층의 부모는 외국어, 음악, 사회 참여 교육과 함께 아이에게 비판능력, 생태의식, 문화적 소양을 심어준다. 하위 중산층 가정은 근면성, 현실성, 준법성을 중심 태도로 가르치고 성공 지향과 물질적 가치에 초점을 둔다.[6] 정중한 태도와 근면성은 격려되지만 사회적 날카로움과 비주류적 관심은 마뜩잖은 눈총을 받는다.

중산층 전체의 전형적인 아비투스는 성과 및 지위 추구다.

상류층과 상위 중산층 그리고 중위 중산층 사이의 경계가 유동적이긴 하지만 상류층과 중산층 자녀들 사이에는 명확한 차이가 있다. 그러나 한 가지 일치하는 건 거의 다 대학에 간다는 것이다.[7]

반면 하류층 부모들 중에는 3분의 1만이 자식을 대학에 보내고 싶어 한다. 이 같은 태도를 정의하기 위해 부르디외는 '아모르 파티(amour fati)'를 주어진 상황과 계급에 순응하는 태도, 즉 '운명 순응'으로 해석했다. 부르디외의 운명 순응은 자신과 같은 계급의 다른 사람이 성취한 것을 기준으로 야망을 품는다는 뜻이다. 따라서 가난한 부모는 딸의 미래를 위해 최고 대학의 경영학 전공보다 근로자 직업 교육을 더 유심히 살펴본다.

생존 기술과 관련한 아비투스는 상류층보다 불안정한 저임금 노동자 계층에서 더 강하게 형성된다.

인간은 스스로 현실적이라고 여기는 일에 노력을 쏟는다. 인생 설계의 모범이 없으면 자기 자신이나 자녀를 위해 그런 길을 찾아 내지 못한다. "당신은 볼 수 없는 것이 될 수 없다." 빈곤 위기에 처한 아이들을 다룬 한 신간의 제목이다. 바로 이것이 문제다. 그러나 눈에 보이는 필수적인 것만 본다 해도 실용주의, 응집력, 좌절을 견디는 힘, 자신과 타인에 대한 강인함 등의 역량이 생긴다.

부르디외는 아비투스를 세 계급으로 분류해 단순화했다. 단순화는 사회적 차이를 이해하는 데 유용하지만 실제 현실에선 훨씬 더 다층적이다. 일곱 가지 자본 유형의 혼합이 각각의 아비투스에 각인되기 때문에 복합적인 아비투스가 형성된다. 예를 들어 몇몇 자본 유형은 아주 많은 반면 나머지 자본 유형이 부족한 경우가 생길 수 있다. 개별 자본 유형이 평균 이상으로 많아지면 그 범주에서 자신감과 특권이 생긴다. 그러나 기본적으로 일곱 가지 범주 모두에서 탁월한 사람만이 부와 차별성 그리고 권력을 갖는다.

출신 배경에서 벗어날 수 있다

◈◈◈◈◈

하류층, 중산층, 상류층, 최상층 사이에는 차이가 있고 그 차이는 작지 않다. 그래서 "뛰어난 마구간의 말이 추월 코스를 달린다"라는 속담이 오랫동안 불문율처럼 통했다. 부르디외의 유명한 말이 이런 관점을 뒷받침하는 데 즐겨 인용된다. "어떤 사람의 아비투스를 알면 그 사람의 어떤 행동이 자신의 발목을 잡을지 직관적으로 알 수 있다."[8] 그렇다면 고급 아비투스는 높은 계층만의 특권일까? 보통 사람은 부분적으로만 풀 수 있는 비밀 코드일까?

아니다. 아비투스를 굳어버린 습관으로 여기는 것은 짧은 생각이다. 당연히 우리의 성향과 편애는 삶의 경험과 함께 변한다. 인간은 상황에 맞춰 태도를 바꾼다. 모든 계층과 분야에서 사람들은 자신의 기회를 최대한 활용하고, 새로운 환경에 적응하고, 자신이 가진 것을 세상에 내놓는다. 이 과정에서 우리의 수준은 계속 올라간다. 부르디외가 명확히 말한 것처럼 "아비투스는 새로운 경험을 통해 끊임없이 변한다."[9] 부르디외 자신이 최고의 사례다.

부르디외는 1930년대에 피레네 산악지대에서 성장했다. 그의 아버지는 농부의 아들로 태어나 우편배달부가 되었고 나중에는 작은 마을의 우체국 국장이 되었다. 부르디외는 농민 계급에도, 시민 계급에도 속하지 않아 소속감 부재로 괴로워했다. 결국 김나지움(4년제 초등학교를 졸업한 후 대학 진학을 목적으로 가는 독일의 중등교육기관- 옮긴이)을 다니기 위해 도시로 나왔고, 대학 공부를 위해 파리로 갔으며, 인류학자와 사회철학자로서 최고의 경력을 쌓았다. 그는 전 세계에서 최고로 꼽히는 고등교육기관인 콜레주 드 프랑스에서 교수로 재직했다.

이처럼 아비투스는 바뀔 수 있다. 우리는 출신 배경에서 벗어날 수 있다. 아비투스가 어떻게 세계관, 취향, 야망을 결정하는지 알면 출신 배경에서 쉽게 벗어날 수 있다. 심리학자 니콜 스티븐스(Nicole Stephens)의 연구팀이 실험을 통해 이것을 입증했다.[10] 연구팀은 교육을 제대로 받지 못한 채 자란 대학 신입생을 두 그룹으로 나눠 다른 종류의 오리엔테이션 행사에 보냈다. 한 곳에서는 학교 성적을 방해할 수 있는 장애물과 그것의 극복 방법을 다뤘다. 다른 곳에서는 교육과 거리가 먼 가정에서 자란 아이들이 맞서 싸워야 하는 도전 과제를 구체적으로 다뤘다. 1년 뒤에 명확한 차이가 드러났다. 출신 배경의 불리함을 구체적으로 고민했던 신입생들이 비교 집단보다 월등히 좋은 성적으로 1학년을 마쳤다. 게다가 그들의 성적은 상류층 학생들과 비슷했다.

출신 아비투스는 비록 우리의 일부이긴 하지만, 우리가 출신 배경을 뛰어넘어 성장하는 것을 막지는 못한다.

출신 배경을 뛰어넘을 기회가 지금처럼 활짝 열려 있는 때는 없었다. 50년 전만 해도 부모, 교사, 교회가 인생을 결정했다. 오늘날은 대부분이 깊고 넓게 교육을 받고 무엇에 열정을 쏟으며 어디서 살지 직접 결정한다. 디지털화와 지구화가 우리의 일상에 생기를 불어넣는다. 정보 접근성은 무제한이다. 기존의 인생 설계가 갑갑하게 느껴지면 언제든 바꿀 수 있다. 이전 세대보다 훨씬 자주 직업, 배우자, 분야, 도시를 바꾸고, 흥미진진한 생활양식을 익히고, 사람들에게서 영감을 얻고, 낯선 기업문화를 받아들인다. 옛날에는 꿈조차 못 꿨을 것을 열망하고 직접 실현할 가능성을 찾는다.

그러나 동시에 한계에 부딪히고, 새로운 환경에 진입하자마자 기존의 아비투스가 걸림돌이 되는 경우도 있다. 심지어 근본적으로 잘못된 기분이 들 때도 있다. 그것이 불안감을 만들고 자신감을 갉아먹는다. 새롭고 어색한 사회적 코드에 익숙해지려면 학습이 필요한데, 그런 걸 가르쳐주는 인터넷 강의는 없다. 그러나! 모든 새로운 환경에서 비롯된 불안감은 자신의 그림자를 뛰어넘어 높은 수준으로 도약하라는 격려이기도 하다.

이때 일곱 가지 자본 유형을 알면 도움이 된다. 이는 물질적, 비물질적 자원으로서 체계적으로 증가하며 우리의 아비투스에 직접적으로 영향을 미친다. 기본적으로 컴퓨터게임과 비슷하다. 검이나 약초 같은 아이템을 획득하고 그것으로 활동 반경과 야망을 키운다.

그러나 한 가지, 유년기에 몸에 밴 아비투스는 아주 깊이 자리한다는 사실을 기억해야 한다. 새로운 경험을 통해 바뀌기도 하지만 우리가 원하는 만큼 빨리 바뀌진 않는다. 어쩌면 당신은 이미한 단계 위로 도약하여 새로운 환경에 처했을 때 그것을 체험했을 것이다. 도전 정신을 깨우는 새로운 도시. 최고 중의 최고만 모이는 엘리트 대학. 유명한 사교 클럽. 친정보다 훨씬 더 잘사는 시댁(혹은 처가). 이런 새로운 경기장에서는 아무리 애를 써도 당신의 다리는 무겁기만 하다. 특히 초기에는 짙은 안개 속에서 살얼음판 위를 걷는 듯하고, 심하면 사기꾼이 된 듯한 기분마저 든다.

정신력이 약해서 그런 기분이 드는 게 아니다.
새로운 환경에서는 아주 당연한 일이다.

삶이 어느 방향으로 가든 아비투스는 언제나 느릿느릿 뒤따라오기 때문이다. 새로운 상황에 아비투스가 완전히 적응할 때까지는 이런 뒤처짐이 계속된다. 부르디외는 이런 뒤처짐을 '히스테리시스(Hysteresis, 이력 현상)'라고 부른다. 책, 에티켓 세미나, 경영자교육 등이 자기계발을 지원해주지만, 새로 익힌 행동 방식이 어딘가 모르게 어색하고 방금 배운 티가 나는 것을 막아주진 못한다.

새로운 환경에서 어느 정도 활동을 해야 그곳의 게임 규칙을 내면화할 수 있고 진짜 소속감을 느낄 수 있다. 우리의 행동이 애쓰는 것처럼 보이지 않고 자연스럽게 느껴지기까지는 오랜 시간이 걸리지만 그렇게 차곡차곡 쌓인 아비투스는 빌려 입은 가짜가 아니라 진짜 외투다. 콜롬비아의 사회학자 샤무스 칸(Shamus Khan)의 말처럼 "우리는 타고난 취향, 가치관, 성향을 그대로 받아들이는 대신 자신이 닮고 싶은 역할을 배우고 행동한다. 시간이 지나면 연기가 아닌 타고난 본성처럼 보이게 된다".11

그러므로 새로운 곳에 처음부터 완전히 소속되고 싶더라도 여유를 갖고 아비투스가 서서히 물들게 놔두기를 권한다. 관찰하라. 뒤로 물러나 상황을 탐색하라. 그리고 적합한 아비투스가 저절로 생길 것을 믿으라. 우리는 오랫동안 그것을 경작하기만 하면 된다.

아비투스의 뒤처짐은 심지어 장점이기도 하다. 히스테리시스는 위와 아래 두 방향으로 효력을 낸다. 그러므로 위에서 다시 아래로 미끄러지더라도, 위에서 형성된 아비투스는 오랫동안 유지된다. 전형적인 예가 가난해진 귀족이다. 영토는 사라지지만 주권은 남는다. 그뿐이랴. 한번 획득한 자본 유형은 아주 단단히 정박해 다음 세대까지 상속된다.

진짜 '최정상'은 어디인가?

◈◈◈◈◈◈

아마존 창립자 제프 베조스, 도널드 트럼프, 영국 여왕, BMW 대주주 크반트 가문, 브루나이의 술탄. 이들의 공통점은 무엇일까?

이들은 사다리의 꼭대기에 있다. 더 높이 올라갈 곳이 없다. 그래서 최정상의 뜻을 묻는 질문에 간단히 대답할 수 있을 것 같다. 누구보다 부유하고, 권력이 많고, 유명하고, 실력이 뛰어나면 최정상에 있는 것이다. 그럴듯하게 들린다. 하지만 이 대답은 다음과 같은 결정적 질문의 답이 되진 않는다.

커트라인이 어디인가?

일반 대중과 최정상의 경계는 어디인가? 최정상에 속하려면 무엇을 성취해야 할까? 사회에서 상위 3분의 1에 속하고 그래서 국가 소득세 세수의 79퍼센트를 감당하는 집단에 속하면 최정상에 있는 걸까?[12] 더 좁혀서 상위 10퍼센트를 최정상으로 정의해야 할까? 아니면 상위 1퍼센트 혹은 0.1퍼센트로 더 좁혀야 할까? 기준점을 그렇게 높이 두면, 1년에 수십억 원에서 수백억 원을 버는 부자와 슈퍼리치들은 아예 우리가 사는 세상 밖에 있게 된다.[13]

기준점이 어디에 있든, 최정상의 범위가 얼마만큼이든 경계는 임의적이다. 그러나 최정상의 정의를 어렵게 하는 걸림돌이 하나 더 있다. 무엇을 최정상으로 느끼느냐는 완전히 주관적이다. 사회적 위치에 따라 다르고, 어디에 시선을 두느냐에 따라 다르다. 어떤 기대를 갖고 있는가? 최고의 성과를 어떻게 정의하는가? 다른 사람의 탁월함을 어떻게 느끼는가?

모든 것은 관점에 따라 달라진다. 상위 3퍼센트 엘리트에게는

IT기업 최고경영자의 생활 수준도 상대적으로 낮아 보일 것이다. 반면 하위 3분의 1에 속한 계층에게는 IT부서 팀장의 삶도 아주 대단해 보이고, 중산층에 속하는 것이 행복 그 이상으로 보일 것이다. 위로 올라갈수록 최정상의 기준은 점점 더 높아진다.

최정상은 통계적 순위와 한계치만의 문제가 아니라 개인적 인식의 문제이기도 하다. 그러므로 최정상이란 사회적 위치든 인생 성과든 만족감이든 당신이 최고라고 여기는 바로 그것이다.

도약을 가능하게 만드는 '고급 아비투스'

◇◇◇◇◇

나는 상위 3퍼센트를 위해 이 책을 쓴 게 아니다. 당신과 나 같은 보통 사람들을 위해 썼다. 이런 계층 사다리의 중간에 있는 이들은 성과 지향 아비투스가 강할 것이다. 이들은 자신의 환경에서 튀어 보이는 꿈들을 기꺼이 실현한다. 더 큰 계획 앞에서 움츠러들게 하는 장애물을 털어낸다. 자신이 원하는 집단의 진입로를 찾아낸다. 경쟁에서 자신을 돋보이게 한다. 이들은 새로운 아비투스를 구축해 돈이나 능력만으로 안 되는 더 많은 가능성을 발견한다.

당신에게 필요한 것은 비밀스러운 지식이 아니다. 아비투스를 풍성하게 하는 자본 유형은 명확하다. 상류층으로 태어나지 않아도 고급 아비투스를 성취할 수 있다. 이 책을 읽는 동안 당신은 다음을 이해하게 될 것이다.

* 부유한 가정 출신이 남들보다 뛰어난 점은 있다. 그러나 절대적이진 않다.
* 무엇이 아비투스를 내적으로 강화하고, 성공의 기회 그리고 영향력을 키우는가.
* 탁월함의 아비투스를 구축하기 위해 상류층의 숨은 코드를 이용하는 방법.
* 새로운 사회 계층으로 진입하는 입구를 어떻게 찾을 것인가. 위, 아래, 대각선, 그 사이? 새로운 환경에 곧바로 적응하지 못하는 것이 정상인 이유.
* 명문 대학 학비를 대지는 못하더라도 자녀에게 최적의 출발 조건을 마련해주는 방법.
* 까다로운 대화 상대나 목표 집단을 같은 눈높이에서 마주하고 접촉하는 방법.

위대한 경력을 쌓기 위해 노력하든 특별한 재능을 실현하거나 성과를 더 많이 인정받고 싶든, 고급 아비투스는 당신의 목표 달성을 도울 것이다. 그리고 시야를 넓히고, 가능성을 높일 것이다. 당신의 위치를 새롭게 설정할 기회가 왔다.

HABITUS

2장

PSYCHOLOGY
CULTURE
PHYSICAL
KNOWLEDGE
ECONOMY

심리 문화 지식 경제 신체 언어 사회

LANGUAGE
SOCIETY

심리자본

어떻게 생각하고, 어디까지 상상하는가

|| 심리자본 ||

1. 인간을 강하게 하는 자원
예) 희망, 자신감, 낙관주의, 회복탄력성

2. 정신력, 감정적 평온
지속적인 발전 추구와 밀접한 연관이 있고
스트레스 상황에서도 성공적으로 행동하게 한다.

HABITUS

　누군가에 대해 '그 사람은 급이 다르다'라고 말할 때, 돈과 외모 혹은 출신 배경을 뜻하는 경우는 극히 드물다. 보통 '급'이란 그 인물의 마음의 크기, 즉 '그릇'을 가리킨다. 급은 성격과 태도로 확인된다. 예를 들어 불치병에 걸렸음에도 타인에게 관심을 갖고 기쁘게 살아가는 뇌종양 환자. 자신의 어리석은 잘못을 인정하고 자리에서 스스로 물러나는 정치인. 다른 모든 선수가 체념했더라도 마지막까지 최선을 다해 결국 결승 골을 넣는 축구 선수.

　지금은 그 어느 때보다 출신의 영향을 받지 않고 '급'이 다른 삶을 살 수 있는 시기다. 모두가 자신의 심리자본을 단련하고, 낙관적 사고방식을 발달시키고, 자아를 통제하며 역경을 견디는 연습을 할 수 있다. 비록 일부 결정권자들은 여전히 용감한 행동의 아비투스가 상류층에서 많이 나타난다고 믿고 있다. 하지만 지금은 평범한 사람들이 추격하고 있다. 강인한 성격이 좋은 성적보다 더 중요하다는 사실은 최정상 리그에만 적용되는 게 아니다.

늘 같은 곳에 머물지 마라

◇◇◇◇◇

오페라, 스마트홈, 현대 예술, 혹은 비건에 대해 말하면 "그쪽 분야는 잘 모릅니다." 혹은 "그런 걸 어디에다 쓰죠?" 등의 반응을 자주 접한다. 이런 반응에 보통 주위 사람들은 주제를 바꾸거나 자리를 뜬다. 차이콥스키의 음악에서 아무것도 느끼지 못하고, 탈리스커 25년산 위스키를 대수롭지 않게 여기는 건 괜찮다. 어차피 모두 다른 영향과 가치관 속에서 성장하고 다른 아비투스를 갖는다.

하지만 모든 아비투스가 똑같은 가치를 인정받는 건 아니다. 모든 아비투스가 최정상으로 도약하기 위한 이상적인 전제 조건은 아니다. 그러나 누구나 최정상으로 도약할 수 있다.

어떤 아비투스도 돌에 새겨지지 않았다.

학습한 것을 끈질기게 고집하지 않는 한, 그리고 늘 하던 대로 하는 것 말고는 아무것도 상상할 수 없는 경우가 아니라면 말이다. 미국의 심리학자 캐럴 드웩(Carol Dweck)은 한계를 긋는 태도를 '고정 마인드셋'이라고 불렀다. 고정 마인드셋을 가진 사람은 "나는 원래 수학을 못해"라고 확신하는 고집스러운 어린아이와 같다. 인간은 선천적으로 특정 능력을 타고나며 그 능력은 살면서 거의 변하지 않는다고 믿는다. 오늘 무엇을 하든 상관없이 내일도 오늘과 똑같은 사람으로 살 거라고 믿는 것이다. 나는 언어 재능을 타고났고, 손재주가 없고, 휴가지로는 코르시카섬이 가장 아름답다고 생각한다! 이런 보수적인 태도는 모든 계급에 다 있다.

고정 마인드셋에는 장점이 있다. 심리학자 가나자와 사토시(Kana-zawa Satoshi)의 연구에 따르면 가정에서 배운 틀을 고집스럽게 유지하는 사람들은 새로운 길을 과감하게 가는 사람들보다 평균적으로 아이큐가 약간 낮다. 그 대신 더 만족스럽게 살고, 가족과 친구를 더 많이 돌보고, 더 많이 번다. 오스트리아 기자 에리히 코키나(Erich Kocina)의 말처럼, 모두가 말괄량이 삐삐일 필요는 없다. 아니카와 토미도 삐삐만큼 중요하다. "아니카들이 계속해서 현상 유지를 해줘야" 삐삐도 있을 수 있다.[1]

최정상 리그에서는 고정 마인드셋을 가진 사람이 환영받는다. 전통과 관습이 소유를 보존하는 안전한 길이기 때문이다. 그러나 우선 위로 올라가야 한다면 상승 기류를 형성하는 성장 마인드셋이 필요하다. 특히 젊은 세대는 학습, 자기 최적화, 한계 극복을 중시한다. 그들의 자아상은 '자신의 성장 가능성'을 바탕으로 한다.

오늘 우리가 경험하고 배우고 듣고 행하는 것이 내일의 우리를 만든다.

우리를 둘러싼 모든 것이 장기적으로 우리의 존재에 각인된다. 모든 흥미로운 만남, 여행, 팟캐스트, 지나온 발걸음으로 우리는 새로운 문화, 사회, 신체 자본을 쌓는다. 비록 각각의 경험이 미치는 영향이 그다지 크지 않고 고집 센 아비투스가 변하는 데 시간이 많이 들더라도 장기적으로 작은 발걸음이 모여 큰 도약이 된다.

* 직장 행사에서 당신이 전혀 모르거나 자세히 알지 못하는 사람에게 다가가 대화를 나누려 애쓰면, 당신의 직업적 관계망은 눈에 띄게 넓어진다.
* 새로 배우기 시작한 외국어 단어를 매일 여섯 개씩 1년만 외우면, 기본 어휘 전체를 암기한다.
* 매일 3천 원씩 절약하면 1년 뒤에는 100만 원 이상을, 그 이후 투자 효과를 전부 배제해도 10년 뒤면 1000만 원 이상을 절약한다.
* 박물관과 연계된 구글 아트 앤드 컬처에서 주말마다 예술 작품을 클릭하면 아주 조금씩 예술 감각을 얻을 수 있다.
* 문을 열고 들어설 때마다 가슴을 활짝 펴면, 그 자세가 몸에 밴다. 당신의 자세는 장기적으로 더 품격 있고 당당해진다.

100퍼센트 고정 마인드셋을 가졌거나 100퍼센트 성장 마인드셋을 가진 사람은 없다. 우리는 두 가지를 모두 가졌다. 그러나 아비투스를 바꾸려면 성장 마인드셋이 더 유리하다. 성장 마인드셋은 열린 문과 같기 때문이다. 우리는 그 문을 통과하기만 하면 된다. 비록 그 문 뒤가 광활한 자연일지라도 말이다.

작가의 정신력이 없었다면 『해리포터』 시리즈는 출판되지 못했을 것이다. J. K. 롤링은 1권을 쓰는 동안 어머니를 잃었고, 결혼 생활이 파국에 이르러 홀로 아이를 키우며 실업급여로 생계를 꾸려야 했다. 모든 역경에도 불구하고 드디어 첫 세 장을 써냈다. 하지만 롤링은 출판사 열두 곳에서 거절의 답을 들었다. 부사가 너무 많다, 너무 고루하다, 너무 길다…. 마침내 블룸즈버리 출판사가 책을 출간하기로 했다. 하지만 출판사는 이런 아동 문학으로는 돈을 벌기 어려울 테니 안정적인 직업을 찾는 게 좋겠다고 충고했다. 롤링은 이 충고를 무시하고 계속 주제, 캐릭터, 문체를 더 세부적으로 다듬었고 결국 아동 문학으로 수십억 달러를 벌어들인 최초의 여성 작가가 되었다.

성장 마인드셋을 가진 사람은 결단력과 열정적 노동이 성공의 바탕이라고 믿는다. 이런 정신적 자세는 성장과 발달을 가능하게 한다. 그와 달리 고정 마인드셋은 제한적이다. 우리를 옛날부터 늘 있었던 곳에 붙잡아둔다. 목표를 이미 성취했다면 그것을 유지하는 건 의미가 있다. 명성을 누리며 차근차근 느린 변화를 꾀하는 것이 편안함을 주고, 늘 그렇진 않더라도 지위를 현 상태로 유지해준다. 반면 더 많이 이루고자 한다면, 위로 도약하는 데 가장 중요한 전제 조건은 성장 마인드셋이다. 위대한 인물들은 이미 성공의 정점에 도달했더라도 끊임없이 성장 아비투스를 관리한다.

회복탄력성의 중요성

◈◈◈◈◈

최근에 알고이 지역 알프스를 등산할 때였다. 좁은 비탈길이 이어졌고 길은 미끄러웠다. 어떤 남성과 그의 두 딸이 빠른 속도로 나를 추월했다. 그런데 앞서 걷던 어린 딸이 갑자기 미끄러졌고, 가느다란 나무줄기를 가까스로 붙잡았다. 아이 옆은 암벽이었는데, 실제로 위험하진 않았지만 매우 가팔랐다. 아이의 입이 울 것처럼 씰룩거렸다. "걱정 마." 아버지가 말한다. "다치진 않았니?" 아이가 끄덕이자 아버지가 손을 내민다. "잘했어, 릴리. 가자. 15분만 더 가면 오두막이야." 1분 뒤에 셋은 모퉁이를 돌아 사라졌다.

어쩌면 당신은 아버지의 반응이 너무 차갑다고 느꼈을지도 모른다. 잠깐 쉬면서 딸의 마음을 달래줘야 하지 않을까? 안아주며 위로해주고 초코바를 꺼내주거나, 아니면 등산을 중단하거나. 하지만 아버지는 아무 일 없었던 것처럼 계속 산을 올랐다. 사실 아무 일도 없었던 게 맞다. 딸들은 아버지의 이런 반응에서 미끄러지는 것은 대수롭지 않은 일이며 비극적일 필요가 없다는 사실을 배운다. 오두막에 도착할 때쯤이면 짧은 놀람은 벌써 잊힐 것이다. 그러나 아버지가 보여준 태연함은 아비투스에 각인되고, 이는 미래의 크고 작은 위기에 딸들이 어떻게 대처하느냐에 다시 영향을 미친다.

넘어졌으면 다시 일어나서 숨을 크게 쉬고 계속 가던 길을 가면 된다. 영국의 상류층, 미국의 동해안 부유층 혹은 독일의 프로

이센 귀족 모두 어느 정도의 엄격함을 양육 원칙의 일부로 삼는다. 엘리트 자녀들은 엘리트 기숙학교의 추운 저택에서 단련을 받는다. 엘리트 교육은 전문 지식으로만 이루어지지 않는다. 스포츠 정신, 자제력, 탄력성, 수용력 같은 성격 강화가 전문 지식 습득보다 더 중요하다. 미래의 엘리트들은 비가 오나 바람이 부나 운동을 하고, 엄격한 규칙을 따르고, 스파르타식 생활을 하며, 어려운 고대 그리스어와 라틴어를 배우고, 역경을 견디고 인내하는 법을 익힌다. 고된 학교생활은 저항력을 키우고 재산, 저택, 회사를 잃었을 때 이겨내는 아비투스를 형성한다.

상실, 질병, 스트레스 등 압박을 받을 때 필요한 능력과 인생이 잘 풀릴 때 필요한 능력은 확연히 다르다. 인생의 힘겨운 구간에서는 신랄한 비판 견디기, 실수 허용하기, 허황된 소망 버리기, 좌절하지 않기 등이 필요하다. 이때 유전자가 부분적으로 도움을 준다. 그중 하나가 5-HTT라는 유전자다. 이 유전자는 행복 호르몬 세로토닌의 운송을 조정하는데, 긴 것도 있고 짧은 것도 있다. 긴 5-HTT 유전자를 가진 사람은 더 많은 세로토닌을 전달받게 되므로 어려움을 더 잘 이겨낼 수 있다. 그러나 덜 튼튼한 신경 갑옷을 입고 태어난 사람도 심리적 안전성을 높일 수 있다.

회복탄력성은 훈련으로 키울 수 있다. 어려운 상황에 놓일 때마다 우리는 회복탄력성을 훈련하는 소중한 기회를 갖는다.

극심한 정체, 슬럼프, 열두 번째 거절…. 우리는 이런 역경에서 많은 것을 훈련할 수 있다. 감정 폭발을 억제하는 법, 피할 수 없는 일을 받아들이는 법, 불행 중 다행을 인식하는 법, 도움을 받아들이고 해결책과 대안을 찾는 법….

독일 전 총리 헬무트 슈미트(Helmut Schmidt)가 말했다. "위기 때 성품이 드러난다." 한 슈퍼리치 기업가가 좀 더 직설적으로 같은 말을 전한다. "큰돈을 벌고 파티를 여는 건 아무나 할 수 있다. 그러나 일이 잘못되었을 때 '자, 여러분! 속상하지만 일단 식사를 하며 앞으로 어떻게 할지 이야기해봅시다'라고 말하는 편이 훨씬 멋지다."[2]

독일의 심리학자 안드레아 우치(Andreas Utsch)는 실패 경험 후의 행동력을 성공한 사람들의 가장 중요한 특징으로 봤다. 아직 성공하지 못한 사람은 역경이 닥치면 괴로워하고 심지어 원망하는 반면, 행동력 높은 사람은 주저앉지 않고 재빨리 새로운 목표를 향해 나아간다.[3] 그들은 그런 정신력을 요정으로부터 탄생 선물로 받은 게 아니다. 그들은 위기 때 그냥 머리를 물 밖으로 내놓고 버틴다. "플랜A가 실패하면 당황할 필요 없다. 플랜B, 플랜C… 알파벳은 아직 25개나 더 있다"라는 사실을 깨달았기 때문이다. 신체 근육과 마찬가지로 내적 저항력도 체계적으로 단련한 덕분에 그들은 어려운 상황에서 다른 사람보다 더 위엄 있게 대처한다.

페이스북 최고운영책임자 셰릴 샌드버그(Sheryl Sandberg)의 남편은 2015년에 피트니스센터에서 심장마비로 사망했다. 1년 뒤에 그녀는 UC 버클리 졸업생들에게 다음과 같이 말했다. "우리 모두는 일정량의 회복탄력성을 손에 쥐고 태어나지 않았습니다. 하지만 그것은 근육처럼 키울 수 있고 필요할 때 이용할 수 있을 겁니다. 이 과정에서 여러분은 자신이 진정 누구인지 알게 됩니다. 그리고 여러 자아 중 최고 버전으로 발전할 겁니다."[4]

어려움을 극복하는 법은 어렸을 때 배우는 게 가장 좋다. 안정적인 가정의 자녀들은 양육 과정에서부터 유리하다. 친구들과 종종 다툼이 있고 학교 성적이 완벽하지 않더라도, 직접 경험하고 스스로 문제를 해결해보는 기회를 얻는다.

거절 견디기, 실수 해결하기는 유쾌한 일이 아니다. 그러나 한계에 부딪히거나 일을 엉망으로 망쳤더라도, 스스로 돕는 법을 배우면 재앙으로부터 안전하다. 그러므로 아이들에게는 사사건건 간섭하는 헬리콥터 부모 대신, 고난을 견디고 그 속에서 최고의 결과를 만들어내는 여유로운 동행자가 필요하다. 어려움을 이겨내는 능력이 없으면 예상되는 위험을 감수하지 못한다. 그러나 위험을 감수하지 않으면 큰 성공은 기대할 수 없다. 캐나다 아이스하키계의 전설인 웨인 그레츠키(Wayne Gretzky)는 이런 말을 남겼다.

"쏘지 않으면, 명중 확률은 0퍼센트다."

흥미롭게도 상류층과 하류층에서 주로 최고의 회복탄력성이 드러난다. 상류층의 탄력성은 성공적인 집안에서 자신의 자리를 확보해야 하는 감정적 압박의 결과다. 하류층의 탄력성은 더 이상 바닥을 기지 않겠다는 의지의 결과다. 중산층은 오히려 이런 역경을 잘 모른다. 정상에 있지도 않고 생존 전투를 할 필요도 없는 사람은 더 높은 것이 바로 눈앞에 떠 있을 때만 안락한 구역을 떠난다. 그렇지 않을 땐 필요한 것을 모두 가졌다는 감정이 앞선다. 이런 생활 조건에서 이것저것 재고, 위험을 피하는 아비투스가 형성된다. 조심성은 난파와 창피를 막는다. 하지만 기회를 인식하고 위기를 무릅쓰며 성장할 가능성을 빼앗긴다.

단련인가, 보호인가. 미국 사회학자 아네트 라루(Annette Lareau)가 이 문제에 대해 연구했다. 연구에 따르면 노동자 부모의 자녀는 학자 부모의 자녀보다 더 자립적이고, 더 많이 허용되고, 더 자유롭게 행동한다. 학자 부모는 양육을 돌봄으로 보고, 자녀의 안전을 지키고 미래에 대한 전망을 확고히 다지기 위해 노력한다. 두 양육 스타일에는 장단점이 있다. 학자 부모의 자녀들은 학교 성적이 좋다. 대신 더 자주 지루하다고 불평하고, 모든 문제를 부모가 해결해주기를 기대한다. 노동자 부모의 자녀들은 학교 성적은 낮지만, 어려움이 닥쳤을 때 스스로 잘 해결하고 회복탄력성이 높은 사람으로 성장한다.[5]

긴장을 드러내지 말고 불평하지 마라

백만장자들은 뚜렷한 우월감을 가지고, 성공 확신이 아주 크다. 좋은 인간관계와 재정적 완충장치가 실험 기회를 높이고 충격을 흡수한다. 그들은 실패하더라도 언제나 해결책이 있다는 것을 경험적으로 안다. 하지만 금수저를 입에 물고 태어나지 않았더라도, 상류층의 심리자본을 가짐으로써 성장할 수 있다. 무엇을 주의해야 하는지만 알면 된다.

1. 긴장한 모습을 절대 보이지 마라. 지위가 높은 사람은 감정을 겉으로 드러내지 않는다. 두려움, 거부감을 감추는 것이 그들의 구별 짓기다. 항상 격식을 지킴으로써 인간관계를 보호하고, 자신을 긍정적으로 돋보이게 한다. 모든 상황에 평정심을 유지하는 법을 연습하면 좋다. 자신의 역할을 생각하고, 감탄이나 짜증의 표현을 억제하고, 무례에 동요하지 말고 표정과 몸짓언어를 통제하라. 침착한 태도는 지속적인 훈련이 필요하다. 그래야 스트레스 상황에서 고쳤던 버릇이 다시 튀어나올 위험을 막을 수 있다.

2. 설명하지 말고, 불평하지 마라. 아주 힘들겠지만, 좌절을 멀리하라. 비난에 흔들리지 마라. 어깨를 늘어뜨리지 않는 것이 엘리트 아비투스다. 실패는 다음의 성공을 위해 존재한다. 스티브 잡스는 모범적으로 이 격언에 충실했다. 그는 자신이 고용했던 사람에게 해고당했다. 하지만 그는 패배를 걷어내고 애플을 종교에

가까운 브랜드로 키웠으며 아이폰과 아이패드로 수백만 명의 삶을 바꿔놓았다.

3. 부자들은 새로운 경험에 훨씬 더 개방적이고 호기심이 많고 관용적이다. 부자들을 연구하는 작가 토머스 콜리(Thomas Corley)가 이를 보여준다. 그는 부자와 가난한 사람의 독서 습관을 5년에 걸쳐 조사했다. 콜리는 자산이 36억 원 이상인 사람을 '부자'로 정의했다. 그들 중에서 88퍼센트가 하루 30분 이상 독서를 하며 주로 전문서와 비소설, 위대한 인물의 전기를 읽는다. 가난한 사람들은 훨씬 적게 책을 읽고, 주로 머리를 식히기 위해 책을 읽는다.[6]

세계적 부자인 워런 버핏(Warren Buffett)은 여가의 80퍼센트를 독서로 보낸다고 한다. 그는 학생들에게 자기계발서, 경영서, 투자 관련 책을 읽고 그대로 따라 하라고 권했다. "이런 책들을 매일 500쪽씩 읽으십시오. 지식은 그렇게 복리 이자처럼 쌓입니다. 여러분 모두는 그럴 가능성을 가졌습니다. 하지만 장담하건대 여러분 중 극히 일부만이 그 가능성을 이용할 것입니다."[7]

4. 사회적 지위가 낮은 사람들은 우연한 행운, 직접적 후원, 부자 애인을 기대하는 경향이 있다. 반면 사회적 지위가 높은 사람은 명확한 목표를 세우고 그것을 이루기 위해 일한다. 콜리의 설문에 응답한 부자들 중 70퍼센트가 1년에 적어도 하나의 큰 목표를

추구한 반면, 가난한 사람들은 단 3퍼센트에 그쳤다. 자수성가한 백만장자 스티브 시볼드(Steve Siebold) 역시 목표지향을 결정적 성공 요소로 여긴다. "부자들이 성공한 이유는 그들이 더 똑똑해서가 아니라 계획을 세우고 실천했기 때문이다. 그들은 배가 항구에 도착하기를 고대하지 않고 직접 배를 만든다."

5. 가난할수록 여론에 더 많이 끌려다닌다. 부자일수록 사고와 행동이 더 유연하다. 미국의 심리학자 니콜 스티븐스가 이 차이를 연구했다. 연구에 따르면 고졸자는 이웃과 같은 차를 사려 하고, 대졸자는 그렇지 않은 경향을 보인다. 이런 태도는 큰 결정에서도 이어진다. 부자들은 일부러 주류에서 물러나 있다. 그들은 트렌드를 따르지 않는다. 직접 트렌드를 만든다.

6. 최고의 직업뿐 아니라 직업학교도 기업가 정신을 요구한다. 세계 최대 재활용 종이 상자 제조 업체인 마이어멜른호프의 인사부장 마리온 데도라(Marion Dedora)는 그것을 아주 공공연하게 말한다. "우리의 미래 견습생은 책임감을 갖춰야 합니다. 우리는 그것을 가르치지 않습니다. 가정에서 어릴 때부터 경험으로 익혔어야 합니다."[8] 즉, 직원들도 기업가처럼 생각해야 한다. 자신의 부서를 초월해 기업 전체를 봐야 한다. 비록 자신의 업무가 아니더라도 생산 비용을 염두에 두고, 시장과 트렌드 그리고 경쟁사를 조사하고 고객의 요구를 확인해야 한다.

7. 계속 자신을 계발하라. 미국 기업인 멜린다 게이츠(Melinda Gates)의 말처럼 최상층 역시 지금의 찬사에 안주해선 안 된다.

"몇 년 전부터 나는 친구들과 매년 1월에 올해의 단어를 선정해 길잡이별로 삼습니다. 일반적인 새해 결심보다 이 방법이 더 도움이 됩니다. 급진적인 변화 대신 사고방식에 자연스럽게 영향을 미치기 때문이죠. 지난 1월 'gentle(다정한)'이라는 단어를 선정해 1년 내내 이를 기억하며 살았습니다. 더 다정하게 사람들을 대하고, 나 자신과도 더 다정한 관계를 맺으면서요."9

야심이 가능성을 만든다

◈◈◈◈◈◈

"매우 어려운 직책이긴 하지만, 그 일을 나보다 더 잘할 사람은 없을 겁니다." 존 F. 케네디(John F. Kennedy)가 한 말이다. 케네디 가문은 미국의 왕가로 통한다. 미국 35대 대통령으로 취임하기 오래전부터 그의 사고에는 '케네디가 사람은 결코 2등을 하지 않는다'는 개념이 각인되어 있었다.

당신은 케네디의 이 발언을 어떻게 생각하는가? 자신의 사회적 위치를 어떻게 생각하느냐에 따라 대답이 다를 것이다. 분수를 지켜야 한다고 배운 사람이라면 케네디의 발언이 거의 과대망상처럼 들릴 것이다. 반면 대를 이은 기업가 가정에서 자랐으면 케네디의 자신감이 그다지 이상해 보이지 않을 것이다. 결국 사람은 보고 배운 것에 따라 용기 내어 도전할 수 있다. 안목을 넓혀라. 지도하라. 당연히 소규모가 아닌 대규모 프로젝트를 맡아라. 이런 요구는 아래에 있는 사람에게만 오만처럼 보인다. 어릴 때부터 야심 찬 목표를 매일 가정에서 들어왔다면, 삼시 세끼만큼 당연한 일이 된다. 어렸을 때부터 자신도 최정상에 있다는 확신이 생긴다. 이런 확신은 성공에 도움이 되는 소중한 심리자본이다.

물론 성공이 보장된 건 아니다. 성공 확신이 능력을 통해 실현되지 않고 오만으로 끝날 수도 있다. 그럼에도 어느 정도의 성공 확신은 필요하다. 성공의 원동력인 대담성과 자주성은 자신감에 기반을 두고 있기 때문이다. 독일 심리학협회는 무엇이 성공 확신을 키우는지 연구했다. 무슨 일이 벌어지든 다 잘될 거라는 마음가짐이 가장 중요하다. 코를 박고 넘어지면 창피하겠지만, 죽지는 않는다. 이런 마음가짐은 상류층이 중산층보다 훨씬 더 많이 가졌고, 중산층이 하류층보다 더 많이 가졌다. 그러므로 대담성은 성격보다는 자원의 문제다.

많이 가진 자가 도박에서 더 많이 걸 수 있다.
적게 가진 자는 더 안전하게 건다.

이는 분별 있는 행동이다. 암벽은 헬멧과 안전장비가 없으면 당연히 극복할 수 없어 보인다. 위험을 피하고 더 쉬운 길을 택하는 것은 겁이 많아서가 아니라 상황에 맞는 현명한 행동이다. 안전장비를 갖추면 훨씬 편안한 마음으로 암벽에 도전할 수 있다.

그러므로 우리의 대담성은 보유한 자원에 달렸다. 이 통찰이

운신의 폭을 넓혀준다. 안전 욕구가 당신을 주저하게 한다면 먼저 당신이 개인적, 물질적, 사회적으로 무엇을 저울에 올릴 수 있는지 확인하라. 안전망을 만들고 쓸 수 있는 모든 자원을 퍼 올려라. 이런 준비 작업에는 창의성과 군건한 의지가 요구된다. 그러면 터무니없어 보였던 일이 갑자기 가능해질 것이다.

"또 계집아이군." 1849년 베르타(Bertha)가 태어났을 때, 그녀의 아버지는 가족 성경에 이렇게 적었다. 베르타는 공학에 관심이 많았지만, 대학 진학은 논의조차 되지 않았다. 그녀는 보상이라도 받으려는 듯 가난하지만 큰 뜻을 품은 엔지니어 카를 벤츠(Carl Benz)와 결혼했다. 카를 벤츠는 말이 끌지 않는 마차를 만들고자 했고, 베르타는 결혼 지참금으로 그를 지원했다. 10년이 훨씬 지나서 그들은 마침내 모터로 가는 차를 특허청에 등록할 수 있었다. 그러나 아무도 관심을 주지 않았다. 베르타 벤츠는 차를 타고 혼자 국경을 넘어 여행을 떠났다. "연료 부족, 밸브 막힘, 케이블 마모…. 그녀는 모든 문제를 즉석에서 해결했다. 도구도 다양했다. 스타킹 밴드, 모자에 꽂힌 브로치 바늘…." 베르타의 고생은 보상을 받았다. 수년간의 고생 끝에 부와 명성이 찾아왔고 브랜드는 획기적으로 성장했다.[10]

무언가를 단행하는 것은 언제나 어느 정도의 자신감을 내포한다. 어려서부터 성공한 사람들에 둘러싸여 성장한 사람일수록 쉽게 자신감을 갖는다. 부모가 힘든 과제들을 해결하고, 사람들을 이끌고, 프로젝트를 추진하고, 결정을 내리고, 은행을 설득한다면 자신도 큰일을 해낼 수 있다는 확신이 자란다. 그것이 가능하다는 것과 어떻게 가능한지를 매일 보고 배운다. 또한 해결책을 찾고, 플랜B를 통해 곤경에서 벗어나고, 비특권층의 눈에 오만으로 보이는 목표를 세우고, 직업관을 명확하게 표현한다.

그들은 처음부터 최고의 대학과 소득, 영향력 있는 지위를 추구한다. 정육점 상속이 아니라 명장협회장을, 변호사가 아니라 장차관을 꿈꾼다. 케네디 역시 시시한 국회의원이 아니라 미국의 대통령이 되고자 했다.

인사부장은 부유한 가정의 자녀들이 오만하다고 여기지 않는다. 정반대다. 결정권자는 지원자의 높은 사명감을 매우 긍정적으로 평가한다. 자신의 역량과 야망을 명확히 표현하는 것은 성공 아비투스에 속한다. 이런 능력은 최정상으로 도약할 때만 요구되는 게 아니다. 자신의 관심사와 의도를 말로 표현하는 것은 모든 차원에서 가치가 있다. "나의 목표는 점점 더 높은 지위에 올라, 다양한 직책으로 마케팅과 경영에 참여하는 것입니다." 결정권자를 곤혹스럽게 하는 것은 야심에 찬 목표가 아니라, 자신이 새로운 과제에 적임자인지 걱정하는 지원자의 소심함이다.

1950년대에 컴퓨터 공학자 수전 에거스(Susan Eggers)는 "계집아이는 말없이 예쁘게 앉아 있어야 해"라는 말과 함께 성장했다. 그러나 2018년에 그녀는 여성 최초로 컴퓨터 아키텍처상을 받았다. 그녀는 수상 소감에서 과거의 에피소드를 들려주었다. UC 버클리에서 공부할 때 몇몇 동기들과 함께 튜링상 수상자이자 IBM 컴퓨터 공학자인 존 코크(John Cocke)와 점심식사를 할 수 있었다. 코크는 대학생들에게 무엇을 연구했는지 물었다. 첫 번째 대학생이 웅얼웅얼 대답했다. "저는 운영체계를 개발했습니다." 두 번째 학생도 거들었다. "저도요." 에거스는 다르게 접근했다. "저는 이러저러한 문제를 해결하는 중인데, 해결책은 이러이러합니다. 그리고 제 해결책과 다른 사람의 해결책의 차이는 이렇습니다…." 깊은 인상을 받은 코크는 에거스에게 장학금과 연구비를 수년간 지원했다.[11]

관대함이 품위와 부를 끌어당긴다

◇◇◇◇◇

상류층은 보통 칭찬을 바라지 않는다고 한다. 어차피 그들에겐 고급 취향과 탁월한 성과가 당연한 일이기 때문이다. 최정상에 있는 누군가를 칭찬하는 사람은, 이 논리에 따르면 사람 대하는 법을 제대로 모른다고 자백하는 셈이다.[12]

그렇다면 위로 도약할 때는 최대한 감탄을 감추는 게 낫다는 말일까? 재산이 열 배나 더 많은 동호회 친구에게 강연회의 성공을 빌어주면 불편해할까? 정말 그렇다면 슬픈 일이다. 에티오피아 왕자 아스파워센 아세라테(Asfa-Wossen Asserate)는 자신의 베스트셀러 『매너(Manieren)』에서 칭찬을 저속하다고 보는 주장을 비판하며 그것은 자율적인 감정을 억압하는 행위라고 지적했다. 전적으로 옳은 지적이다.

하지만 칭찬에는 교묘한 암시가 숨어 있다. 칭찬하는 사람은 칭찬하는 대상과 자신을 같은 수준에 둔다. 폴리에스테르 스카프를 맨 사람이 부자 친구의 캐시미어 원단을 칭찬하는 건 살짝 기이해 보인다. 그러나 지위나 경제력 차이가 감사, 존중, 감탄의 표현을 금지하진 않는다. 아일랜드 작가 오스카 와일드(Oscar Wilde)는 늘 그랬던 것처럼, 여기서도 적확한 지침을 준다. "칭찬은 향수와 같다. 향을 내되 코를 찔러서는 안 된다." 감탄과 인정은 섬세한 감각이 필요하다. 그 외에 다음이 적용된다.

당신의 사회적 위치가 어디든 쩨쩨하게 굴지 마라!

관대함은 늘 효과를 얻는다. 자신의 노력과 성과, 취향을 인정받으면 기뻐하지 않을 사람은 없다. 누군가 환상적인 파티를 열고, 특별한 포도주를 따고, 유명한 상을 받거나 혹은 어떤 식으로든 살면서 도움을 준다면 그에 대해 긍정적으로 언급할 필요가 있다. 그런 일은 존경과 감탄을 받아 마땅하다. 자신의 성과를 더는 증명할 필요가 없어진 지 오래더라도 말이다.

인간은 기본적으로 자기애가 앞서서 다른 사람의 위대함을 인정하기가 쉽지 않다. 그러나 자신이 원하는 것을 다른 사람이 가졌을 때도 기뻐할 줄 알아야 좋은 성품이다.

질투하는 사람은 딜레마에 빠진 채 중얼거린다. '스트레스가 많은 직업이야! 상금이 너무 적어서 써볼 것도 없겠어!' 이렇게 생각하고 말하는 사람은 자신을 쩨쩨한 사람으로 만든다. 그러니 당장 멈춰라! 반대로 남들보다 상황이 안 좋더라도 언제나 만족감을 길어 올리는 사람은 품위 있어 보인다. 시인 칼릴 지브란(Khalil Gibran)이 철학적으로 말했다. "관대함은 할 수 있는 것보다 더 많이 주는 것이고, 자부심은 필요한 것보다 적게 취하는 것이다."

이와 관련된 감동적인 일화가 한 웹사이트에 소개되었다. 아이스크림 가격이 아직 몇 센트였던 때, 한 어린아이가 가게에 들어왔다. "소프트아이스크림은 얼마예요?" 아이가 물었다. "25센트"라고 점원이 말했다. 아이는 주머니에서 동전 몇 개를 꺼내 헤아렸다. "셔벗아이스크림은 얼마예요?" "20센트! 뭘로 줄까?" 아이는 다시 동전을 헤아려 셔벗아이스크림을 주문했다. 아이스크림과 계산서가 나왔고, 아이는 동전을 모두 탁자에 올려놓고 갔다. 점원은 계산서와 동전을 보고 울컥했다. 탁자에는 25센트가 놓여 있었다. 아이는 점원에게 팁을 주기 위해 소프트아이스크림을 포기했던 것이다.

관대함은 누구나 보일 수 있다. 관대함에는 여러 면모가 있다. 다른 사람에게 신뢰, 시간, 관심을 주는 사람은 관대하다. 다른 사람이 먼저 빵을 고르게 한 후 마지막에 남은 빵을 먹는 사람은 관대하다. 다른 사람의 권리도 존중하는 사람은 관대하다. 다른 사람의 작은 실수를 아무 일도 일어나지 않은 것처럼 모른 체하는 사람은 관대하다. 다른 사람의 희생으로 이익을 챙길 기회가 있더라도 그것을 이용하지 않는 사람은 관대하다. 자신의 어리석음을 스스로 용서할 줄 아는 사람은 관대하다. 역설처럼 들리지만 관대함은 사소함에서 시작된다.

프랑크푸르트 레스토랑에서 사업 파트너 세 명이 만났다. 독일인 두 명과 미국인 한 명이 식사 중 최고의 골프장, 최근에 있었던 대회 등에 대해 환담을 나눈다. 독일인 한 명은 올해 핸디캡 20.8타를 달성했고, 다른 한 명은 비교적 낮은 17.1타다. 핸디캡이 얼마냐는 질문에 미국인이 대답한다. "저는 보기 골퍼에 불과합니다." 핸디캡이 대략 18타라는 뜻이다. 그러니까 두 독일인보다 살짝 더 잘 치거나 못 친다. 이 얘기를 그저 조금 다르게 표현했을 뿐이다.

두 독일인은 아마추어 골프 실력을 소수점 이하 자리까지 정확히 말한다. 미국에서 온 사업 파트너는 모호하게 표현한다. 설령 학습한 관용구를 그냥 쓴 것에 불과하더라도, 오히려 더 자신감 있어 보인다. 일반 관용구와 좋은 매너는 아주 훌륭하게 관대함을 연출한다. 관대함은 강한 정신력으로서, 충만하고 넉넉한 마음에서 비롯된다. 좁은 마음을 넓은 몸짓으로 바꾸는 매일의 연습이 관대한 습관을 만든다. 노블레스 오블리주의 이상을 추구하는 아비투스가 점차 형성된다.

높은 목표는 안전한 환경에서 만들어진다

◇◇◇◇◇◇

프랑스의 12세 소년 톰 고론(Tom Goron)은 2018년에 소형 보트를 타고 영국해협을 기록적인 시간으로 횡단했다. 이 어린 학생이 110킬로미터를 항해하는 데는 족히 열네 시간이 걸렸다. 톰은 10세에 이 프로젝트를 계획했고, 자신의 꿈을 위해 2년 동안 훈련했다. 항해하는 동안, 그의 아버지가 더 큰 요트를 타고 아들의 뒤를 따랐다. 아버지는 아들과 늘 300미터 이상의 거리를 유지했다. 소년은 여러 번 멀미를 하면서도 홀로 기록적인 항해를 마쳤다. "아들이 정말 자랑스럽습니다." 어머니가 말한다. "톰은 고집이 세고 야심이 크며 끈질긴 아이랍니다."[13]

톰 고론의 이야기는 정신력 아비투스를 형성하는 최고의 방법을 보여주는 좋은 예다. 높은 목표는 지지자가 있는 안전한 환경에서 가장 성공적으로 실현된다. 가족이 가장 큰 역할을 한다. 가족은 어떤 방식으로 자녀가 잠재력을 발휘하고 꿈을 실현하도록 격려하고 지지할 수 있을까?

몇십 년 전까지만 해도 소수의 상류층만이 자녀에게 모든 가능성을 열어줄 수 있었다.

독일에선 1960년대까지 상위 5퍼센트만이 높은 교육 수준, 음악과 문화, 의식적인 휴식, 장기 해외 체류를 누릴 수 있었다. 한 학년에 6퍼센트만이 대학에 갔다. 나머지 94퍼센트는 직업학교에 진학하여 돈벌이가 되는 전문 기술을 익혀 14~16세부터 돈을 벌었다. 계급에 안 맞는 야심을 품는 사람은 인정 대신 눈총을 받았다.

50년 뒤에 교육은 완전히 바뀌었다. 이젠 졸업생의 절반 이상이 대학에 간다.[14] 석사와 학사뿐 아니라 조기교육, 좋은 책, 갭이어, 외국 유학, 부모 집 더부살이, 늦은 취직은 반 세대 만에 완전히 일반적인 일이 되었다. 대체로 여자들은 30세에, 남자들은 32세에 결혼한다. 1970년대에는 22세와 24세에 결혼했었다. 지금의 젊은이들은 8년을 벌었다. 어른에게 부여되는 의무에서 자유로운 8년. 공부하고 파티를 즐기고 첫 프로젝트를 진행하는 8년. 세계여행, 정신력 강화와 개성 발휘, 자기효능감을 경험할 수 있는 8년. 많은 사람이 이 기간에 자아를 발견하고, 디지털 활용 능력뿐 아니라 태도와 사고 면에서도 부모를 뛰어넘어 성장한다.

몇십 년 만에 소수를 위한 사치가 다수를 위한 기회로 바뀌었다. 중산층 역시 기꺼이 자녀의 자기계발을 지원한다. 자녀들은 세상을 배우고 스스로 생각하고 창의적으로 활동할 시간을 얻는다. 차고가 필요하면 부모의 차고를 쓰면 되고, 설령 아버지가 기업가가 아닌 청소부라도 자녀들은 기꺼이 격려받는다.

기업에서도 비슷한 패러다임 전환이 진행된다. 진보적인 고용주는 밀레니얼 세대가 인생 설계를 위해 필요로 하는 라이프스타일을 지지한다. 이를테면 자아실현과 안정성, 유연한 근무시간과 평등한 인간관계, 분산적 노동, 가치 인정, 넉넉한 개인 시간과 월급. 이런 조건 아래에서 중산층의 (소득이 아닌) 아비투스가 상류층과 비슷해진다. 중산층은 점점 더 노동 열정을 버린다. 중산층의 노동 열정은 인정받아 마땅하지만 그들의 안간힘에는 고상함과 우아함이 없다.[15] 반면 상류층은 다음의 사실에 직면한다.

이젠 상류층뿐 아니라 대부분의 자녀가 강하고 원만한 개성을 형성하는 데 가장 크게 기여하는 자원, 즉 시간을 갖는다.

상류층은 젊은 중산층의 추격을 복잡한 심경으로 보면서도 자신의 기업을 위해 다양한 인재의 지식과 혁신을 필요로 한다. 이런 인적자원은 소수의 엘리트와 함께 대부분 중산층으로 구성된다. 한편, 전에는 종종 관례였던 것이 자신의 아들과 딸에게도 갑자기 중요해졌다. 계급 상승의 길을 열어주는 교육이 한 예다. 상류층과 상위 중산층에서 사립학교, 이중언어 수업, 음악 전문 고등학교, 미션스쿨로 향하는 급류가 증가한다. 부모는 몇 년 전보다 더 많이 자녀를 영국 기숙학교나 외국의 명문 대학에 보낸다. 그리하여 그들의 자녀는 개별적인 돌봄을 받을 뿐 아니라 일찍부터 일반 대중과 구별된다.

경제 엘리트들은 현실적으로 생각한다. 그들은 자신의 자녀가 아무런 도움 없이 소망을 이루는 것이 절대 당연한 일이 아님을 안다. 한 세대 전에 비로소 상류층에 속한 이른바 2세대 엘리트는 자녀가 지금의 지위를 금세 잃을까 염려한다. "1세대가 재산을 마련하고, 2세대가 재산을 운용하고, 3세대가 예술사를 전공한다." 최초의 독일제국 총리인 오토 폰 비스마르크(Otto von Bismarck)가 한 말이다. 계급 상승은 일시적이고 다음 세대에 다시 계급 탈락이 닥칠 수 있다는 우려가 19세기에도 이미 있었다.

상류층 부모는 완성된 세계를 자녀의 발아래 놓아줄 수 있다. 그러나 만약 자녀가 부모의 성공을 자신의 성공으로 여긴다면 어떻게 될까? 자기만의 고유한 능력도 동기도 없다면? 엘리트가 아닌 평범한 삶은 상상조차 할 수 없다면? 그들은 가족의 명성에 의존하지 않고 고유한 목표를 가지고 스스로 성숙한 인격을 발달시킬 때만 다양한 이점을 활용할 수 있을 것이다. 그래서 중산층의 자녀들과 구별되는 학습 과정이 필요하다. 중산층 자녀들의 과제는 물려받은 성과 추구 아비투스를 뛰어넘어 더 높은 차원에서도 안전하고 자유롭게 활동하는 것이다.

올바른 품성이 성공을 유지시킨다

◇◇◇◇◇

상위 0.01퍼센트 부자들이 세금의 30퍼센트를 국세청이 아니라 딴 곳으로 빼돌린다. 백악관에서 트럼프가 비도덕을 자행한다. 실리콘밸리에서 제프 베조스 같은 전설적 기업가의 직원들이 염탐과 신경쇠약, 신랄한 비판에 시달린다.[16] 뉴욕에서 할리우드 거물이 성폭행 혐의로 법정에 선다.[17]

같은 시기에 회계법인 언스트앤드영(Ernst&Young)은 규범을 어기고 윤리를 조롱하는 기업의 일상을 연구했다. 연구 결과에 따르면, 독일의 경영자 23퍼센트가 자신의 경력을 위한 일이라면 비윤리적인 행동도 기꺼이 할 수 있다고 응답했다.[18]

성공에 취해 규범을 맘대로 세우려는 욕구가 높아진다.

UC 버클리 폴 피프(Paul Piff) 교수가 「돈이 당신을 비열하게 만듭니까?」라는 제목의 테드 강연에서 이런 이야기를 했다. 그는 운전자 152명이 횡단보도에서 어떻게 행동하는지 관찰했다. 결과는 모든 선입견을 재확인해주었다. 소형차 운전자는 예외 없이 정지선 앞에서 멈췄다. 반면 고급 승용차 운전자는 정지선에서 거의 멈추지 않았고, 다른 차량보다 네 배 더 자주 직진 차량 우선 원칙을 무시했다.[19] 규칙을 어기는 태도의 근원은 다양하다. 상류층은 특권의식이 강하고 목표 달성을 중요시하며 제재에 대한 두려움이 낮다. 돈과 좋은 변호사가 많은 것을 말끔히 해결해준다. 또한 그들은 타인이 자신을 어떻게 생각하는지 덜 신경 쓴다. 부유해질수록 규칙과 규범을 가벼이 여기는 성향도 같이 올라간다.

물론 엘리트들은 전혀 다르게 스스로를 이해한다. 모든 리더가 진정성과 공감을 말한다. 모든 사교 클럽이 특별한 사회 기여를 자랑한다. 모든 대학교가 사회와 학문에 대한 책임을 프로필에 기재한다. 모든 주주총회에서 투명성, 신뢰성 같은 단어가 등장한다.

이 고귀한 단어들은 고객, 직원, 주주 사이에서 사랑받는다. 특히 상위 중산층은 집중력과 문명의 발전, 공정거래, 젠더 감수성, 포용력으로 자신을 정의한다. 반면 립서비스와 전시성 행동은 비판한다. 2018년 여름에 일론 머스크가 탐루앙 동굴에 갇힌 아이들을 구하기 위해 미니 잠수함을 태국에 보냈을 때 소셜미디어의 반응은 비판적이었다. 테슬라 창립자가 동굴 비극을 노골적으로 홍보에 이용했다는 지적이었다. 인류애와 보살핌을 꾸준히 실천해야만 윤리적인 사람으로 평가받을 수 있다.

독일의 기계 제조 회사 트럼프(Trumpf)의 최고경영자 니콜라 라이빙어 카밀러(Nicola Leibinger-Kammüller)는 모범적인 기업가로 통한다. 그녀는 어릴 때부터 리더십은 마음가짐의 문제라고 배웠다. 그녀는 그 가치에 따라 가족 회사를 이끈다. 리먼 위기 이후 중장비 분야가 힘들어졌을 때, 전 직원이 근무시간을 단축해야만 했다. 당시 그녀의 가족은 개인 자산에서 975억 원을 기업에 투입했다. 또한 가족 여행을 취소했다. "그것은 상징적 행동이었습니다. 우리는 회사를 위해 최선을 다하고 있음을 보이려 했습니다."[20]

야망에는 공격성이 필요하다. 울세탁 코스로는 우두머리가 되지도 못하고 그 지위를 유지하지도 못한다. 그러나 야심과 끈기가 이기주의, 사이코패스 같은 행동 패턴과 동의어여서는 안 된다. 성공은 격식과 친절도 필요로 한다. 기업의 반듯한 품행을 강조하는 경영 컨설턴트 라인하르트 슈프렝어(Reinhard Sprenger)가 구체적으로 설명했듯이 "자신의 역할을 알아야 하고, 감정을 제어하고, 열정을 억제해야 한다. 그러려면 거리 두기가 필요하다. 자신의 감정, 반사적 반응, 분노와 거리를 둘 수 있어야 한다."[21]

밑에서 빠져나오는 것만이 중요한 건 아니다.

반듯한 마음가짐과 윤리 의식을 가진 사람은 자신의 행동을 성찰하고, 다른 사람의 옳음을 인정하며, 정답이 여럿일 수 있음을 수용한다. 그들은 자기 자신을 내세우지 않는다. 이런 아비투스는 번지르르한 연설과 화려한 행동으로 얻어지지 않는다. 그것은 매일의 행위에서 자라고 사소한 일에서 시작된다.

참기 힘들더라도 경청하라. 고함을 쳐도 되는 지위에 있더라도 상대방의 위신을 살려주는 방식으로 비판하라. 수익성의 유혹을 버리고, 계약직 노동자에게 공정한 보수를 지급하라.

맞다. 성공뿐 아니라 성공할 수 있는 상황까지 고려해야 하는 것은 꽤 도전적일 수 있다. 그러나 그것은 낭만적인 사회 프로젝트가 아니다. 야심과 윤리 그리고 주주의 입장에서 생각하기를 결합하는 일은 경영 면에서도 가치가 있다.

경제 잡지 《하버드 비즈니스 리뷰》는 스페인의 파블로 이슬라(Pablo Isla)를 2017년 세계에서 가장 실력 있는 최고경영자로 선정했다. 이슬라는 2005년부터 자라(ZARA)와 마시모 두띠(Massimo Dutti) 같은 패션 브랜드의 모회사인 인디텍스(inditex)를 이끌었다. 그가 최고경영자 자리에 오른 뒤로, 인디텍스는 가장 가치 있는 스페인 기업에 올랐다. 그의 경영 스타일은 조용하고 파트너십이 강한 것으로 유명하다. 스포트라이트를 받는 것을 피하고 이기적인 게임을 거부하며 오로지 직영 매장만 운영하고 점주는 언제나 정직원이다. "우리 기업을 강하게 만드는 것은 개인이 아니라 우리 모두의 합입니다. 그리고 우리는 기업으로서 매우 검손하고 신중하려 애씁니다. 당연히 매우 야심 차지만 검손을 잃지 않는 방식으로!"[22]

죽은 후에도 성공은 남아야 한다

◇◇◇◇◇

상류층은 대개 자식을 셋 이상 낳고, 자문위원회와 후원회 활동을 하고, 족보나 가족 연대기를 만들고, 자선사업에 기부한다. 만약 그들이 보트를 타거나 자전거로 알프스를 오르면 불우한 청소년 혹은 지역 호스피스협회로 후원금이 들어간다. 할 만하니까 하는 거라고 냉소적으로 말할 수 있겠지만 그렇게 단순하지 않다. 상류층의 가족 의식은 확실히 공공선만을 기반으로 하지 않는다. 그렇다고 오로지 허영심이나 자기과시만을 위한 것도 아니다. 오히려 자아와 사회의 윈윈을 위한 것이라 말할 수 있겠다. 상류층은 품위 있는 종말을 보장하는 곳에 부를 투자하고 비전을 둔다. 수명엔 한계가 있으므로 인간은 자신의 생애를 넘어 영속하는 무언가를 남긴다. 발달심리학자 에릭 에릭슨(Erik Erikson)은 이 능력을 생산성(Generativität)이라고 부른다. '생산하다, 배출하다'를 뜻하는 라틴어 'generare'에서 파생한 단어다.

내가 떠나면 무엇이 남을까? 나는 어떻게 기억될까? 나는 무엇을 남기고자 하는가? 상류층은 정년퇴임 직전에야 이런 질문을 처음으로 떠올리는 것이 아니다. 그들은 태어나서부터 늘 사회적이고 세대 포괄적인 활동을 경험한다. 할머니가 쓰던 크리스마스트리 장식, 3대째 내려온 아기 침대, 스키 여행과 부활절처럼 연중행사가 된 기부 및 자선 행사….

상류층은 자신들을 여러 세대에 걸쳐 지속하는 역사의 일부라고 느낀다. 상류층의 아비투스에는 강한 계급의식이 각인되어 있다. 널리 명망이 높은 가문은 유년기부터 큰 자부심을 안겨준다. 명문가의 아들딸로서 아무것도 안 했더라도, 그들은 가족의 지위와 재산을 자기 것으로 여긴다. 경제 전문 기자 크리스티안 리켄스(Christian Rickens)가 지적했듯이 "백만장자의 공통점은 강한 자의식과 사명감이다. 재산을 상속받았음에도 모두가 정당하게 부자가 되었다고 믿는다. 부자들은 자신이 평균 이상으로 책임감이 높고 적극적으로 사회에 기여한다고 생각한다".[23]

그러나 한 가지만큼은 모든 계급이 비슷하다. 자녀와 손자에게서 영속성을 느낀다. 재정 능력과 별개로 부모와 조부모는 자녀와 손자를 통해 자아를 뛰어넘어 성장하고, 과거 세대로부터 받은 것을 미래 세대에 전달한다. 심리학자 하이코 에른스트(Heiko Ernst)가 『전달(Weitergeben!)』에서 이 주제를 다뤘다. "그것은 결코 순수한 이타성이 아니다. 세계가 더 나은 미래를 맞도록 돕는 사람은 자기 자신을 위해 그렇게 하는 것이다."[24] 말하자면 생산성은 공동선과 자기 이익을 연결한다. 더 나아가 생산성은 삶을 풍요롭게 하고 삶과의 작별을 더 쉽게 만든다.

그러나 엘리트들의 생산성에는 잘 알려지지 않은 두 번째 의미가 있다. 이들이 가족과 펼치는 자선 활동은 차별점을 강화하고 선별 기준을 세우는 구실을 한다. 이사 혹은 경영자 직책은 모범적인 부부 관계, 눈에 띄는 자원봉사 활동, 훌륭한 출신 배경을 암묵적으로 요구한다. 이런 비공식적 전제 조건을 갖추지 못하면 유리 천장을 깨기가 훨씬 더 어렵다.

생산성은 정상으로 도약하기 위한 암묵적 전제 조건이다. 이미 정상에 있는 사람만이 생산성의 중대한 역할을 파악한다.

또한 생산성은 삶의 행복에도 영향을 미친다. 에릭 에릭슨은 그것을 '중년기의 심리적 중심 발달 과제'로 정의했다. 다음 세대를 위한 기반을 넓히는 사람만이 삶을 의미 있는 방식으로 완성한다. 에릭슨은 아이를 낳고 키우는 것이 기본 중에 기본이라고 주장했다. 현대 심리학은 자신의 존재를 넘어서는 모든 행동 방식을 '생산성'으로 표현한다. 그러므로 새 생명을 탄생시키는 것만이 생산성인 건 아니다. 자신의 경험과 인맥을 다른 사람을 위해 쓰고, 지식을 전달하고, 가치를 보여주고, 책임을 지고, 환경과 자원을 다음 세대를 위해 보존하고, 기업, 재단, 영화, 알고리즘 개발, 예술품 수집, 발명 등 세계를 풍요롭게 하는 어떤 것을 창조하는 사람에게도 생산성이 있는 것이다. 노인에게 생산성이란 누군가의 도움 없이는 더는 살 수 없고 부모와 자식의 역할이 바뀐다는 사실을 수용한다는 뜻이다.

자신의 유한성을 알고 더 의미 있는 삶을 사는 것, 그것이 바로 필생의 사업이다. 만약 당신이 슈테피 그라프 혹은 빌 게이츠라면 당연히 이 사업의 규모가 남다르다. 그들은 자신의 재단과 지원 프로젝트에 큰 재산을 투자하고, 국경을 초월하여 후원하고, 목표 달성을 위해 후원금을 모은다. 그러나 생산성은 소규모로도 진행된다. 누구든지 더 나은 세계를 만드는 데 공헌함으로써 자신을 돋보이게 하고, 자신의 흔적을 남기는 뿌듯함을 보상으로 받을 수 있다.

"좋아하는 일을 하는 사람이
가장 크게 성공한다"

어떤 사람은 밑바닥에서 시작한다.
어떤 사람은 태어날 때부터 성공 대로에 놓인다.
이렇게 불공평한 출발 조건을 어떻게 극복해야 할까?
그리고 자신의 강점을 어떻게 당당하게 보여줄까?
심리학자이자 베스트셀러 작가인 에파 블로다렉(Eva Wlodarek)에게 물었다.

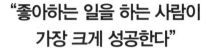

Q 많은 사람이 계급 상승과 사회적 성공을 꿈꿉니다. 하지만 위로 오르려는 사람
은 튀는 사람으로, 혹은 만족할 줄 모르는 사람으로 취급받기도 하죠.

A 맞아요. 주위 사람들이 종종 멸시를 담아 말하죠. "그 사람은 자기
가 잘난 줄 착각한다." 혹은 "그 사람은 야심에만 사로잡혔다." 주로
야망이 전혀 없는 사람들이 이렇게 말하는데, 그들의 평가는 대부분
틀렸어요. 위로 오르려는 욕구는 감사할 줄 모르는 불만이 아니라 창
의적인 불평에서 생기거든요. 성장 욕구는 매우 인간적인 욕구로 절대

부정해서는 안 됩니다. 자신의 고유한 관심사를 좇고 마음의 소망을 이루려고 노력하면 잠재력을 발휘합니다. 풍요롭고 충만한 삶을 소망하는 것은 결코 오만한 언행이 아닙니다. 그 반대죠. 그러므로 부당한 평가는 무시해야 합니다. 이때 자신을 비판하는 사람이 누구이고, 비판 뒤에 어떤 동기가 숨어 있는지 따져보는 것이 도움이 됩니다.

Q 계급 상승을 꿈꾸는 사람은 인지적, 문화적으로 자신의 출신에서 벗어납니다. 이것이 주위 사람을 소외시키기도 하고, 때론 버림받은 기분을 느끼게 하죠.

A 우리는 사회적 존재이고 소속은 우리에게 아주 큰 영향을 미칩니다. 모든 집단에는 그 나름의 고유한 가치관, 신념, 행동 방식이 있어요. 당신이 내외적으로 그것을 멀리하면 구성원들의 신뢰와 동의를 잃으면서 외로워질 수도 있어요. 이때 반드시 균형을 찾아야 해요. 단지 거기에 속하기 위해 자신을 굽히지도 말고 영원히 등을 돌리지도 마세요. 당신의 뿌리가 거기에 있으니까요. 갑작스러운 단절은 다른 사람의 오해와 시기를 일으켜 당신의 발전을 방해할 겁니다. 사람들을 만난 뒤에 당신이 얼마나 슬프고 우울하고 화가 나는지 보면, 판단이 쉬울 겁니다.

Q 사회적 지위가 높은 부모의 자녀들은 종종 특권의식을 갖습니다. 비특권층에게는 없는 그런 감정이 심리적으로 어떤 영향을 미칠까요?

A 특권층 부모의 자녀들은 자신이 특별하다는 의식 속에서 성장합니다. 특권의식이 말로 전달되는 건 아닙니다. 행동심리학에 '모델을 통한 학습'이 있어요. 부모가 늘 섬김을 받는 모습을 보고 자란 사람은 자신도 부모처럼 특별한 대우를 받고자 합니다.

Q 그렇다면 성공 확신이 상속된다는 말씀인가요?

A 재정적 지원과 최고의 인맥 같은 기회는 상속됩니다. 또한 보너스처럼 높은 교육을 받고, 기득권층의 코드를 알고 그것을 자신 있게 이용합니다. 이런 아비투스가 성공의 좋은 기반이 됩니다. 하지만 반드시 그렇다는 보장은 없어요. 얼마나 적극적으로 참여하고, 인간관계에서 얼마나 많은 사회성을 보이며, 얼마나 끈기 있게 자신의 목표를 추구하느냐가 소득과 승진에 큰 역할을 합니다.

Q 성공한 가정에서 태어난 것이 성격 형성에 단점이 될 수도 있을까요?

A 성공한 부모의 자녀들은 막대한 압박을 받습니다. 능력으로 평가되기 때문이죠. 특히 부모와 직업이 같으면 압박이 더 심하고, 일반적으로 성공의 관점에서도 그렇습니다. 가족들이 기대할 수도 있고, 외부에서 기대하기도 합니다. 그것이 실패에 대한 두려움을 만들 수 있어요. 또한 모든 지원이 은쟁반에 차려져 제공되기 때문에 이런 가정의 자녀들은 대개 안간힘을 쓰는 법을 배우지 못합니다.

Q 그렇다면 보통 가정의 자녀들은 어떤가요?

A 보통 가정의 자녀들은 선물을 못 받거나 아주 적게 받습니다. 계급 상승을 꿈꾸는 사람은 위험을 무릅쓰고, 자제력과 끈기를 키우고, 실패할 용기를 가져야 해요. 힘들겠지만 성공을 위한 좋은 훈련입니다.

Q 교육을 통한 계급 상승자는 불편한 마음을 계속 호소합니다. 높은 성과에도 불구하고 마치 사기를 쳐서 높이 올라온 것 같아 두렵다고 합니다.

A 그에 관한 전문용어도 있어요. '가면 신드롬(Impostor-Syndrom)'. 자신의 성과를 저평가하고 외적인 상황 덕에 성공했다고 생각하죠. 계속 자신의 능력을 의식하면 가면 신드롬에서 벗어나는 데 도움이 됩니다. 이때 자신이 무엇을 성취했는지 구체적으로 목록을 작성하면 좋습니다. 또한 다른 사람의 칭찬을 진지하게 받아들이고, "아니에요, 그저 운이 좋았을 뿐입니다"라며 사양해선 안 됩니다. 마지막으로 다음의 문장을 자신에게 자주 말해줄 필요가 있어요. "남들도 크게 다를 것 없어." 실제로도 그렇기 때문이죠!

Q 직책이 높아질수록 아비투스가 더욱 중요합니다. 어려서부터 몸에 밴 '올바른' 분위기를 가진 경쟁자에게 어떻게 맞서야 할까요?

A 소속되고자 하는 집단의 아비투스에 익숙해지는 것이 아주 중요합

니다. 그들은 어떻게 처신하고, 옷을 입고, 말을 하고, 어떤 주제와 취미에 대해 대화하는가? 모범을 관찰하고 목적에 맞는 가르침을 받음으로써 익힐 수 있습니다. 그러나 무리해서 보조를 맞추려 애써선 안됩니다. 차라리 솔직한 자세로 자신의 출신 배경을 인정하는 편이 더 낫습니다. 유명한 학자들이 패널로 참석했던 토론회가 생각나네요. 성공한 출판인 한 명이 유명한 학자들 틈에 앉았는데, 그는 대학을 졸업하지 않았다고 스스로 당당하게 밝혔어요. 학자들과 지식을 경쟁하려 애쓰는 것보다 그 편이 훨씬 더 강한 인상을 남겼습니다.

Q 어떤 심리적 요소가 위로 도약하는 데 도움이 될까요?

A 돈, 권력, 명예욕이 아니라 과제에 대한 순수한 열정이 1순위여야 합니다. 정말 좋아하는 일을 하는 사람이 가장 큰 성공을 거둡니다. 좋아하는 일을 하는 사람은 자신의 모든 가능성을 총동원하기 때문이죠. 그다음 자기 분야에서 성공한 사람들의 집단에 들어가야 합니다. 성공한 사람들의 아비투스를 배우고 그들과 용감하게 관계를 맺어야 합니다. 그러나 그 집단에 소속되는 것이 전부여서는 안 됩니다. 소속이 목표라면 결국 벼락부자에 불과할 테니까요.

Q 벼락부자라는 인상을 주고 싶은 사람은 아무도 없을 거예요.

A 그러니 계속해서 자신의 가치관에 맞게 살고 감사하고 공감하며

모든 사람을 존중하는 것이 중요합니다. 정상에 있다는 것은 돈이나 지식 등 자신이 가진 것을 남에게 나눠주는 것을 의무로 삼는다는 뜻이기도 합니다. 이것을 명심하는 사람이 외적으로뿐 아니라 내적으로도 엘리트에 속합니다.

Q 당신이 엘리트로 여기는 세 사람을 꼽는다면요?

A 나의 선택 기준은 자기 분야에서 사회를 위해 무언가 중요한 일을 해낸 사람인가, 입니다. 예술계에서는 화가 게르하르트 리히터, 패션계에서는 창의적인 카를 라거펠트, 금융계에서는 크리스틴 라가르드를 높이 봅니다. 하지만 진정한 엘리트에 속하는 사람들이 그 밖에도 아주 많다는 건 자명한 사실입니다.

◆
에파 블로다렉 Eva Wlodarek
심리학자. 함부르크에서 심리 치료 및 코칭을 위한 상담 센터를 다년간 운영했다. 성격 개발과 소통에 중점을 두는 유명 강사이기도 하다. 다양한 방송에서 전문 지식을 전달하고, 독일 최대 여성 잡지 《브리기테》에 20년 가까이 글을 썼다. 『고독(Einsam)』을 비롯해 자신감, 카리스마, 처세술을 주제로 하는 시리즈를 출간했으며 8개 국어로 번역되었다.

"위로 오르려는 욕구는 감사할 줄 모르는
불만이 아니라 창의적인 불평이다."

HABITUS

3장

PSYCHOLOGY
CULTURE
PHYSICAL
KNOWLEDGE
ECONOMY

심리 문화 지식 경제 신체 언어 사회

LANGUAGE
SOCIETY

문화자본

인생에서 무엇을 즐기는가

|| 문화자본 ||

1. 내면화된 문화적 관점
일상에서 가치관, 취향, 지적 관심으로 표현됨.

2. 문화를 통해 만들어졌거나, 문화적 즐거움을 누리게 하는 제품
책, 전자 매체, 악기, 스트리밍 서비스, 예술 작품, 스포츠 장비 등.

HABITUS

독일에서 1980년대 말에 태어난 남자아이들의 이름은 주로 이안, 다니엘, 플로리안이었다. 하지만 상류층 부모는 아이의 이름을 다소 유별나게 들리는 막시밀리안이라고 지었다. 그 후 2000년 직전에 가장 인기 있는 이름 순위에서 막시밀리안이 순식간에 상위권에 올랐다. 최근 독일에선 일반적으로 소년을 지칭할 때 '막시밀리안'이라고 한다.[1] 위대함을 상징했던 이름이 하룻밤 사이에 평범해졌다.

혼한 이름이라고 나쁜 건 아니다. 그러나 흔한 것은 남들과 구별되지 않는다. 그래서 부모는 남자아이에게 로이스나 사무엘, 여자아이에게 요제피네나 그레첸 같은 더욱 특별한 이름을 지어준다. 평범한 것보다는 특이한 것에 더 많은 선망이 따르기 때문이다.

아이 이름뿐만 아니라 거주, 여가 활동, 크리스마스트리 장식에 이르기까지 모든 영역에서 문화적 구별 짓기가 진행된다. 모두가 이 게임에 동참할 수 있다. 그러나 지식인 계층과 미적 감각을 내면화한 사람들이 한걸음 앞선다. 가장 많은 명성이 따르는 건 바로 상류층의 문화자본이기 때문이다.

부유층이 갖는 우월한 감정은 매너, 가치, 고급문화에 대한 감각을 먹고 자란다. 유행은 변하더라도 전통과 우아함, 모임, 자선 행사는 대중 앞에서 자신을 돋보이게 하는 수단이었고 지금도 그렇다. 여기에 시대정신의 트렌드가 새로운 휘장으로 더해진다. 자전거, 환경 의식, 명상, 시야를 넓혀주는 경험과 그것에 대한 선망.

문화와 교양의 기회는 불평등하게 분배되었다. 이런 불평등은 부분적으로만 돈으로 상쇄될 수 있다. 돈만 있으면 예술 작품이나 호화 요트 같은 객관적 문화자본을 가질 수 있지만 진정한 의미의 문화자본인 예술 이해 혹은 어렸을 때부터 즐긴 수상 스포츠 취미는 속성으로 따라잡을 수 없다. 그것은 몇 년에 걸친 경험을 전제로 하므로 상류층과 똑같은 취향을 갖기에는 한계가 있다.

덜 부유한 계층이라도 지위 상징과 매력적인 경험은 좀 더 쉽게 성취할 수 있을 것 같다. 그러나 여기에도 걸림돌이 있다. 전통은 항상 그대로 유지되지만 트렌드에는 반감기가 있다. 예를 들어 치보(Tchibo)에 처음 등장했던 초밥 세트는 성공의 징표였다가 널리 확산되면서 평범해졌다. 선도자로 인정받기 위해서는 예전부터 훈련된 취향뿐 아니라 현재는 어떤 취향이 선망받는지 꿰뚫는 통찰력이 필요하다. 이런 이유만으로도 문화자본이 경제자본보다 훨씬 더 높이 평가된다.

가장 갖기 어려운 자본

◇◇◇◇◇

우리는 부유한 가정 출신에게 "은수저를 입에 물고 태어났다"라고 한다. 극소수의 부자들만이 산해진미와 은수저를 누렸던 시대에서 유래한 말이다. 가난한 사람들은 생활필수품조차 넉넉하지 않았던 시대에 필수품이 아닌 것은 교양 있는 생활양식의 전형으로 깊은 인상을 남겼다. 은수저는 오늘날에도 선물로 애용되지만 은수저를 사용한다고 해서 최정상 리그에서 활동한다는 뜻은 아니다. 오히려 정반대다. 은으로 도금된 식기 세트가 온라인 중고시장에서 저렴한 가격에 판매되고 있을 뿐 아니라 부유층 사이에서 보여주기식 식기 세트는 부를 사용할 줄 모르는 무지로 통한다. 그사이 상류층은 번쩍이는 화려함 대신 차라리 양문형 냉장고(이것 역시 전자 제품 할인매장에서 저렴하게 판매된다), 종류별로 구비된 와인잔, 모든 지형과 용도에 맞는 최신식 자전거 등 일상을 아름답게 꾸며주는 소비재에 투자한다.

새로운 사치품들은 옛날의 지위 상징보다 더 정교한 메시지를 보낸다. "우리는 지나간 지위 상징을 쓰지 않는다. 보통 사람들이 가져서가 아니라 그들이 그것을 필수품으로 여기기 때문이다." 셰프 냉장고는 높은 수준의 요리를 한다는 것을 드러낸다. 고급 자전거는 좋아하는 스포츠를 열정적으로 즐긴다는 뜻이다. 취향, 취미 활동, 자발적인 인간관계 등 문화 아비투스가 그 어느 때보다 자세히 그 사람을 설명한다. 그러므로 순수한 물질 소비는 사회적 마크

구실을 하지 않는다. 더는 모든 것의 척도가 아니다. 마세라티, 롤렉스, 대저택은 좋고 아름답다. 하지만 소유자가 브랜드명을 잘못 발음하거나 잭슨 폴록의 그림을 보며 "우리 애들도 저 정도는 그리겠다"라고 평가하거나, 재래식 토마토와 온실 토마토를 구별하지 못하면 다음 사실이 명백해진다. 돈은 있지만 품격이 없다!

경제자본과 문화자본을 모두 풍족하게 가진 사람만이 최고의 사회적 명성을 누린다. 이때 취향이 돈보다 훨씬 더 중요하다. 이런 중심 이동은 교육과 소득 수준은 높지만 슈퍼리치와는 멀리 떨어져 있는 중상위 중산층에게는 좋은 일이다. 독일의 미래학자 마티아스 호르크스(Mathias Horx)는 다음과 같이 말했다. "샴페인은 건달과 래퍼들의 것이 되었다. 교양 있는 사람들은 단골 와이너리에서 생산된 평범한 와인을 마신다."[2]

교양 있는 사람은 취향을 드러내되 절대 거기에 많은 돈을 쓰지 않는다.

전시회 입장권은 놀이공원 입장권보다 저렴하다. 그러나 점점 분주해지는 세계의 반대를 완벽하게 보여준다. 상류층은 대중도 돈을 주고 살 수 있거나 가짜인 지위 상징, 라벨, 이벤트를 경멸한다. 고급 생활양식에 속하며 쉽게 모방할 수 없는 일상의 문화적 노련함으로 자신을 돋보이게 한다.

이파이낸셜 커리어스(eFinancialCareers) 플랫폼에서 한 젊은 투자

은행가가, 빈곤층에서 자란 전문가로서 최고의 출신 배경을 가진 동료들과의 경쟁이 무엇을 의미하는지 설명한다. 미묘한 차이는 점차 흐려지지만 완전히 사라지지는 않는다. 예를 들어 동료들과 겨울에 여행을 갔는데 모두가 알파인 스키 애호가여서 그는 매우 당혹스러웠다. 물론 지금의 그는 스키 장비를 마련할 수 있을 만큼 경제적으로 여유롭다. 그러나 애석하게도 "매년 스키 휴가 때마다 동료들이 까마득한 슬로프를 내달리는 동안, 나는 초보자용 언덕 코스를 조심조심 겨우 내려갔다".[3]

계급 상승자는 새로 진입한 계급의 취향을 간절히 공유하고 싶을 것이다. 그러나 그것은 마치 창문 유리에 코를 납작하게 누르는 것과 같다. 스키, 실내악, 사교 모임, 5성급 호텔, 현대 예술. 그 무엇이든 늦게 시작한 사람은 힘들 수밖에 없다. 마침내 인생을 멋지게 장식할 재정적 가능성을 확보하고 나면 더 큰 장애물이 길을 막는다. 많은 경우 친숙한 지식과 어휘, 관계가 무너진다.

잘츠부르크 대성당 무대 앞에 멍하니 앉아 생각한다. "도대체 이런 연극을 왜 만드는지 이해가 안 되네…."

문화자본은 어떤 자본보다 사회적 경계를 더 많이 만들고, 이 경계는 한 번의 도약으로 뛰어넘을 수 없다. 하룻밤 사이에 비트코인으로 백만장자가 될 수 있다. 기업가 정신을 타고나 멘토와 결정권자를 매혹시킬 수 있다. 그러나 상류층의 생활양식을 오래전부터 경험한 사람만이 게임 규칙과 관습을 알아 그곳에서 자연스럽게 움직일 수 있다. 무엇이 고품격이고 무엇이 열등한지 무의식적으로 안다. 또한 코드를 알더라도 일부러 무시해도 된다는 사실도 안다.

수많은 수상 경력에 빛나는 독일 배우 리자 바그너가 한 잡지에서 뮌헨 즐기는 법을 알려주었다. 바로 아이스바흐에서 관광객 구경하기. "이때 아이스크림을 먹으면 좋은데, 직접 만든 유기농 비건 특별 아이스크림이 아닌 노점상에서 산 싸구려 하드가 최고다!"[4]

시대정신에 맞는 취향을 알고, 사회적으로 안정된 자리에 있는 사람만이 아이스크림으로도 시대정신에 맞는 취향을 끄집어낼 수 있다. 이에 필요한 지식은 모든 인생 단계에서 배울 수 있다. 그러나 진짜로 숙달되려면 긴 시간이 걸린다. 명성을 해치고 싶지 않으면 보충학습 과정을 최대한 숨겨야 한다.

하필이면 문화적 품격을 높이기로 유명한 것들은 뒤늦게 학습하는 것이 거의 불가능하다. 예를 들어 최정상에 있는 경영자들 다수가 악기 하나씩은 연주한다. 그러므로 함께 악기를 연주하는 것은 최정상 리그에서 경력 쌓기에 많은 도움이 되어왔다. 상류층 자녀들은 입학도 전에 클래식 음악 교육을 시작하고 다방면으로 문화적 역량을 쌓는다.[5] 비특권층인 사람도 25세 혹은 45세에 피아

노나 바이올린을 배울 수 있다. 그러나 지인들끼리 여는 개인 콘서트에 동참하거나 의사 오케스트라 앞줄에 앉기는 힘들 것이다.

다른 건 더 빨리 실현될 수 있다. 예를 들어 와인과 요리에 대한 세밀한 지식은 비교적 빠르게 얻을 수 있다. 스포츠는 더 어렵다. 상류층은 유년기부터 해온 덕에 능숙하다. 창피함을 최소화하고 싶다면 적어도 양궁 기본 지식, 요트 조종 면허, 골프 자격 등을 갖춰야 한다. 그 밖에 인테리어 디자이너, 개인 쇼핑 상담자, 이벤트 디자이너가 계급 상승을 가속화한다. 그들은 유행을 타지 않는 고급 아비투스의 징표인 고전적 외형을 적절히 요약하여 고객에게 제공한다.

또한 경제, 문화, 정치, 고품격 디자인과 스타일을 다루는 잡지와 도서를 통해 적은 비용으로 문화자본을 확장할 수 있다. 이것들은 커피 테이블 위에서 사물화된 문화자본 역할을 톡톡히 한다. 잡지의 내용 역시 상층 문화를 움직이는 것들을 인류학적으로 분류한다. 처음에는 터무니없어 보일 수도 있다. 그러나 조만간 친숙해질 것이다. 세계관이 넓어지고, 레퍼토리가 다양해지며, 적합한 언어가 자리 잡는다. 한마디로 내면화된 새로운 문화자본이 생긴다. 당신이 재정적으론 최정상 리그가 아니더라도 최신 대중문화를 넘어 독특한 목소리를 내고 대중문화도 능숙히 다룰 수 있다. 최고의 직책을 건 승진 경쟁에서 문화적 소양은 돈으로 환산할 수 없는 가치가 있다.

지위가 취향을 결정한다

◇◇◇◇◇◇

컨버터블 vs 카셰어링, 스타벅스 vs 커피머신, 참나무 마루 vs 라미네이트 조립 마루. 당신이 무엇을 알고 선호하고 애용하느냐가 당신의 많은 걸 설명한다. 우리는 대립하는 두 개 중 하나를 선택하거나 둘을 조합하여 고유한 스타일과 형식을 만든다. SNS에서 모든 계층의 사람들이 자신의 생활양식을 보란 듯이 전시한다. 완벽한 집, 완벽한 식기 세트, 완벽한 가을 패션, 모두가 완벽하다고 여기는 물건들. 자아도취에 빠진 우리는 이를 마치 독보적인 트렌드 감각인 양, 다른 사람은 거의 도달할 수 없는 섬세한 미적 감각인 양 어루만진다. 그러나 실제로는 모든 것이 다르게 작동한다.

1960년대에 피에르 부르디외는 약 2000명을 대상으로 그들이 찍는 사진을 관찰했다. 당시에는 필름 가격이 비싸서 어떤 장면이 영원히 남을 가치가 있는지 고민해야 했다. 관찰 결과에 따르면 하류층은 상류층보다 셔터를 더 적게 눌렀고 주로 인물, 가족의 추억, 일몰을 찍었다. 상류층은 실험적 형식과 예기치 않은 모티브에 더 관심을 보였다. 부르디외는 이 관찰을 다음과 같이 정리한다. "상류층은 미학적 가치를 더 추구하는 경향이 강하다."[6] 부르디외는 모티브 선택의 공통점과 차이점에 대해 다음과 같은 결론을 내렸다.

개인의 선호가 아니라 사회적 지위가 취향을 결정한다.

부르디외는 '대중적 취향'을 가장 낮은 곳에 배정했고 위로 오르려 애쓰는 사람들의 '허세 취향'을 중간에 두었다. 가장 위에는 미적 감각을 진리로 여기는 사회적 엘리트들의 '정통 취향'이 있다. 같은 계급 안에서의 취향 차이는 우리가 인정하는 것보다 더 작다. 같은 친목 모임에서 대부분이 같은 브랜드의 오븐으로 빵을 굽고, 같은 넷플릭스 다큐멘터리를 높이 평가한다. 아비투스가 계급별로 특화되었기 때문이다. 모두가 이런 유사성을 좋게 생각한다. 문화 자본은 사회적 지위와 밀접한 관련이 있다. 그래서 약간의 정보만 있어도 그 사람의 사회적 지위를 추정할 수 있다.

"흐려진 중국어를 되살리고 프랑스어를 더 다지고 싶어요. 박물관에 더 자주 가고 책도 더 많이 읽고 싶고요. 최근 들어 이런 일들을 너무 소홀히 한 것 같아요." 광고 회사 경영자이자 중국학 전공자인 알렉산드라 폰 렐링엔이 《차이트》 인터뷰에서 말했다.[7] 단 세 문장이지만 '성공적인 삶을 산다'는 메시지가 담겨 있다. 우리는 여기에서 렐링엔이 자신의 외국어 능력과 문화적 관심, 동시에 자신의 약점을 슬쩍 고백해 자기 자랑이라는 뒷맛을 없애고 있다는 것도 추론해낼 수 있다.

취향이란 우리가 좋아하는 것만을 의미하지 않는다. 좋아하지 않는 것도 취향이다. 그래서 같은 행동이나 소비 제품이라도 사회적 지위에 따라 완전히 다르게 평가된다. 예를 들어 오디션 프로그램 참가는 주로 젊은이와 교육 수준이 낮은 계층에서 관심이 높다. 탈락한 다수의 후보자는 참가만 할 수 있다면 팔이라도 자르고 싶겠지만 상류층은 때때로 그것을 천박한 일로 분류한다.

그러나 하류층도 상류층이 높이 평가하는 걸 모두 좋게 생각하진 않는다.

바이로이트 바그너 음악 축제 참가는 최정상 리그에서 고품격 취미다. 그러나 현실성을 중시하는 중산층에서는 대다수가 너무 어렵다며 바그너를 거부한다. 굳이 오페라를 듣는다면 테너 트리오의 아리아 메들리를 듣는다. 하류층에서는 야외에서 열리는 이런 숭배에 아무런 관심도 없다. 마치 바그너의 음악 세계가 애초에 존재하지 않는 것 같다.

부르디외는 많이 인용되어 유명해진 문장으로 취향과 사회적 지위의 밀접한 관계를 설명한다. "취향은 당신이 좋아하는 것을 가지게 하는데, 인간은 자기가 가진 것을 좋아하기 때문이다." 즉, 사람들 대부분이 자신의 취향을 좋아한다는 것이다. 예를 들어 스페인 해변이나 도미니카공화국에서 휴가를 보내는 사람은 '더 나은' 휴가지를 찾지 못해서 그곳에 가는 게 아니다. 재정적으로나 문화적으로 그와 잘 맞고 모든 것을 내던지고 양복 없이 지낼 수 있는 곳이기 때문이다.

가진 것을 좋아하는 태도는 대표적인 삶의 기술이다. 스토아 철학자들은 가능성보다 기대가 높지 않으면 초연해질 수 있음을 이미 알았다. 그리스 철학자 에픽테토스가 말했다. "가지지 못한 것을 갈구하지 않고 가진 것에 기뻐하는 사람이 현명하다." 이 가르침은 옳고 중요하다. 소망과 현실이 일치하면 만족감이 생긴다.

그러나 더 발전하기를 원한다면 부분적이라도 엘리트의 까다로운 취향을 추구해야 한다. 최정상 리그에서는 일류인지 삼류인지, 미학적으로 탁월한지 평범해서 하찮은지가 명확히 구별된다. 노하우나 돈이 얼마나 많으냐는 상관없다. 그의 취향이 고급문화와 변함없는 고귀함에 적합할 때 비로소 최정상 리그에서 환영받는다.

> 젊고 아름다운 비서였던 하이디 호르텐(Heidi Horten)은 서른 살이나 더 많은 거대기업 창업자 헬무트 호르텐(Helmut Horten)과 결혼한 후 남편의 재산을 상속받아 현재 오스트리아에서 세 번째로 부자다. 하이디는 오랫동안 명성보다 악의적인 기사를 더 많이 견뎌야 했다. 이제 60세가 넘은 그녀는 많은 사람이 몰랐던 새로운 면모를 보여주었다. 그녀는 1990년대부터 줄곧 예술에 대한 해박한 지식을 바탕으로 예술품을 수집해왔다. 마침내 빈의 레오폴트 박물관에서 '와우! 하이디 호르텐 콜렉션'이라는 제목으로 전시회를 열어 170개 소장품을 소개했다. 언론은 '20세기 예술가의 인명 백과사전'이라며 전시회를 축하했다.

물론 사회적 명성을 얻기 위해 이런 거금을 들이는 사람은 거의 없다. 그러나 소규모지만 모두가 기존의 재정적, 전문적, 사회적 자본을 들여 문화자본을 확장하고자 한다. 열정적인 경영자는 경영학 지식을 이용해 예술진흥회를 흑자로 만들고 제빵업자는 지역 발레 앙상블을 후원한다. 예술과 클래식 음악 속에서 자라지 않았더라도 문화 현장과 관련을 맺으면 사회적 지위에 플러스가 된다.

프라다와 샤넬 대신 유기농과 자전거

캐시미어 스웨터, 맞춤 정장, 고급 저택, 은은한 색상, 고급 식당, 오페라 극장은 모든 과시와 유행을 넘어 명성을 안겨주는 유명한 코드다. 그러나 새로운 것이 더해졌다. 미국의 퍼스트레이디가 세계 언론의 카메라 플래시 세례를 받으며 백악관 정원에서 채소를 키운다. 미래의 영국 왕비는 오트 쿠튀르(Haute couture, 파리 쿠튀르 조합 가맹점에서 봉제하는 맞춤 고급 의류-옮긴이) 외에 자라와 톱숍(Topshop) 제품도 종종 입는다. 스페인 왕은 아버지와 달리 대규모 사냥 대신 유기농 식당에서 휴식을 취한다. 바로 아래 계급에서도 비슷한 장면을 목격할 수 있다. 정형외과 의사가 정원용품점에서 울타리 관목을 위한 거름과 잔디 씨를 구매한다.

계급 장벽이 무너지고 있다는 뜻일까?

상류층과 중산층이 확실히 점점 더 비슷해지는 걸까? 어느 정도는 그렇다. 야심 찬 중산층은 원래부터 문화자본을 무기로 상류층과 귀족들의 높은 경제자본에 맞서는 데 능숙했다. 출신 배경과 자산으로는 대적할 수 없어도 문화자본으로 아이디어와 창의성의 탁월함을 보여 예기치 않은 품격을 얻을 수 있었다.

야심 찬 중산층과 부유한 상류층의 취향과 아비투스가 급속히 비슷해지고 있다. 가진 자, 더 많이 가진 자, 가장 많이 가진 자들은 아마존에서 쉽게 구매할 수 없는 재화와 인생 설계를 통해 자신을 정의하고 이해한다. 무엇보다 교육, 자녀, 건강, 시간 재량권, 생태적 생활양식이 여기에 속한다. 이런 추구가 다양한 소득 계층을 하나로 묶는다.

프리랜서 디자이너, 검사, 재무이사는 사회·경제적 지위가 다르다. 그러나 셋 모두 공통적으로 비교적 높은 문화자본을 가졌다.

그들은 같은 신문을 읽고, 같은 팟캐스트를 듣고, 로컬푸드와 친환경 상품을 애용하고, 모든 주제에 박식하고, 아이디어를 개발하고, 걸음 수와 수면 시간과 오염물질 수치를 최적화한다. 많은 경우 (레트로, 초경량) 자전거가 대표적인 지위 상징이고, 자녀가 가장 중요한 인생 프로젝트다.

미국 사회학자 엘리자베스 커리드-할킷(Elizabeth Currid-Halkett)은 비슷한 야망을 품은 사람들을 '열망 계급'이라고 부른다.

이들은 포트폴리오와 직책이 아니라 의식 있는 생활양식과 책임감 있는 노동, 선한 마음에서 세계 정상에 오른 기분을 느낀다. 이들은 공정거래 커피를 마시고, 호텔에서는 같은 수건을 다음 날까지 계속 사용하며 동네 서점을 이용한다. 그리고 항상 그렇게 하는 건 아니라고 사람들에게 고백한다. 소득의 많은 부분을 노후 대비에 쓰고 질병과 요양에 대비해 비싼 보험을 들며 무엇보다 자녀의 교육에 아낌없이 투자한다. 열망 계급에게 자녀는 부유함의 대표 상징이다. 부유할수록 자녀가 많다.

대도시에선 평균 이상의 교육 수준에, 고소득자이고 셋째나 넷째를 낳아 기르는 부부가 자주 눈에 띈다. 그러나 자녀 수보다 최고의 지원이 더 높이 평가된다. 외국어 어린이집, 엘리트 대학, 외국 유학, MBA, 자기 소유의 집. 상류층은 자녀의 최적화에 돈을 아끼지 않고, 야심 찬 열망 계급은 가능한 한 상류층과 똑같이 한다.

프랑스어, 피아노, 축구 vs 그리스어, 바이올린, 골프

◇◇◇◇◇

오늘날 25세부터 40세까지는 최고의 교육을 받은 유례 없는 집단이다. 40세부터 60세까지의 교육 수준은 이전 어느 세대보다 높다. 특히 문화 아비투스가 전례 없이 높은 수준이다. 즉, 상류층은 인생을 흥미롭고 충만하게 구성하고자 한다.

《쥐트도이체 차이퉁》 기자인 막스 샤르닉(Max Scharnigg)은 한 기사를 통해, 이전에는 특권층만 누렸던 문화적 혜택을 현재 얼마나 많은 사람이 누리는지 날카롭게 기술한다. "오늘날 40대는 70세 어머니보다 더 자주 해외여행을 하고, 마사지를 받고, 북경오리를 먹고, 친환경 상품을 쓴다. 그들은 외식, 크루즈 여행, 가사도우미 등 부모 세대가 사치로 여겼던 것을 자연스럽게 누린다."[8]

교육 수준이 높은 중산층 역시 삶에 대한 기대치가 높고 그것을 실현하기 위해 노력할 만반의 준비가 되어 있다. 이 지점에서 미스터 리치 가족(아버지: 기업 대표, 어머니: 부모가 경영하는 가족기업의 임원)과 미스터 미들 가족(어머니: 화학자, 아버지: 전기공학자)은 똑같다. 두 가족 모두 자신을 사회적 실력자로 여겨 자녀를 위한 지원을 아끼지 않고, 외적인 사치보다 내적 가치를 통해 자신을 정의하며 세상에 개방적이고 교양 있는 계몽된 사람으로 자신을 이해한다.

그럼에도 차이는 여전하다. 미스터 리치는 회원제로 운영되는 고급 미용실에서 머리와 수염을 다듬는다. 반면 미스터 미들은 같은 일을 욕실에서 이발기와 면도기로 직접 한다. 문화적으로도 요구는 비슷하지만 다른 종류와 수준으로 채운다. 아이들의 방과 후 활동이 전형적인 사례다. 미스터 미들의 아들 리누스는 제2외국어로 프랑스어를 선택했고 지역 축구 클럽 유소년팀에서 골키퍼로 활동하며 드럼은 치지만 선물 받은 피리에는 손도 대지 않는다. 미스터 리치의 딸 소피에는 김나지움에서 고대 그리스어를 배우고 여섯 번째 생일에 바이올린을 선물로 받았다. 현재 개인 교습으로 바흐의 바이올린 협주곡을 연습한다. 골프클럽에는 1년 전부터 드문드문 간다. 학교 공부와 음악이 우선이기 때문이다. 그럼에도 소피에는 현재 아빠보다 골프를 더 잘 친다.

프랑스어, 피리, 축구? 아니면 그리스어, 바이올린, 골프? 기본적으로 큰 차이는 없다. 둘 다 문화자본을 확장한다. 그러나 두 가족의 확연히 다른 인생 가치관이 담겨 있다. 프랑스어는 노동시장에서 중요한 재능에 속하지만 고대 그리스어는 이렇다 할 유용성이 거의 없다. 학교생활 3~4년을 거기에 투자하는 것은 지적 사치에 해당한다. 그것이 바로 미스터 리치 가족이 기꺼이 누리는 특권이다. 바이올린과 피리의 비교에서도 비슷하다. 열망 계급이 바이올린을 켜면 고귀해 보인다. 비용이 적게 들고 배우기 쉬운 것이 주요 장점인 악기는 확실히 차별성이 떨어진다. 그것을 선택한 부모들은 이미 높은 세금에 힘들어하고, 많은 고민 끝에 어렵게 자금을 조달해야 하는 사람의 전형적인 아비투스를 가진다.

부가 증가할수록 유용성을 따지는 질문은 점점 더 사라진다. 유용성 대신 세련됨과 우아함에 집중할 수 있게 된다.

"최고가 아니면 만들지 않는다." 메르세데스벤츠 창립자 고틀리프 다임러(Gottlieb Daimler)는 브랜드 탄생 때부터 이 좌우명을 따랐다. 이런 요구는 집광 렌즈처럼 최상층의 마음을 한곳으로 집

중시켰다. '더 나은 사회'에는 가짜, 이류, 떨이 상품이 없다. 거기에 속하면 열망하는 어떤 것을 얻을 것이다. 야심 찬 중산층은 최고 대신에 최고의 기회에 만족하기를 강요받는다. 교육 민주화 덕분에 중산층도 고급 취향을 가지지만 맘껏 누릴 수 있는 시간과 재정적 자원이 부족하다. 반면 최상층은 시간이 많이 드는 일은 아웃소싱하고 명성을 높이는 것을 구매한다. 이는 다음을 뜻한다.

중산층과 상류층의 차이는 비록 희미하지만 사라지지 않는다.

미세한 차이의 특성과 그 이유를 잘 이해할수록 위로 도약하기가 더 유리하다. 이때 가장 중요한 규칙은 '아모르파티'다. 운명을 사랑하라! 우리 모두의 내면에는 이룰 수 있는 것을 가장 좋아하고, 이룰 수 없는 것을 회피하거나 거부하는 성향이 잠재되어 있다. 이런 성향이 만족감은 높이지만 아비투스를 협소하게 가두고 도약에 제동을 건다. 문화자본과 경제자본이 모두 높으면 더 간단할 것이다. 하지만 가치를 인정받기 위해 정말로 필하모니의 연말 콘서트 티켓, 고급 마루 목재를 살 경제력이 있어야 할까?

사치를 다루는 세련된 태도는 소유 능력보다 안목에서 드러난다. 아름다움과 특별함을 알아보는 안목은 그것을 손에 넣을 수 없더라도 그 자체로 기쁨을 준다. 또한 안목과 감각은 최고의 자산가와 그럭저럭 소득이 높은 사람, 사치를 누리는 소비자와 그들에게 서비스를 제공하는 사람이 지위를 뛰어넘어 서로 만날 수 있게 한다. 미래학자인 마르티나 퀴네(Martina Kühne)와 소비자 연구 전문가인 다비트 보스하르트(David Bosshart)는 다음과 같이 설명한다. "판매자 혹은 창작자는 소비자와 똑같은 재산을 갖진 않았지만 더 뛰어난 예술 감각을 가졌고, 미세한 차이를 구별해내는 취향과 정보로 그들과 눈높이를 같이한다."9

사치가 야기하는 사회적 문제는 분명 존재하지만, 사치를 싸잡아 비난하거나 모든 재산의 배후에 범죄가 있다고 보는 태도는 스타일이 부족하다는 증거다. '쓸데없는 사치', '아무에게도 쓸모가 없다' 같은 표현들로 아름다움, 생산 비용, 고급 소재를 부정적으로만 치부하는 건 편협한 태도다. 맹목적 사치 비난은 위로 도약하는 데 불리하게 작용하기 때문이다. 계속 위에 머물고 싶다면 수백 번 흉내 내는 것보다 단 한 번 독특함을 누리는 편이 훨씬 낫다.

최고급 상점에서 명품 초콜릿 한 번, 푸껫 아만푸리호텔에서 하룻밤, 딸에게 물려줘도 좋을 명품 핸드백 하나. 이런 사치는 단지 생활만 풍성하게 하는 게 아니다. 그들은 여론을 형성할 수 있고 일반적으로 자신의 일상에 속하지 않은 생활공간에 과감히 등장한다. 그러나 무엇보다,

익숙해지면서 높은 계층의 관습과 물건에 대한 두려움이 사라진다. 부유함 역시 하나의 감정이다!

격식과 무례함

미셸 오바마가 엘리자베스 2세의 어깨에 손을 올린 적이 있었는데, 왕실 예절에는 어긋났지만 무례하기보다는 다정해 보였다. 아마도 우리 대부분은 같은 상황에서 대략 미셸 오바마처럼 할 것이다. 그러나 궁정 예법 면에서 완벽한 매너는 아니다.

상냥함은 중요하다. 그것은 무례를 희석한다. 모든 사적, 공적 상황에서 친근함은 가장 중요하다. 그러나 높이 오를수록 또 다른 요건이 요구된다. 바로 완벽한 격식이다. 모든 차원과 문화에서 결례 없이 품위 있게 행동하는 능력을 뜻한다. 그것은 다소 경직되어 보일 수 있다. 예를 들어 영국 여왕의 몸에 절대 손을 대지 않거나, 한여름이라도 서열 1위가 재킷을 벗지 않으면 절대 재킷을 벗지 않는다. 중산층은 이런 과장된 정중함을 힘들어하며 반듯한 품행, 진심이 느껴지는 예절을 더 높이 평가한다. 당연히 나이프와 포크로 예절에 맞게 먹을 수 있고, 버스에 유모차를 싣느라 힘들어하는 부모를 도와줄 수 있으며 설령 자기 취향과 다르더라도 이웃의 새 부엌에 찬사를 보낼 수 있다.

하지만 정중함이 예법 수준으로 과해지면 중산층은 회의적으로 반응한다.

중산층 대다수는 엄격한 서열 존중과 예법, 이름 뒤에 귀족 칭호나 교수님 혹은 주지사님 등 직함 붙이기, 서비스 직원의 과도한 친절을 불편해한다. 중산층이 생각하는 좋은 매너란 서로의 관계를 더 편하게 만드는 것이다.

그러나 최정상 리그는 다르다. 경제의 꼭대기에서는 격식을 갖춘 태도로 기업을 대표한다. 정치적 올바름, 직함과 직책의 존중이 여기에 속한다. 격식은 사회적 상호 관계를 더 일상적이고 더 예측 가능하게 만든다. 격식은 다른 사람이 너무 가까이 오는 것을 막는다. 이런 요구를 충족시키지 못하는 사람은 아무리 업무 능력이 뛰어나도 점수를 잃는다.

> 족히 10년도 더 된 얘기다. 오늘날 이런 일이 더는 발생하지 않기를 바란다. 미국에서 신차 '아우디 R8'을 소개할 때 있었던 일이다. 폭스바겐 신임 대표이사 마르틴 빈터코른이 경제 잡지《포천》의 여성 기자와 시승식을 가졌다. 기자는 운전석에 앉은 대표이사에게 아우디 R8의 특장점을 물었다. 그가 대답했다. "누구나 운전할 수 있다는 거죠. 심지어 여자도!"[10]

원래부터 상류층이었던 사람들은 좋은 매너를 우아함과 고상함의 상징으로 여기고 잘 관리한다. 특권층 가정에서 자란 사람은 무엇을 말해도 되는지, 누가 누구에게 먼저 소개되어야 하는지, 언제 편하게 대해도 되고 언제 절대 안 되는지, 그리고 식전 빵을 바르게 먹는 방법과 농담을 할 때는 오직 자신만을 희생시켜야 한다는 사실 등을 안다. 이를 통해 더 나은 사람이 되지는 않아도 더 편안한 사람이 된다. 격식은 정상에 머물기 위한 필수 조건이다. 하지만 중산층에게는 종종 장애물로 작용한다. 격식을 훈련하면 조만간 드레스 코드와 세련된 대화를 어느 정도는 맞출 수 있게 된다. 그러나 부자연스러워 보이거나 순식간에 분위기를 망칠 위험은 여전히 있다.

위로 오르는 모두가 알고 있듯 새로운 영토에서 부자연스러움과 약간의 실수는 거의 피할 수 없다. 그러나 학습 과정을 빠르게 통과하는 방법이 있다. 독일의 저술가 아돌프 크니게(Adolph Knigge) 남작은 상류사회에서 자연스럽고 안전하게 움직이기 위해 필요한 것을 18세기에 이미 알았다. "그런 일에서는 아무것도 심사하지 말고 우리가 자주 저지르는 실수가 무엇인지 어떤 강박 때문에 결례를 쉽게 묵인하는지 그리고 가족 간의 예의를 포함해 모든 사소한 예절 규칙을 관찰하여 새로운 습관을 가지는 것이 중요하다."[11] 더 단순하게 표현하면,

격식이 필요한 지위에 오르기 전에 미리 몸에 익혀둬야 한다.

교양 있는 태도는 5세부터 예절을 익혀야 하는 곳에서 가장 잘 배운다. 이를테면 식탁, 마트, 택배기사를 대할 때 등. 식사 도구 능숙하게 다루기, 상대방의 눈을 보며 말하기, 실수 이면을 고려하기, 명료하게 발음하기, 낯선 사람과 통성명하기, 손끝이 간지럽더라도 스마트폰 무시하기, 상대방에게 등을 보이지 않기, 이름 기억하기,

서비스 제공자에게 친절하기…. 가능성은 끝이 없다. 훈련의 보상으로 조만간 좋은 습관이 몸에 밴다. 자신을 통제하고 남모르게 고치는 경우가 점점 드물어진다. 자연스러움은 자신감 아비투스가 생겼다는 증거다. 자신감 아비투스가 새로운 본성이 된다. 어느새 당신은 유년기부터 그것을 가졌던 사람들과 같은 높이에 있다.

세계를 집으로, 지역을 고향으로

◇◇◇◇◇

하류층은 지역에 머문다. 중산층은 전국을 본다. 상류층은 전 세계로 향한다. 미국의 교육학자인 루비 페인(Ruby Payne)이 밀레니엄 전환 직후에 사회 계층의 사고 및 행동 지평을 이렇게 공간에 빗대어 설명했다.[12] 그러나 20년도 채 흐르지 않아 시대는 변했다. 밀레니얼 세대에게는 국경을 초월한 삶과 일이 평범한 일이다. 콜로라도에서 고등학교, 바르셀로나에서 유학은 거의 모든 청년의 특성이 되었다. 수백 수천 킬로미터 떨어진 장거리 연애도 흔한 일이 됐다.

동시에 획기적인 반대 트렌드도 있다. '고향'이라는 단어는 2018년에 가장 중요한 광고 단어 50개 중 하나로 선정됐다.《란트루스트》와《휘게》같은 잡지가 인기리에 팔린다(Landlust는 독일어로 '정원생활의 즐거움'이라는 뜻이고, Hygge는 덴마크어로 '안락하고 아늑한 상태'라는 뜻이다-옮긴이). 이런 잡지의 성공은 부모가 해주는 집밥, 익숙한 축제, 유치원 때부터 알고 지내는 친구에게서 얻을 수 있는 안정감에 대한 소망이 다시 커지고 있다는 증거다.

국제와 지역은 더는 대립하는 개념이 아니다. 국제적이면서 지역적으로 산다. 성공한 스타트업 창립자가 바이에른 깊은 숲속을 고향으로 삼고 그곳에서 기업을 경영한다.

의지와 능력이 있는 사람은 세계로 출퇴근한다.

이미 17세기에 유럽의 특권층 가정은 아들을(아주 드물게 딸도) '그랜드 투어'에 보냈다. 여행은 젊은이의 문화적 안목을 넓혀주고 고전적 교육의 장대한 마무리 구실을 한다. 반면 평범한 시민들은 1950년대에 비로소 이세타(Isetta, 이탈리아산 소형차-옮긴이)를 타고 리미니에 갔다. 그 후로 모두의 지평이 넓어졌다. 그러나 차이는 여전히 있다. 여행을 많이 했다고 바로 세계시민이 되는 건 아니다. 모두가 똑같이 세계적으로, 역동적으로 생각하지도 않는다.

국제 아비투스의 유무에 따라 유학에 대한 찬성 혹은 반대가 명확히 드러난다. 연방교육연구부와 독일대학생연합의 공동 연구에 따르면 사회 최상층 출신의 대학생이 최하층 출신 대학생보다 두 배 더 자주 외국에 간다.

그러니까 대학 입학 후 대학을 계속 다닐지 아니면 외국에서 인턴십을 하거나 유학을 갈지는 부모에게 달렸다. 돈의 문제만이 아니다. 국제 경험은 보통 핵심 역량으로 인정되어 각종 장학금으로 넉넉하게 지원되는 경우가 많기 때문이다. 문화적 소양이 훨씬 결정적이다. 외국에서 대학 생활을 한 사람은 보통 부모와 함께 유럽의 절반을 이미 여행한 경험이 있었다. 그들은 런던 비즈니스 스쿨 혹은 HEC 파리 경영대학원에서 각국의 엘리트 환경에 속해 있는 학생들을 만난다. 각국에서 온 동기들과 함께 국제적 아비투스를 발달시키고 인적 네트워크를 전 세계에 구축한다.

파티장에서든 영리더 심포지엄에서든 다양한 관점에서 공감하는 법을 연습하고 전 세계 혹은 모국어 바깥의 미래 결정권자들과 관계망을 만든다. 그렇게 생긴 개방성이 반드시 모든 직업군에서 똑같이 중요하진 않다. 그러나 아비투스에 영향을 미치고 인사 결정권자에게 좋은 인상을 남긴다.

중산층과 상류층 자녀들보다 노동자 계급 자녀들이 외국 경험을 낭비로 여기는 경우가 더 많다. 그들의 생활 공간에서는 국제적 경력을 쌓을 일이 없고, 외국은 경력 기회가 아니라 여행지를 연상시킨다. 그들은 바르셀로나 혹은 보스턴에서 듣는 몇몇 수업보다 조기 졸업이나 시급이 높은 아르바이트에 더 높은 점수를 준다. 외국어 지식의 우위성은 집에서도 언어 학습 앱으로 얻을 수 있고 어차피 대부분이 외국에서 경험만 쌓고 고향으로 돌아온다.

완전히 틀린 평가는 아니다. 한 연구에 따르면 외국 유학을 다녀온 사람 중 절반이 결국에는 모국에 정착한다. 세계 최대 기업의 최고경영자 90퍼센트가 모국에서 일한다. 사회학자 미하엘 하르트만의 결론처럼 "엘리트는 구직과 인생 여정에서 압도적으로 국가

적이다".[13]

　고향에서 명예 소방관으로 활동하는 것도 국제무대에서 당당하게 활동하는 것도 모두 현대적인 고급 아비투스에 속한다. 인도에 거주하는 사업 파트너와의 스카이프 회의는 지방의회에 전화하는 것만큼 당연한 일이다. 소규모 도시에서도 세계적으로 생각하고 행동할 수 있다. 다만, 문화·사회적 자본이 국경 안에 제한되어선 안 된다. '글로컬리스트'(Glocalist, 글로벌리스트에 빗대어 만든 신조어-옮긴이)라고 불리는 '지역과 세계를 누비는 사람들'은 모든 대륙에 있다. 그들은 세계 개방성과 애향심을 통합한다.[14] 억만장자 팀 스위니(Tim Sweeney)가 그들 중 한 명이다.

　　컴퓨터 게임 포트나이트(Fortnite)는 전 세계적으로 크게 성공했다. 게임의 발명자인 팀 스위니는 독학으로 프로그래밍을 배웠고 부모의 집 지하실에서 게임 개발 업체 에픽 게임즈(Epic Games)를 창립했다. 현재 에픽 게임즈의 가치는 9조 6000억 원으로 평가된다. 지분 절반은 중국 인터넷 대기업 텐센트가 보유하고 있다. 반면 스위니는 에픽 게임즈의 본사를 대도시에서 멀리 떨어진 노스캐롤라이나 시골에 두었다. "직원들은 이곳에서 그들의 월급으로 멋진 저택을 살 수 있습니다. 로스앤젤레스라면 방 한 칸짜리 집에서 살아야 했을 겁니다." 스위니 자신은 노스캐롤라이나의 수백 제곱미터에 달하는 청정 자연을 보호하기 위해 수십억 원을 투자한다.[15]

소탈해 보이는 기술

◇◇◇◇◇

최정상 리그에서 성공하고 싶으면 반드시 명심해야 할 세 가지 새로운 트렌드를 사회학자들이 정리했다. 첫째, 조용한 부. 둘째, 눈에 띄지 않는 소비. 셋째, 애써 과시하지 않음으로써 과시하기. 이 세 가지를 지키는 사람은 빛나지 않음으로써 빛난다. 화려함과 사치스러움은 교육 수준이 높은 톱클래스 환경의 자아상과 모순된다. 세련미를 이해하지 못하는 계급 상승자만이 화려한 초대장, 유명한 로고를 이용해 성공한 사람들의 관심을 끌려 애쓴다.

문화자본이 많을수록 부유함이 덜 드러난다.

캐나다의 어느 국립공원. 넓은 숲, 한적한 호수, 순록, 호숫가 캠프장, 캐나다 주민 20여 명과 그들의 카약. 와이파이는 없다. 작은 방에 스프링 침대와 이집트산 최고급 순면 침구가 비치되어 있고 식당에는 그 지역에서 나는 최고급 음식이 차려진다. 드레스 코드는 캐주얼이고 비가 내리지 않으면 노을 속에서 카누를 탄다. 밤 열 시이후에는 귀뚜라미 소리만 들린다. 어떤 대가족은 열흘 혹은 보름동안 머문다. 하룻밤 1인 숙박비가 몇십만 원을 상회한다. 한 부부만이 직업을 밝혔다. 남자는 부동산 관련 일을 하고 여자는 세계에서 가장 큰 컨설팅 기업에서 수석 파트너로 일한다.

돈이 많지 않은 사람에게는 상류층의 사치 개념이 아주 낯설게 느껴진다. 숲 캠핑의 무엇이 수상 비행기, 인피니티풀이 있는 호화 리조트보다 더 멋지다는 걸까? 성취한 것을 맘껏 즐기는 대신 의식적으로 엘리트 티를 내지 않으면 뭐가 좋은 걸까? 남들의 시기를 피하려는 걸까? 상류층이 고상한 체하는 재미에 빠진 걸까? 아니면 그들도 소란스러움과 쓸데없는 물건에 싫증이 난 걸까?

피로 현상도 확실히 영향을 미친다. 이미 소유한 것의 가치는 금세 떨어지고 습관화는 재미를 줄인다. 하루 종일 사람들과 부대끼는 사람은 집에서 혹은 휴가지에서 조용히 지내는 걸 좋아한다. 경직된 에티켓과 고루한 격식이 없는 소박한 안락함을 지칭하는 새로운 마케팅 단어가 바로 '맨발의 사치'다. 골프클럽 식당은 고급스러운 메뉴가 부유한 고객에게 매력적이지 않다는 사실을 이용한다. "나는 소박한 요리를 더 자주 만듭니다. 골프 애호가는 캐비어를 원하지 않아요."[16] 메뉴판에는 로브스터 대신 오믈렛과 오이 샐러드가 있다. 설령 엘리트들이 사치의 기쁨을 고백하더라도 그들은 꾸준히 성찰하고 과시하지 않는다.

영화 「블링 링」으로 벼락부자의 광적인 사치를 자세히 묘사했던 감독 소피아 코폴라(Sofia Coppola)가 말한다. "나는 디자인과 예술, 미학, 사진 등에 열광합니다. 패션으로 나를 표현하는 특권을 가졌다는 건 멋진 일입니다. 하지만 사치로 자신을 드러내고 의도적으로 구경거리가 되는 것에는 거부감을 느낍니다. 그렇다고 내가 평소 청교도인처럼 사는 건 아닙니다!"[17]

메시지는 명확하다. 스타일 있는 명문가 출신은 돈을 함부로 낭비하지 않는다.

상류층의 검소함은 중산층을 기분 좋게 하고 신흥 부자와는 거리를 둔다.

상류층은 대중보다 더 사생활을 보호하며 살지만 그렇다고 진공 상태에서 사는 건 아니다. 상위 중산층은 지성과 문화 아비투스에서 최상층 부자 뒤에 바짝 붙어 있다. 그들 중 다수가 주요 담론을 결정하고, 혁신을 이끌고, 트렌드를 만든다. 그러나 그들은 자신의 취향과 관심사를 돈에 구애받지 않고 맘껏 누리지는 못한다.

자산가는 웬만하면 중요한 역량을 발휘하는 중산층에게 자산 격차를 공개적으로 드러내기를 꺼린다. 사회학자 볼프강 라우터바흐(Wolfgang Lauterbach)는 《비즈니스 인사이더》와의 인터뷰에서 "그들은 숨어서 산다"[18]라고 말했다. 대를 이어 부를 축적해온 최상층은 삼가는 태도가 몸에 배어 있다. 눈에 띄는 소비나 취향으로 우월성을 굳이 드러내지 않아도 될 만큼 그들은 월등히 높은 곳에 있다. 그들이 선을 긋는 대상은 교양 면에서 비슷하나 재정적으로 격차가 있는 상위 중산층의 실력자가 아니다. 눈에 띄는 선명한 선은 오래된 돈과 새 돈 사이에 그어진다.

보수적인 가정은 지위를 다르게 드러낸다. 벼락부자도 마찬가지다.

신흥 부자들은 밑에서 위로 올라왔기 때문에 미숙한 사치를 하는 경우가 많다. 외제 차, 고급 식당, 귀금속, 팁, 명품 가방에 많은 돈을 소비하는 것에서 그들이 갑작스럽고 힘겹게 이룩한 부에 아직 익숙해지지 않았음을 알 수 있다. 물론 대를 이어온 부자들도 그런 것에 돈을 소비한다. 그러나 그들은 힙합 스타처럼 어찌어찌 돈을 번 이들만이 번쩍이는 황금 시계로 부를 과시한다는 걸 안다. 신흥 부자들은 만회해야 할 것들이 많고 출신에서 벗어나야 하며 획득한 지위를 어떻게든 드러내야만 하니까. 그래서 그들은 레센스(Ressence)의 세련되고 심플한 디지털시계로 엘리트 정신을 입증하고 노모스 탕겐테(Nomos Tangente) 시계의 우아함으로 고급 취향을 드러낸다. 눈에 띄지 않는 사치는 무엇보다 같은 수준의 사람들을 연결해주고, 그래서 구별 짓기 효과를 낸다. 그러나 소탈함 뒤에 반드시 더 큰 진보가 있는 것은 아니다.

오래된 돈이 아비투스를 더 보수적으로 만들기 때문이다. 그러므로 은밀하게 사치를 누리는 부자들은 시대의 흐름에서 앞서 나가지는 않는다. 그들의 최고 목표는 자산의 보존이다. 폭발적 성공은 파격적인 과학기술과 전략이 가져온다. 예를 들어 철도 거물 밴더빌트(Vanderbilt)와 석유 갑부 록펠러(Rockefeller)는 현대의 인터넷 억만장자처럼 19세기에 '새 돈'으로 시작했다. 오늘날 우리가 그렇듯 당시 엘리트들도 그들의 소비 행태에 고개를 저었다.

그런 면에서 일부 자수성가 억만장자의 과시욕이 다른 의미를 얻는다. 은은한 사치는 경제자본과 문화자본의 상호작용으로 생긴 성찰된 미학의 표현이다. 그러나 자기 일을 하고, 하룻밤 사이에 크게 성취하고, 경험 부족으로 선을 넘어 과시하는 사람이 결국 미래를 만들어나갈 것이다. 문화자본은 다음 세대에서 자연스럽게 개선된다.

날개를 펴고 날아오르되, 뿌리를 인정하라

◇◇◇◇◇

상류층에서는 격식, 국제성, 전통, 인맥 관리 등이 중시되고 성취한 것을 지키는 것이 우선순위에 있다. 반면 중산층에서는 눈높이를 맞춘 인간관계, 성과와 역량 그리고 미래를 위한 멘토링 프로그램, 재정적 안전, 무엇보다 최대한 높은 수준의 자녀 교육이 우선순위다. 생활 조건의 차이가 문화적 가치관의 차이를 만든다. 모든 사람은 자신의 생활 조건이 허락하고 요구하는 것에 맞게 생각하고 행동한다. 그러나 높이 오르고 싶다면 끊임없이 높은 곳의 코드를 이해하고 내면화해야 한다.

1. 문화자본은 거저 생기지 않는다. 과제는 많고 규칙은 감춰져 있다. 더 어려운 일은 구체적 실현이다. 과시, 유명 인사와의 친분 들먹이기, 잘난 체하는 태도가 고상해 보이지 않는다는 것은 명

확하다. 덜 알려진 사실이 하나 더 있다. 과잉 적응 역시 계급 상 승자를 폭로한다. 초기에는 삼가는 태도가 더 나은 전략이다. 우 선 눈에 띄지 않게 조용히 흐름에 몸을 맡기는 사람은 새로운 분 위기에 적응할 시간을 얻는다. 미셸 오바마는 바로 이런 전략으 로 퍼스트레이디 역할을 잘 수행했다. "내가 줄 수 있는 최고의 조언은 이렇습니다. 무작정 달려들지 말고 자신에게 시간을 허락 하세요. 나는 백악관에서 처음 몇 달 동안은 주로 딸들을 돌봤습 니다. 그다음에 비로소 새로운 프로젝트를 시작했죠. 그런 식으 로 하는 게 괜찮다고 생각합니다. 아니, 그러는 편이 좋습니다."

2. 부정하는 사람이 아주 많지만 문화 형식과 공연 종류 사이에 명 확한 계급구조가 있다. 괴테 독자가 그리샴 독자보다 더 존경받 고 아르노 가이거를 높이 평가하는 사람은 더 많은 존경을 받는 다. 새로운 블록버스터는 멋질 수 있다. 그러나 예술 영화관의 독 립영화가 훨씬 더 멋있다. 국립오페라 극장의 「그림자 없는 여 인」은 최고급 이벤트이고, 학교 대강당에서 공연되는 「마술피 리」는 대중을 위한 모조품에 불과하다. 그렇다 해도 주류문화 와 대중문화를 포기할 필요는 없다. 오늘날 문화 지성인은 장르 를 가리지 않는 잡식성이기 때문이다. 사회학자 지그하르트 네켈 (Sighard Neckel)은 "문화적 흐름과 경향을 광범위하게 골고루 흡 수할 수 있다는 것은 문화적 우월성의 증거다"[19]라고 말했다.

3. 책, 미술관, 공연에서 문화적 소양을 쌓을 수 있다. 그러나 슈테 델 미술관에서 직접 관람했느냐 아니면 아주 생생하게 전달하는

디지털 기기를 통해 봤느냐에서 차이가 생긴다. 미슐랭 식당과 고급호텔 방문에서도 마찬가지다. 고급 환경을 회피하는 사람은 안락한 서비스 앞에서 언제나 쭈뼛거릴 것이다.

4. 예술 작품은 소장자에게 스타일을 부여한다. 그러나 애석하게도 우리 대부분은 마티스의 작품도 알렉스 카츠의 작품도 벽에 걸 수 없다. 객관적 문화자본으로는 책(전자책이 아니면) 혹은 아르네 야콥센의 '달걀 의자' 같은 독특한 디자인 가구(주의: 복제품은 안 된다.)가 적합하다. 그러나 적은 돈으로도 취향을 드러낼 수 있다. 나쁜 것을 없애는 것만으로도 품위를 높일 수 있기 때문이다. 기자 막스 샤르닉이 몇 가지 사례를 모았다. "차에 내연기관이 없음. 보테가 베네타 혹은 브루넬로 쿠치넬리처럼 브랜드 로고가 없음. 휴가 때 핸드폰이 없음. 페이스북 계정이 없음. 냉장고에 가공식품이 없음."[20]

5. 당신의 문화적 뿌리를 인정하라. 당신의 출신을 장점으로 바꾸면 더욱 좋다. 처음부터 최정상 리그에 있지 않았던 사람은 적어도 두 가지 이상의 환경을 잘 알고 표적 집단을 이해할 수 있으며, 친근하고 현실적인 사람으로 통한다. 예를 들어 도이체 방크 최고경영자 크리스티안 제빙(Christian Sewing)이 그런 사람이다. 그의 아버지는 작은 인쇄소를 운영했다. 제빙은 최고경영자로서 임무를 모범적으로 해냈기에 더 신뢰받는다.

6. 올바른 파트너 선택으로 문화자본을 매우 효과적으로 확대할 수 있다. 첫사랑에서부터 재혼에 이르기까지 파트너가 어떤 음악을

들는지, 어떤 스포츠를 즐기는지, 돈을 어떻게 관리하는지, 무엇을 먹는지가 당신의 아비투스에 영향을 미친다. 옛날 습관을 고집하지 않고 파트너의 고급 아비투스를 닮아간다면 당신의 품위도 높아진다. 그러나 사랑을 통해 위로 올라가는 일은 점점 드물어지고 있다. 비슷한 조건의 사람을 만나 결혼하는 문화가 대세다. 의사는 간호사가 아니라 의사와 결혼한다.[21]

7. 위로 높이 오를수록 약간의 교육 지식만으로는 부족하다. 고유하고 독특한 취향도 필요하다. 최근에 지휘자 켄트 나가노(Kent Nagano)는 한 인터뷰에서 클래식 음악이 보통 사람을 더 나은 사람으로 만드느냐는 질문에 다음과 같이 대답했다. "몇 년 전에 발견한 건데, 할리우드 영화에 나오는 악당들은 대부분 클래식 음악을 잘 모르더군요."[22] 문화와 시대정신을 편견 없이 따르고 자신이 관찰한 것들을 교차해서 연결할 줄 아는 사람이 이런 통찰을 할 수 있다. 반면 글로 배운 지식만 되풀이하고 상투적인 문구를 애용하는 사람은 스스로 계급 상승자임을 폭로한다.

"자신만의 고유함으로
삶에 의미를 부여하라"

무엇이 좋은 취향일까?
트렌드 전문가이자 사회학자인 마티아스 호르크스에 따르면,
새로운 것을 받아들이고 진짜 자기 일을 진정성 있게 하는 능력이 곧 좋은 취향이다.

꿀🐝

Q 릴케, 렘브란트, 라흐마니노프. 교양 시민층의 이런 표준이 여전히 문화수준
을 증명하는 최고의 수단일까요?

A 어쩌면 자파(Zappa), 조르바(Zorba), 선불교가 더 나은 증명서일지
도 모르죠. '문화'를 어떻게 정의하느냐에 따라 다르겠죠. 보수적 문화
권에서는 교양 시민의 표준이 매너, 관습, 태도 그리고 암기로 익힌 여
러 지식으로 바뀔 수 없다고 정의합니다. 교양 시민은 이런 식으로 배
우지 못한 계층과 자신을 구별 짓습니다. 계급이 뚜렷했던 산업사회에
서 지배적이었고, 지식사회인 오늘날에도 크게 다르지 않습니다.

Q 막스 프리시(Max Frisch)가 말한 것처럼 우리는 '문화가 무엇인지 더는 정의할 수 없는 시대'에 사는 걸까요?

A 세계는 복합적으로 변했습니다. 문화는 이제 고유한 인식 형식을 '경작'한다는 뜻입니다. 세계를 변화의 관점에서 보기, 유연하게 생각하기, 자기 변화를 통해 가속화된 세계에서 통찰력 유지하기. '문화'란 결국 갱신, 정신적 성장, 더 나아가 의식 변화라는 의미에서 상징과 코드를 읽고 해석하고 바꾸는 것입니다.

Q 상류층은 어떤 형식의 문화자본으로 자신을 돋보이게 합니까?

A 차별화되고 다원적인 사회에서는 확정적으로 말하기 어렵습니다. 예술 엘리트, 경제 엘리트, 사상 엘리트, 인맥 엘리트가 있습니다. 엘리트는 전위적입니다. 이런 새로운 다양성에서는 각각 다양한 문화자본 형식이 필요합니다. 예를 들어 경제 엘리트의 경우 외국어와 세계성이 필수죠. 예술 엘리트는 괴짜스러움을 어느 정도 유지해야 합니다. 사물을 '삐딱한 시선'으로 볼 수 있어야 하니까요.

Q 그리고 그것들 중 많은 부분이 사회 중심부로 퍼집니다.

A 또한 위아래, 앞뒤, 대각선, 사방으로 번집니다. 천만다행이죠. 좋은 것이 언제나 위에서 아래로만 오는 건 아닙니다. 그것이 바로 다원

적이고 살아 있는 사회의 본질입니다.

Q 돈보다는 문화자본이 사회적 환경 사이에 더 진하게 선을 긋습니다. 출신을 극복하는 데 3대가 필요하다고 합니다. 더 빨리 한 단계 높이 올라갈 방법을 추천해 주신다면요?

A 개방적인 자세로 여행하기, 낯선 사람들과 만나기, 자아 성찰하기, 위기 수용하기. '교육 내용'에만 집중하지 말고 한 걸음 더 멀리 내디뎌야 한다고 생각해요. 사실 교육이란 새로운 질문을 세상에 던지고 복합성을 이해하도록 정신적 능력을 기르는 일입니다. 옛날 인문학자들도 알았던 사실입니다. 지식을 소유했다고 믿는 사람은 패배할 수밖에 없습니다. 자신의 존재를 성찰하는 능력이 더 중요합니다.

Q 오페라 「진주조개잡이」 혹은 전통가요 여왕 헬레네 피셔. 문화를 아는 사람이라면 이 둘을 명확히 구별합니다. 다른 한편 무엇이 적합한 취향이냐는 시대정신에 달려 있지 않나요?

A 시대정신은 내적 나침반이 없는 사람을 위한 단어입니다. 취향이란 각자 표준으로 삼고자 하는 주관적 인식입니다. 현재는 모든 것이 차별화되었습니다. 나는 헬레네 피셔를 대단한 사람으로 여깁니다. 그리고 마리오 바르트(Mario Barth, 짐 캐리에 비견되는 독일 코미디계 거물-옮긴이)와 디터 볼렌(Dieter Bohlen, 1980년대 세계적 인기를 누렸던 남성

듀오 모던 토킹의 멤버로 작곡가, 프로듀서, 가수로 활동한다-옮긴이)은 참기 힘들지만, 하이노(Heino, 독일 전통가요 가수-옮긴이)는 어쩐지 멋져 보입니다. 나의 내적 나침반은 진정성과 진심 그리고 약간의 반항심입니다.

Q 문화보다 돈을 더 많이 가진 사람을 '과시 전문가'라고 부르셨잖아요?

A 맞습니다. 일부러 과장해서 과시하는 사람들이 있습니다. 눈에 띄는 문신, 거친 언어, 호피 무늬 옷, 4기통 배기관이 장착된 거대한 자동차로 자기 정체성을 드러내고 스스로 멋지다고 느끼는 거죠. 그것은 일종의 안티부르주아적 반항심으로 대부분 풍자와 익살이 담긴 자기 연출입니다.

Q 그렇다면 현재 특히 선망받는 차별점은 무엇일까요?

A 그건 매일 바뀝니다. 굳이 꼽자면, 그런 차별점을 유행으로 치부하고 자신만의 진짜 고유한 일을 하는 능력입니다. 멀리 떨어진 곳이 진정한 활동 장소입니다. 미디어 문화에 적용하면 페이스북 안 하기 그리고 독일을 위한 대안당(AfD)이나 트럼프를 둘러싼 끊이지 않는 격앙된 토론에서 물러나 있음으로써 차별화할 수 있습니다. 물론 오늘날 역설적 재전환으로 바이로이트 바그너 음악 축제에 갈 수 있고, 그것을 일종의 펑크 공연으로 이해할 수도 있습니다. 사실 바그너의 음악

이 그 시대에는 펑크 음악이었으니까요.

Q 눈에 띄게 드러내는 사치는 전성기가 끝났다는 말씀인가요?

A 네. 이미 100년 전, 아니 2000년 전부터요. 고대 그리스에는 과시하는 사치를 둘러싼 다툼이 끊이지 않았어요. 철학자들이 거기에 정신적인 것을 추가했습니다. 순전히 물질적인 것을 비판하는 태도는 사회가 존재할 때부터 있었습니다. 그럼에도 호화로운 사치는 계속 이어졌습니다. 오늘날 계급의 경계가 불확실해지면서 더 많아지기까지 했습니다. 모두가 롤렉스나 포르셰를 갈망하고, 그것이 '특별한 것'이라고 믿는 호화로운 사치 문화 속에서 삽니다. 그저 다른 포르셰들과 나란히 정체 구간에 서 있을지라도 말이죠.

Q 취향이 여전히 구속력 있는 범주일까요?

A 역동적 세계관에서 취향이란 아직 '취향'으로 표시되지 않는 새로운 것을 받아들이는 능력을 뜻합니다. 예를 들어 나는 4년 전부터 꾸준히 전기차를 탔습니다. 때문에 오랫동안 억울하게도 '친환경 미치광이'로 통했습니다. 하지만 사람들은 전기차가 얼마나 좋은지 서서히 깨닫기 시작했고, 어느 순간 갑자기 전기차가 신호등 출발선에서 슈퍼스타가 되었죠.

Q 문화자본 부자를 선정하는 포브스 순위가 있다면 누가 상위권에 있을까요?

A 달라이 라마. 혹은 세계 최대 소프트웨어 회사 창립자로서 삶을 바꾸는 책을 추천하는 빌 게이츠. 그러나 선정하기 정말 어렵습니다. 견해가 아주 다양하기 때문이죠. 미래연구소에서는 1년에 한 번씩 그해의 '미래인'을 선정합니다. 거기에는 아주 멋진 사람들이 속합니다. 콩고에서 바닐라 재배 스타트업을 시작한 사람 혹은 깊은 내면의 변화를 경험한 사람들. 그중에서 내가 가장 좋아하는 사람은 유명한 흑백사진 작가인 세바스티오 살가도(Sebastião Salgado)입니다. 그는 인류의 잔혹한 불행을 25년 동안 촬영했고 우울증에 걸려 거의 자살할 뻔했습니다. 하지만 그는 자살하는 대신 농부가 사는 넓은 농지를 불모지화에서 지켜냈고, 나무를 300만 그루나 심었죠. 현재 그곳은 종의 다양성을 간직한 멋진 정글이 됐습니다. 어쩌면 문화자본은 그냥 희망을 실천하는 능력일지 모릅니다. 삶을 더 높은 차원과 연결함으로써 자기 삶에 의미를 부여하는 능력 말입니다.

◆
마티아스 호르크스Matthias Horxs

프랑크푸르트와 빈에 있는 미래연구소를 창립한 독일에서 가장 중요한 트렌드 전문가. 그는 매일 다음의 질문에 몰두한다. 어떤 메가 트렌드가 우리의 현재를 설명하고 사회, 기업, 문화의 미래를 이끌까?

HABITUS

4장

PSYCHOLOGY
CULTURE
PHYSICAL
KNOWLEDGE
ECONOMY

심리 문화 지식 경제 신체 언어 사회

LANGUAGE
SOCIETY

지식자본

무엇을 할 수 있는가

|| 지식자본 ||

1. 졸업장, 학위, 자격증.
고학력자의 시장 수요가 지식자본의 가치를 결정한다.

2. 유익하고 폭넓게 사용할 수 있는 지식과 능력.

HABITUS

모두가 교육과 전문성이 최고라고 말한다. 그러나 큰 도약을 하려면 다른 요소가 중요하다. 성격, 몸에 밴 분위기, 대담함, 여기에 더하여 올바른 사람들과의 친분, 최신 화제를 알면 가장 좋다.

아주 허황된 얘기가 아니다. 예를 들어 인플루언서로서 유튜브 채널을 통해 높은 수익을 올릴 수 있다. 눈에 띄는 이론적 탁월함 없이도 기발하고 잘난 사람이 혜성처럼 튀어 오르고 있다. 전문 자격증은 없지만 동물적 감각으로 낡은 기술을 가져와 세련되게 다듬어 몇 배 가격으로 시장에 파는 사업가도 있다. 평범한 대학 졸업생이 인맥 좋은 부모를 둔 덕에 모두가 꿈꾸는 직업을 차지한다.

때로는 경제 및 정치계 거물들의 전문성이 그다지 깊지 않은 것 같다는 인상을 강하게 받는다. 정말로 무늬만 전문가일지 모른다. 아마 행동력을 중시하여 추상적이고 개념적인 사고는 뒤로 밀어두었을 것이다. 그렇다고 이들을 무식한 사람으로 치부하는 것은 부당하다. 그들은 당연히 자기 영역에서 역량을 발휘한다. 그들은 시장을 잘 알고, 그 분야의 전문 지식을 가졌다. 대중의 기대와 요구를 간파하는 능력. 위대한 후속 상품을 시장에 내놓을 기술 노하우. 성장할 아이디어를 감지해내는 예언에 가까운 능력. 그리고 대부분이 과소평가하지만 가장 중요한 능력으로, 목적지가 어디이고 무엇을 위해 노력해야 하는지를 정확히 안다.

유명인의 광채를 화려한 스포트라이트 덕이라고 깎아내릴 수 있다. 하지만 그들의 성공을 계기 삼아 자신의 지식 개념을 객관적으로 본다면, 아무리 지식이 많아도 구글의 정보량을 따라잡을 수 없다는 사실을 깨닫게 될 것이다. 물론 미래에는 검색만으로 충분하지 않을 테고, 그래서 모두가 핵심 지식을 쌓을 것이다. 그렇더라도 머릿속 정보 저장고는 책장에 꽂힌 백과사전처럼 의미를 잃어갈 것이다. 대신 우리의 머리는 점점 생각의 공장으로 바뀔 것이다. 즉, 정보보다 정보를 기반으로 무엇을 만드느냐가 더 중요해질 것이다.

21세기에는 지식에서 가치를 창조하는 것이 성공을 좌우한다. 이를테면 지식을 실용적으로 활용하기, 비판적으로 성찰하기, 창의적으로 연결하기, 요약하여 비축해두거나 최고의 능력으로 바꾸기.

모든 형식의 지식은 소중한 자본이고 앞으로도 그럴 것이다. 기능 자격증과 그에 따른 실행 능력이 항상 지식과 돈으로 연결되는 건 아니다. 그러나 지식에서 자의식, 창의성, 실력이 자란다. 지식이 많을수록 아비투스에 여유가 생긴다.

좋은 교육의 중요성

❖❖❖❖❖

도시에서 최고로 꼽히는 치과의사가 있다. 그의 병원 화장실은 천장 높이가 4미터나 된다. 세면대 맞은편 벽에는 수많은 자격증과 수료증 액자들이 걸려 있다.

사람들은 졸업장, 학위, 기능 자격증, 상장 등을 이용해 이목을 끈다. 이름에 붙는 Dr., Prof., MBA, M.A., RA 등의 약어, 이메일에 서명과 함께 적는 직책명, 웹사이트에 게재된 수상 목록, 등산 단체복으로 입은 예일대학 후드티는 주인에게 사회적 인정을 선사한다. 이런 것들은 굳이 북을 울리지 않고도 자연스럽게 자신을 홍보하게 한다. 이것의 가치가 어찌나 높은지 비스바덴 명장협회는 수공예 명장 이름 앞에 붙일 수 있는 'me'라는 약어를 만들어냈다.

졸업장과 학위가 명함이나 명패만 장식하는 건 아니다. '실제 삶'에서 졸업장은 더 빨리 도약할 가능성을 높인다. 특권층이 아닌 사람에게는 좋은 교육이 사회적 상승을 위한 유일한 길이거나 가장 중요한 기회다. 조상의 사회적 지위가 낮을수록, 교육 수준과 지식이 후손의 발전과 소득 전망에 더 중요하다.

영국 명품 브랜드 버버리의 수석 디자이너 리카르도 티시(Riccardo Tisci)는 이탈리아에서 9남매 중 막내로 태어났다. 그의 아버지가 죽은 후 저소득층 공공임대주택에서 자라며 10대 때부터 아르바이트로 생활비를 벌었다. 당시 그는 고스(Goth) 문화에 매료되었다. 검은색 옷, 새하얀 얼굴, 통굽 부츠. "하지만 나는 한심한 짓은 안 했습니다. 공부도 일도 열심히 했습니다." 그는 17세에 런던으로 가서 센트럴 세인트 마틴스 디자인 예술대학에서 패션디자인을 공부했다.[1] 2014년에 킴 카다시안은 티시가 디자인한 지방시(Givenchy) 드레스를 입고 결혼했다.

유명한 부자 중엔 대학 공부를 도중에 그만둔 경우도 종종 있다. 그들은 졸업장 대신 전무후무한 아이디어와 인생 계획을 좇았다. 하지만 그들이 교육의 중요성을 무시하는 건 아니다.

빌 게이츠는 19세에 대학 생활을 그만두었다. 오프라 윈프리, 레이디 가가, 마크 저커버그도 마찬가지다. 그러나 빌 게이츠는 자신을 경력 계획의 롤모델로 여기진 않는다. "멋진 교육(대학 공부)의 가치가 쉽게 과소평가되는 것 같습니다. 가장 흥미로운 직업은 대학 졸업장을 요구합니다."[2]

독일 경제연구소가 2017년에 진행한 대규모 교육 연구가 빌 게이츠의 말을 입증했다. 교육에 투자된 기간은 인격을 풍성하게 할 뿐 아니라 비즈니스 면에서도 수익성이 높았다. 교육에 투여된 비용 대비 평균 10퍼센트 이자가 직장 생활 내내 매년 붙는다.[3]

대학 졸업장이 있는 사람과 없는 사람의 평생 소득을 비교하면, 확연한 차

이가 드러난다.

직업 교육을 마친 사람의 평생 소득은 그렇지 않은 사람보다 평균적으로 1억 8600만 원가량이 더 많았다. 명장 혹은 기술자는 평균 1억 6700만 원, 전문대학 졸업자는 3억 4700만 원, 종합대학 졸업자는 5억 원을 더 벌었다. 의사 및 치과의사는 훨씬 더 많이 벌었는데, 의과대학을 졸업한 사람은 직업 교육을 받은 사람보다 대략 13억 원을 더 벌었다.[4]

현실에선 더 많은 차이를 느낄 것이다. 분야와 전공에 따라 대졸자들 사이의 소득 격차가 커진다. 명장의 경우에도 상향 한계는 없다. 잘나가는 중소 제조 업체를 운영하는 명장의 평생 소득은 대졸자 직장인보다 높다. 학문적 천재성 대신 기술 능력을 갖춘 사람이 더 큰 재산을 모을 수도 있다. 그러나 그 사람이 기업을 창립하거나 상속받을 때만 해당한다.

생각보다 더 중요한 졸업장

◇◇◇◇◇

우리 대부분은 재정이 탄탄한 기업을 상속받지 못한다. 그러므로 어느 때보다 대학 졸업장이 인기를 누리는 건 당연하다. 1970년대엔 독일 국민의 6퍼센트만이 대학을 졸업했고 같은 수가 마이스터 과정을 이수했다. 40년 뒤에는 30퍼센트가 대학이나 마이스터 과정을 마쳤다. 지누스(SINUS) 시장 및 사회 조사에서 사회적 지도환경에 속하는 사람이 정확히 30퍼센트로 이 수치와 일치한다.[5] 반면, 직업 교육을 받지 않은 사람은 38퍼센트에서 16퍼센트로 거의 절반이 줄었다. 그리고 이런 경향은 계속 이어졌다. 2018년 고등학교 졸업생 절반 이상이 대학에 입학했고, 2017~2018년 겨울 학기 대학생 수는 그 어느 때보다 높았다.[6]

졸업장들은 점점 더 강한 인상을 준다. 하지만 아무도 돋보이게 하지 못한다. 가진 사람이 너무 많기 때문이다! 최고의 부자들은 이 현실에 대응하고 있다. 미국의 상위 1퍼센트는 상위 10퍼센트보다 자녀의 대학 교육에 두 배 더 많이 투자한다. 그들의 자녀는 가장 촉망받는 졸업장을 들고 최고의 연봉과 전도유망한 지위가 있는 곳으로 간다.

대학교 역시 일반 대학과 명문 대학으로 나뉘고, 엘리트 대학과 일류 대학이라는 평판을 얻으려 애쓴다. 두 명 중 한 명이 학사나 석사라면 졸업장만으로는 지위에 영향을 주기 어렵기 때문이다. 그래서 모교 이름에 '명문'이 붙는 것이 더욱 중요해진다.

여전히 졸업장과 학위를 대신할 대안은 없다. 상류층에게도 대학 졸업은 바늘귀다. 대학 졸업장이 없으면 최고의 출신 배경과 인맥도 절반만 유용하다. 아우디, 아디다스 같은 기업의 경우 대학 졸업장 없이 최고의 자리에 오를 가능성은 거의 없기 때문이다.

위로 올라가는 문을 열려면 최소한 대학 졸업장은 있어야 한다.

사회학자 미하엘 하르트만은 "엘리트가 되고 싶으면 대학에 가야 한다. 오늘날 독일 엘리트의 90퍼센트 이상이 대학 졸업장을 가졌다"[7]라고 말했다. 독일 의회의 비율도 이와 비슷하다. 19대 의회 709석 중에서 5분의 4가 대졸 이상이고, 5분의 1이 박사다.[8]

대학 졸업은 탄탄한 직업 전망을 보장하는 것은 물론 문화자본과 사회자본으로 이어진다. 대학 졸업장은 세련된 아비투스, 고급 생활양식, 더 흥미로운 인적 네트워크를 만든다. 비록 하류층 출신 대졸자가 더 높은 계층의 동창생과 똑같이 성공하는 경우는 드물더라도, 대학 교육을 통해 계층 간 차이가 줄고 세계관이 넓어지며 취향과 야망이 비슷해진다. 이에 반해 직업 교육은 인격 발달보다는 바로 금전적 이득을 얻는 전문 기술에 초점을 둔다.

지식이 능력이 될 때까지

정치, 경제, 문화계의 실력자에게 성공의 비결을 물으면 그들은 모두 '능력과 노력'이라고 대답한다. 작센주 주지사 쿠르트 비덴콥프(Kurt Biedenkopf)가 전형적인 사례다. 그는 타의 추종을 불허하는 탁월한 연설자로 통한다. 누군가 그에게 물었다. "주지사님처럼 연설을 잘하는 정치인이 별로 없습니다. 다들 연습을 게을리한 걸까요?" 비덴콥프가 대답한다. "나와 다른 정치인을 구별 짓는 큰 차이점이죠. 당연히 훈련이 필요합니다. 원고 없이 45분을 연설하기 위해 내가 얼마나 많은 시간을 썼을 것 같습니까?"[9]

비덴콥프는 88세로 과거 세대에 속하지만 젊은 실력자들 역시 피나는 노력과 훈련을 강조한다. 바이올린 연주자 율리아 피셔(Julia Fischer)는 느슨해지지 않는 태도를 강조한다. "음악가라면, 연습이 일상과 평생을 결정합니다. 음악가는 평일에만 출근하는 직장인이 아닙니다. 주말에도, 크리스마스에도, 생일에도 연습해야 합니다."[10]

크게 성공한 사람들 대부분은 가장 중요한 전제 조건으로 목표지향성과 실력을 꼽는다.[11] 그리고 지지해주는 가족이 포함된다. 그러나 출신 배경, 재정적 안정, 인맥을 성공 요인으로 말하는 사람은 아무도 없다. 엘리트들이 자신의 실력을 과대평가하는 걸까? 사실은 출신 배경 덕에 성공했음에도 그 사실을 모르는 걸까?

특히 최고경영자의 경우 수치로 명확하게 드러난다. 미하엘 하르트만에 따르면 최고경영자로 오른 이들의 출신 계급은 확실히 불평등하게 배분되었다. 예를 들어 노동자 계급 출신의 박사 중에서는 10분의 1만이 최고경영자가 되었고 부유층 출신의 박사 중에서는 5분의 1이 최고의 자리에 올랐다.[12] 전문 자격이 똑같더라도 상류층 자녀들이 다른 계급 자녀들보다 두 배 더 최정상으로 가는 기차에 탑승했다.

그러나 탁월한 전문성과 지도자 아비투스를 분리하는 시대는 끝났다.

위로 올라갈수록 경쟁이 치열해진다면, 자신감과 최고의 적합성으로 무장하고 도약을 기다리는 후보자들 역시 자신의 능력을 입증해야 한다. 미하엘 하르트만이 명확히 말한다. "사회적 출신 배경 덕에 위에 도달한 사람들은 '줄무늬 정장을 입은 멍청이'가 아니다. 그들은 열심히 일하고 많은 성과를 올린 이들이다."[13]

전문 능력이 없다면 다른 것은 무의미할 것이다. 하얀 가운을 입고 신처럼 등장하지만 까다로운 수술은 남에게 미루는 외과의사, 프로세코 와인을 즐기지만 컷트와 염색 기술에서는 2005년 수준에 머물러 있는 미용실 원장을 떠올려보면 쉽게 이해가 될 것이다. 그러므로 자본 포트폴리오에 최신 전문 지식은 반드시 포함되어야 한다. 이 부분은 갈수록 더 중요해질 것이다.

이론적 지식을 쌓는 것이 첫 단계라면, 그다음에는 지식이 능력이 될 때까지 부단히 연습해야 한다. 능력을 계속 확장하는 사람만이 학습한 내용을 내면화하고 전문가 아비투스에 익숙해진다. 또한 세부 사항을 통합하여 큰 그림을 그리고 자기 분야에서 혁신을 일으키며 네트워크, 자기 표현, 사내 정치 등 지식 이외에 필요한 모든 것을 획득한다. 지식자본에서 기발한 사업 아이디어가 싹터 당신을 서열 게임에서 독립시켜 줄지도 모른다. 어떤 경우든 높은 지식은 안정감의 토대를 만든다.

지금까지는 좋은 소식이었다. 그러나 최고의 경력과 직책을 목표로 삼았다면 명심해야 할 걸림돌이 있다. 지식이 없으면 아무 소용이 없는 것은 맞다. 그러나 졸업장과 마찬가지로 높은 지식과 능력 역시 아주 예외적인 경우에만 단독으로 효력을 낸다. 지식자본은 적합한 아비투스와 연결될 때 비로소 시너지 효과를 내며 모든 역량을 온전히 발휘하게 된다. 하르트만은 전문 지식이 토대가 되어야만 최정상에 오르는 데 성공할 수 있다는 환상을 없앤다. "많은 성과를 올리는 사람이 100명 있고, 그중 출신 배경이 좋은 사람이 서너 명 있다. 그리고 그 서너 명이 높은 확률로 최고 직책을 차지한다." 그러므로 하르트만은 하류층 혹은 중산층에서 위로 오르려는 실력자들에게 조언한다. "당신은 기본적으로 경쟁자보다 월등히 더 우수해야 한다. 한심한 말이지만 애석하게도 이것이 유일한 조언이다."[14] 맞다. 불공평하다. 그러나 야망을 품은 사람은 자신이 무엇을 기반으로 삼아야 하는지 깨달았으리라.

나는 무엇에 심장이 뛰는가

"성공은 상대적이면서 절대적이다." 오스트리아의 심리학자이자 예술가인 리츠 히른(Lisz Hirn)은 이런 멋진 문장을 남겼다. 이 문장은 최고의 성공에도 적용된다. 부와 인정을 누리며 사는 삶은 다양하다. 독일에서 최정상에 있는 사람들을 살펴보자.

＊ 앙겔라 메르켈 총리: 연봉이 대략 4억 원이다.
＊ BMW의 에르빈 주잔네 클라텐: 자산이 대략 300억 원이다.

* 생활용품점 체인 '로스만' 소유주 디르크 로스만: 자수성가한 억
  만장자다.
* 조반니 디 로렌초: 약 150만 독자를 자랑하는 주간지 《차이트》의
  편집장이다.
* 게르하르트 리히터: 현재 세계에서 가장 몸값이 비싼 화가다.

다섯 사람 모두 최정상 리그에서 활동한다. 모두 자산, 권력 혹
은 교육 분야에서 엘리트에 속하고 몇몇은 모든 분야에서 엘리트
다. 그럼에도 다섯 명에게는 차이가 있다. 이들은 서로 다른 분야에
서 활동한다. 그들의 소득과 자산, 능력과 경험, 미묘하게 드러나는
아비투스, 영향력과 권력 규모에서 크게 차이가 난다.

즉, 성공한 인생은 여러 분야에서 실현될 수 있다. 상류층 가정
의 자녀들은 때때로 예정된 인생을 산다. 예를 들어 번성하는 가족
기업 혹은 할머니의 법률 사무소에서 일하기로 결심하기 때문이
다. 그 외의 모든 사람은 다음과 같은 질문 앞에 서게 된다. 무엇이
내게 최선일까? 나는 무엇에 심장이 뛰고, 무엇을 싫어할까? 성공
한 삶은 내게 무엇인가? 경제적 성공? 사회적 인정? 성취와 의미?
혁신과 창조? 선행? 개인의 행복? 나는 도전을 추구하는가, 안정을
더 중시하나? 이런 질문을 자신에게 던지는 사람은 아비투스도 고
려한다. 나의 위치는 어디이고 나의 능력을 가장 잘 발휘할 수 있
는 곳은 어디인가? 달리 표현하면, 지금의 아비투스는 나의 발달에
어떤 도움을 주는가? 나의 아비투스가 높이 인정되는 곳은 어디이

고, 인정받지 못하는 곳은 어디인가?

일찍부터 이런 고민을 하는 사람은 많지 않다. 대부분은 누군가의 성공에 깊은 인상을 받고 똑같이 따라 하려 시도한다. 경영 컨설턴트 스베냐 호페르트(Svenja Hofert)는 자신의 블로그에서 이 문제를 지적했다. "자신의 고유한 경험과 아비투스를 제대로 인식하지 못하면, 그것에 맞게 전문화할 준비성도 갖추기 어렵다. 아비투스는 지역에 따라 다른데, 대도시 아비투스와 농촌 아비투스가 있고, 특정 세대의 경우 동독 아비투스와 서독 아비투스도 있다. 아비투스는 심지어 사는 동네와도 관련이 있다. 나이트클럽 단골과 함부르크 갑부는 다른 아비투스를 가진다."[15]

최고의 교육을 받은 지원자들은 종종 권력, 돈, 명성에 매료되어 다국적 기업, 거대 로펌, 투자 은행, 경영 컨설팅 회사 등 수십억 원을 움직이는 곳으로 향한다. 그곳에서 파트너 변호사나 최고경영자 혹은 대표이사가 된 사람은 최정상에서 활동한다. 그러나 명심할 것이 있다. 경제 엘리트는 다른 모든 엘리트와 가장 다르다. 아비투스와 인적사항이 여기만큼 중요한 곳이 없고, 평범한 가정 출신의 신입이 최정상으로 가는 기차에 오르기가 여기만큼 어려운 곳이 없다. 물론 스포츠로 받아들이고 과감히 상어 수조로 뛰어들 수 있다. 못 할 게 뭐란 말인가? 인간은 도전하면서 성장하고 개척자는 늘 필요하다. 그러나 그런 결정에는 대가가 따른다.

영국 작가 린지 핸리(Lynsey Hanley)는 자신의 일생을 기술한 『존경할 만한 것(Respectable)』에서 그 대가가 얼마나 큰지 폭로한다. "계급의 변화는 지구 반대편으로 이주하는 것과 같다. 국적을 포기 해야 하고, 새로운 언어를 배워야 하며, 그러면서도 옛날 지인과 관 습을 완전히 잃지 않으려면 엄청난 노력을 해야 한다. (⋯) 비록 이 런 경험이 영혼 깊숙이 상처를 내지만, 그것이 공개적으로 토론되 는 일은 드물다."[16]

더 높은 계급으로 오르는 데는 막대한 적응력이 요구된다. 그 래서 사람들은 대안으로 경제 분야보다 덜 중요하지만, 지식자본 으로 높은 수익을 내는 분야를 선택한다. 어떤 분야가 그런지 알고 싶으면, 특권층 출신이 아닌 지도자가 어느 분야에 주로 있는지 확 인해보면 된다. 독일의 한 연방정부기관에서 내놓은 보고서가 그 수치를 알려준다. 민영 거대기업의 경우 서열 1, 2위 임원의 20퍼 센트가 평범한 가정 출신이고 사법, 행정, 언론은 거의 30퍼센트, 학술 분야는 40퍼센트, 군, 교회, 노동조합, 사회기관의 지도자는 50퍼센트 이상이 평범한 가정 출신이다.[17]

계급 상승자는 경제계 거대 기업에서보다 공공분야나 법조계에서 더 쉽게 최정상에 오른다.

중소기업에서도 출신보다 능력이 더 중시된다. 지방의 히든 챔 피언(대중에게 잘 알려지지는 않았지만 특화된 경쟁력을 바탕으로 세계시장을 지배하는 작지만 강한 우량 기업-옮긴이)들이 세계시장만 정복하는 게 아니다. 그들은 굳건한 아비투스를 가진 사람도 선호한다. 그래서 리더를 고를 때, 출신과 배경을 신경 쓰지 않는다.

집처럼 편한 곳에서 일하는 장점을 결코 과소평가할 수 없다. 아비투스와 분야가 잘 맞으면, 자신의 본질에 맞게 살 수 있다. 그런 곳에서는 자유롭게 긴장 없이 일한다. 그런 분야를 발견해 일하는 것은 의미 있는 행위다. 그렇지 않은 경우에는 오스트리아 경제학자 프레드문트 말릭(Fredmund Malik)이 발견한 것처럼, "절반이넘는 임직원들이 자신의 진짜 강점을 알아차리지 못한 채 퇴직한다."[18] 자신의 재능이 발현되지 못하는 회사라면 높은 직책에 앉아 선망받는다 해도 부분적 성공에 불과하다. 어쩌면 재정적 성공의 정점을 찍었을 때야말로 자신의 왕국을 건설할 최적기일 것이다.

자신의 아비투스에 맞게 일할 수 있는 장소로 직접 창립한 회사보다 더 나은 곳은 없다. 낯선 구조에 맞추기 위해 자신을 깎는 대신에 자신의 가치관과 기준에 맞게 회사를 구성하고 스스로 옳다고 여기는 일을 하면 된다.

성공한 창업자들은 대기업 임원이나 대형 로펌의 파트너 변호사들조차 꿈만 꿀 수 있는 자산을 성취한다.

게다가 기업 소유주들은 채용된 최고경영자와 달리 자신의 아비투스를 평가받지 않아도 된다. 자산 엘리트에 관한 숨은 정보를 연구한 사회학자 라이너 치텔만(Rainer Zitelmann)이 지적하듯, "누가 임원이 될지는 이사회가 결정하고, 어떤 사업가 혹은 투자자가 부자가 될지는 시장(市場)이 결정한다. 그리고 시장은 이사회만큼 아비투스를 중요하게 여기지 않는다."[19]

폭넓은 관심이 시야를 넓힌다

◇◇◇◇◇

성과 개념이 바뀌었다. 업무 시간과 아웃풋 대신에 아이디어와 유용성, 해결책같이 머리로 진행되는 업무가 중시된다. 대학들은 이런 변화에 발맞춰 비학자들의 전유물이었던 분야를 학과로 정하고 새로운 전공 과정을 마련한다. 건강 관련 직종의 학문화가 대표적인 사례다. 또한 호텔·리조트·크루즈 경영, 빅데이터 관리 등 기존 전공 과정의 세부 영역을 독립된 전공으로 업그레이드한다.

대학 전공의 세분화는, 세분화된 영역에서 이론과 실습을 통합해 더 깊이 배우는 방식을 택한다. 괜찮은 생각이지만 넓게 보면 그것으로는 부족하다. 분야나 직업에 방향을 맞춘 전문화는 직장 생활에 안성맞춤인 졸업생을 각 산업에 공급하겠지만, 개인적인 가능성과 시야를 좁히는 결과를 초래한다.

높은 전문성을 가지고 대학을 졸업하지만, 최정상 리그에 도달하는 경우는 아주 드물다.

하류층과 중산층은 이것을 통찰하는 눈이 없다. 이들은 이름 뒤에 B.Sc(이학사) 혹은 M.A.(문학사)가 있으면 교육의 최정상에 올랐다고 생각한다. 상류층은 이런 대학의 새로운 경향과 직업 연관성을 비판적으로 본다. 상류층 부모는 자식의 교육에서 실용성을 따지지 않고 직업적 활용성만 부분적으로 고려한다. 당연히 학위 하나는 있어야 하지만 국제표준화기구(ISO)의 인증에 목맬 필요가 없고 법조인이 되지 않아도 괜찮다. 최정상에 있는 사람은 지식보다는 대화나 사고 능력, 개방성 등 지식을 다루는 '방식'에 더 주의를 기울인다.

사교 클럽 강연회를 보면 상류층이 다양한 분야의 폭넓은 지식을 얼마나 중요하게 여기는지 알 수 있다. 국제 봉사단체의 양대 산맥인 라이온스클럽과 로터리클럽에서는 강연회가 클럽 활동의 중심이다. 에너지 공급회사 대표에서 연극 연출가에 이르는 회원들이 각자의 전문 분야에 대한 20분짜리 강연을 한다. 이 강연회는 1년 동안 광범위한 주제를 다룬다. 직업적 전문 주제, 인문학과 자연과학, 정치와 역사, 기술과 사회, 문화, 음악…. 매주 낯선 분야를 접하며 전문 지식을 보강한다. 모두가 모든 강연에 관심을 보이진 않더라도 모두가 모든 강연을 듣는다.

상류층의 잘 관리된 아비투스는 역량을 깊고 넓게 확장한다. 경영학에서는 이런 사람을 'T자형 인물(T-shaped Personality)'이라 부른다. T자의 세로 기둥은 탄탄한 전문 지식을, 가로 막대는 전문 분야와 맞닿아 있는 다른 분야에 대한 얕지만 넓은 지식을 상징한다. 이런 지식이 사람을 돋보이게 한다. T 지식은 이미 기본으로 간주된다. 그들은 TT 혹은 심지어 TTT자형 인물로 발전한다. 두 번째, 심지어 세 번째 전문화를 위해 노력한다.

확장된 지식은 이중으로 가치가 있다. 시장가치뿐 아니라 자신감도 높인다. 특히 위로 오르려는 사람에겐 꼭 필요하다. 세로와 가로 방향의 안정된 지식 기반이 없으면 계급 상승자는 종종 불안감을 느낀다. 흉내만 내고 있다는 기분에 사로잡힌다. 자신의 성공을 실력이 아니라 운이라고 여기는 이런 현상을 심리학에서는 '사기꾼 증후군'이라고 부른다.

만약 지식자본이 한쪽으로만 치우쳐 있으면 내적 인식뿐 아니라 외적 인식도 달라진다. 한 분야에만 몰입하는 스페셜리스트들이 인접한 다른 분야의 질문을 회피한다면 다양성과 통합 능력이 없다는 인상을 준다.

경력 초기에는 대개 깊은 지식이 지식자본의 중심이다. '디자인 사고'의 창시자인 팀 브라운(Tim Brown)도 같은 생각을 했다. "대졸자들은 주로 I자형 인물이다."[20] 대졸자들은 하나 혹은 몇몇 분야에 깊이 심취해 있다. 당신은 I자 지식을 기반으로 경제, 기술, 혁신 혹은 엔터테인먼트 같은 분야에서 요구된 적절한 성과를 낼 수 있다. 명심하자. 귀중한 I자 지식은 지식사회에서 점점 더 가늘어지고 점점 더 깊어진다. 당신이 직관적으로 올바른 해답을 찾고 스트레스 없이 자신 있게 상황에 맞는 결정을 내리고, 필요하다면 규칙도 어길 수 있을 때 비로소 당신은 그 분야에서 다른 사람들보다 더 뛰어나다는 것을 깨닫는다. 비슷한 분야는 서로를 보강하고, 멀리 떨어진 분야는 서로를 고무시킨다.

자기 분야에서 스타가 되는 것은 좋지만 편협한 괴짜가 될 위험이 있다.

위험은 두 방면에서 생긴다. 업무가 너무 흥미로워 점점 더 깊이 파고들게 된다. 그리고 그 분야에서 아주 뛰어나기 때문에 없어서는 안 되는 사람으로 통한다. 그러는 사이에 다른 사람, 어쩌면 전문 능력이 뒤처지는 동료들이 위로 도약하는 발판에 선다.

전문적인 깊은 지식에 다양하고 넓은 지식까지 갖춘다면, 당신의 지식자본은 훨씬 더 많은 수익을 낸다. 크로스 지식을 계발하려면 다양한 주제에 열려 있어야 한다. 독서, 여행, 질문하기, 포괄적 시야 기르기, 트렌드 살피기, 낯선 분야에 관심 두기. 그러면 사람들과 금세 코드를 맞출 수 있으며 건강, 부부, 재정, 교육, 처세 등 직업과 무관하지만 인생의 중요한 질문에도 답할 수 있다. 크로스 지식을 갖춘 사람은 통합적으로 일하고 지도자 과제를 맡고 흉내 낼 수 없는 독창적 해결책을 고안한다.

창의성은 신의 선물이 아니다

◇◇◇◇◇

창의성이 아닌 것부터 보자. 첫째, 우연히 반짝 켜지는 정신적

불꽃은 창의성이 아니다. 토마스 만(Thomas Mann)의 문장이 창의성을 더 잘 설명해준다. "판타지를 갖는다는 뜻은 무언가를 생각해내는 것이 아니라, 생각에서 무언가를 만들어내는 것이다." 그러므로 아이디어가 구체적으로 기발한 앱, 스마트한 기술, 수요가 높은 서비스 등으로 실현되어야 비로소 창의성이다. 둘째, 카를 발렌틴(Karl Valentin)에 따르면 창의성은 신의 선물이 아니라 아주 많은 작업을 요구하는 멋진 일이다. 그리고 셋째, 창의성은 예술가, 화가, 배우 같은 몇몇 뛰어난 '창작자'의 전유물이 아니다. 창의성은 우리 모두에게 열려 있다. 다행히도.

창의성은 미래에 가장 높이 평가될 성과다. 거의 모든 정보를 구글에서 얻을 수 있는 세계에서는 예전에 없었던 뭔가를 만들어내는 것이 중요하다. 다음과 같은 형식의 보완이나 확장은 창의성이 아니다. 기존 병원 소프트웨어에 의료진의 요구를 정확히 추가하는 프로그램은 어떻게 만들까? 더 편안하고 더 안전한 건물을 어떻게 설계할까? 포르투갈에서 먹은 빵을 내 제과점에서 시즌 특별 상품으로 판매하려면 어떻게 해야 할까?

사람들은 브레인워킹(Brainwalking), 디자인 사고, 스캠퍼(SCAMPER) 발상법으로 이런 질문에 대한 창의적 대답을 부분적으로만 찾아낸다. 이런 창의적 기법은 도움이 된다. 하지만 장기적인 노력으로 만들어지는 창의적 아비투스를 잘 관리할 때 뇌는 가장 역동적으로 일한다. 열린 눈으로 세상 보기, 새로운 길 개척하기, 평범함 버리기, 저항 견디기, 실험하기, 자신의 기술에 통달하기,

무엇보다 자신의 아이디어 지지하기가 창의적 아비투스 관리에 속한다.

성과를 고생이나 스트레스의 결과로 이해하지 않고, 사고의 자유, 가치 창조, 도전하는 용기로 이해하는 가정에서 자란 사람은 창의적 아비투스를 갖기가 더 쉽다. 유리병 커피 아이디어를 수용할 만큼 시장이 무르익지 않았음이 드러났지만, 어쨌든 많은 걸 배웠어! 부유하지 못한 가정에는 이런 여유가 없다. 그곳에는 지위를 보존하거나 개선하려는 노력과 물질적 안전이 중심에 있다. 독특한 아이디어는 시간을 허비하는 실험으로 낙인찍힌다. 그러므로 물질적으로 풍족하지 못한 조건에서 성장한 사람은 주로 저항에 부딪힐 때만 창의성을 발휘한다. 물론 그것이 제대로 통할 때도 있다.

패션 디자이너 가브리엘레 슈트렐레(Gabriele Strehle)는 자서전에 언니의 고등학교 졸업 파티를 위해 직접 만든 원피스에 대해 썼다. "리자 언니는 키가 별로 크지 않고 꽤 통통하며 눈에 띄는 화려한 외모를 가졌다. 언니에게 어울리는 원피스는 검은색에 아주 단순한 디자인이어야 한다는 것을 알았다. 1960년대 말 알고이 골짜기에 사는 16세 소녀의 생각이라고 하기엔 매우 급진적이었다. 그러나 딱 맞는 옷을 알아보는 본능과 스타일 감각을 가진 사람은, 다른 사람들이 그것을 무시하면 몹시 짜증이 나서 견디기 힘들다는 사실을 당시의 나는 알고 있었다."[21]

올바른 아이디어를 갖는 것은 당연하고, 그것을 실현해야 한다. 두 가지 모두 창의적 성공에 매우 중요하다. 미국의 창의성 연구가 로버트 스턴버그(Robert J. Sternberg)의 '창의성 투자이론'이 이것을 기반으로 한다. 스턴버그의 주장은 다음과 같다.

창의성이란 아이디어를 저렴하게 사서 비싸게 파는 의식적인 결정이다.

스턴버그에 따르면 아이디어에서 이익을 내기 위해서는 멋진 생각을 빨리해내는 능력보다 훨씬 더 많은 능력이 필요하다. 목적의식을 가지고 시장을 관찰하고 아이디어의 잠재성을 가늠하고, 사람들을 설득하고 모든 회의론을 견디는 능력이 중요하다. 특히 주변에서 한심하게 여기고, 동료가 비판하고, 심사부가 고비용을 문제 삼아 가로막고, 고객이 그 기획을 받아들일 만큼 아직 성숙하지 않은 것 같을 때도 아이디어를 관철할 수 있어야 한다.

코흐하우스(Kochhaus)를 창립한 라민 구(Ramin Goo)는 경영학을 전공하고 한때 경영 컨설턴트로 일한 적이 있는 아마추어 요리사다. 상호 영감을 주는 여러 전문적 역량을 갖춘 전형적인 TT형 인물이다. 그는 2010년에 베를린에 코흐하우스를 열었다. 코흐하우스는 슈퍼마켓인데, 식료품을 레시피에 따라 진열해놓는다. 예를 들어 퀴노아샐러드, 참깨 오리가슴살 혹은 사과 크랜베리 크럼블에 필요한 모든 재료가 2인분, 4인분, 혹은 그 이상에 맞게 각각 독립된 테이블 위에 진열되어 있다.

라민 구는 발렌다르의 WHU 오토 바이스하임 경영대학원에
서 공부할 때 이 아이디어를 생각해냈다. 당시엔 회사를 창립하는
건 막연한 생각이었다. 그런데 그는 한 슈퍼마켓에서 자신의 아이
디어에 날개를 달았다. 그는 실용적인 요리책을 만들고 싶었다. 그
는 요리를 아주 좋아했지만 재료 구입이 성가셨는데, 요리할 때면
언제나 양념 하나가 없거나, 채소가 시들었거나 결정적인 재료 하
나가 빠져 있었다. 이 경험이 아이디어의 방아쇠가 되었다.

드디어 아이디어가 탄생했다. 그런 아이디어쯤은 누구나 낼 수 있을 것 같
은가? 어쩌면 그럴지도.

그러나 라민 구는 그런 아이디어를 최초로 냈고 자신의 아이
디어를 관철시켰다. 그는 아이디어를 갈고닦아 숙성시켰고 마침
내 다른 사람들의 눈에도 매력적으로 보이게 하는 데 성공했다. 스
턴버그의 말처럼 라민 구는 이 아이디어를 저렴하게 샀다. 그는 이
아이디어를 몇 분 안에 고안해냈고 아이디어의 가치는 고안자인
그에게만 열려 있었다. 이익을 내려면 타깃층도 이 아이디어를 매
력적으로 봐야 했다. 경영의 초점을 이 부분에 맞추어 라민 구와
창업팀은 2년 동안 매장 콘셉트를 연구하고 레시피를 테스트하고
직원과 공급 업체를 찾고 건물을 개축했다. 그동안 설득 작업을 계

속했다.

"고생만 할 거야. 하필이면 식료품 소매라니!" 친구와 동료들이 실패를 예언했다. 금융 위기가 한창이던 때라 투자자들도 주저했다. 그러나 그는 흔들리지 않았다. "나는 내 아이디어에 자신이 있었습니다." 현재 코흐하우스는 베를린, 함부르크, 뮌헨, 프랑크푸르트, 쾰른에 있다. 온라인 매장도 생겼다. 최근에는 아마존 프레시의 파트너가 되어 고객들은 신선 식품 배달 서비스를 받을 수 있다. 창의적 아비투스는 보상을 받는다. 0에서 만들어진 아이디어가 연매출 약 160억 원의 사업이 되었다.

남들이 모르는 정보에 접근하라

전문 지식은 대학, 워크숍, 인터넷 강의에서 얻는다. 창의성 계발법은 그사이 철저히 연구되어 누구나 읽고 그대로 실천하기만 하면 된다. 하지만 경영은 다르다. 공식 사규와 조직 관리, 뒤에 감춰진 기능과 비밀 규칙은 대학에서 가르쳐주지 않고 책과 블로그를 통해 배우기도 어렵다. 운이 좋으면 성공과 권력의 게임 규칙을 어려서부터 집에서 배운다. 얼마나 많이, 정확히 배우느냐는 부모의 지위에 달렸다. 부모의 개인적인 경험에 따라 통찰의 규모가 다르다. 부모가 어떤 기업 구조에 익숙하냐에 따라 자녀들의 생존과 경력 전략이 다르게 발달한다. 가장 중요한 롤모델인 부모가 사원으로서 넓은 사무실에서 맡은 업무를 처리하느냐 아니면 경영자로서 꼭대기 층에서 결정을 내리느냐가 차이를 만든다.

어머니 신디 크로퍼드를 쏙 빼닮은 카이아 거버는 17세에 데뷔하자마자 세계에서 가장 인기 있는 모델이 되었다. 그러나 카이아의 성공은 단지 미모와 몸매 덕만은 아니다. 그녀가 패션모델계에서 급속히 성장할 수 있었던 비결을 패션 잡지《엘르》가 폭로한다. "카이아 거버에게는 언제나 신뢰할 수 있고, 늘 지지해주고, 언제든 의논할 수 있는, 패션에 대해 아주 잘 아는 조언자가 집에 있었다."[22]

평범한 이들은 좋은 성적과 졸업장으로 노력하는 자세를 익히고 성과를 통해 두각을 나타내는 법을 배운다. 반면 시장의 변화, 사업 영역, 기업 문화, 전략적 승진 준비 등은 조명을 받지 못한다. 부모 스스로 그런 것들에 대해 잘 모르기 때문이다. 일반 대중의 눈에는 기업의 최상층, 특히 이사회에서 벌어지는 일들이 바람직하기보다는 오히려 수상해 보인다.

사회 최상층의 아비투스는 당연히 다르다. 예를 들어 권력 위치에 있는 부모는 대개 학교와 성적에 관대하다. 그들은 자녀들에게 다음의 메시지를 전달한다. 전문 지식은 좋고 유용하다. 어차피 사람들은 미래의 도전 과제를 해결할 수 있기를 바라니까. 하지만 전문적인 세부 내용보다 어쩌면 다른 것이 훨씬 더 이로울 수 있다! 상류층 자녀들은 집에서 다른 것을 배운다. 어떤 분야가 유망한가, 어떤 태도가 외교적 존중을 드러내는가, 권력자들과 관계 맺는 법, 3년 뒤에 어디에 있고 싶은지 명확히 아는 법, 어려서부터 확고한 목표를 다져야 하는 이유, 보수 좋은 회사에 곧장 입사하는 것보다 경영 수업 인턴십이 더 나은 이유, 지도자가 되는 법…. 계층별 사고방식의 차이가 자녀들의 직업 전망에 영향을 미친다.

누군가는 성과를 올리는 법을 알고, 누군가는 성과를 효과적으로 활용하는 법을 안다.

상류층의 자녀들은 자기도 모르게 내면화된 지식 덕분에 경력 쌓기가 어떻게 기능하는지 더 잘 알고, 결과적으로 더 좋은 교육을 받는다. 전문 지식과 경력 지식의 조합은 배가되어 과소평가할 수 없는 으뜸 패가 된다. 독일교사협회 대표 요제프 크라우스(Josef Kraus)가 경험에 근거해서 밝힌 것처럼, 직업적 성공은 놀랍게도 학교 성적과 거의 관련이 없다. "통계로 볼 때 학교 성적과 직업적 성공은 겨우 절반 정도만 관련이 있다. 절반은 결코 높은 비율이 아니다." 다른 요소들도 최소한 그 정도 역할을 한다. 예를 들어 전공 선택, 인내심, 끈기, 좌절을 이겨내는 힘. "특히 올바른 후원자를 만나는 것이 중요하다."[23]

정상에 있는 사람에게는 이런 정보가 전혀 새롭지 않다. 기업 구조에서 얼마나 목적 지향적으로 움직이느냐는 그 사람의 몸에 밴 아비투스가 결정한다. 각각의 기업문화를 최대한 활용하는 사람이 앞선다! 그러므로 신입은 기업문화부터 이해해야 한다. 쉽지 않은 일인데, 이제 막 노동시장에 진입한 사람은 종종 현실감이 부족하기 때문이다. 비특권층의 후손들은, 기업이 성과를 뽐내는 무대가 아니라 치밀한 정치적 무대라는 사실을 너무 늦게 이해한다.

스탠퍼드대 경영대학원의 제프리 페퍼(Jeffrey Pfeffer) 교수가 말한 것처럼 "리더를 위한 세미나에서는 세계가 어떠하냐가 아니라 어떠해야 하는가를 다룬다".[24] 그러므로 계급 상승자에게 최정상으로 가는 길은 안개가 자욱한 길이다. 그들은 높이 날아오를 목표 지점이 아니라 다음에 내디뎌야 할 발걸음에 집중한다. 그럼에도 자신의 기회를 알아차리고 이용할 줄 아는 사람은 언제나 멀리 내딛는다. 사회학자 알라딘 엘마팔라니(Aladin El-Mafaalani)는 계급 상승자들의 전기문 분석을 통해 이것을 발견했다.[25] 유리한 순간을 낚아채지 못하면, 기회는 바로 사라진다. 돌이킬 수 없이.

A는 중국학을 전공하고 대학 졸업 직후 어느 IT기업의 경영진을 위해 통역했고, 직원을 위한 중국어 및 중국문화 강좌를 열었으며 동시에 박사학위 논문도 썼다. 어느 날 비서실에 비상 인력이 필요했던 한 임원이 중국학을 전공한 A를 떠올렸고, 의논도 없이 비서실로 발령을 냈다. A는 이 일에 감탄하지 않았다. 직책이 얼마나 높은 상사든, 비서로는 일하고 싶지 않았다. 3개월 동안 주어진 업무를 했고, 비상 상황이 끝나 A는 원래 자리로 돌아갔다. 한참 뒤에야 비로소 A는 스스로 중요한 순간을 놓쳤다는 걸 깨달았다. 그녀의 전

문성에 깊은 감명을 받은 임원, 경영진과의 직접적 소통, 직접 듣는 정보 등을 이용해 무언가를 이뤄낼 수 있었을 텐데 애석하게도 A는 권력자와의 인맥을 이용할 줄 몰랐다. 대학을 갓 졸업한 신입사원인 A는 야심 찬 경력 성공법을 모르고 있었다.

기업은 매우 복합적인 조직이다. 완전히 파악하기까지 시간이 오래 걸리고 사내 권력관계와 비공식적 후원 체계를 모르고 지나칠 위험이 아주 크다. 그런 것을 간파하는 데는 이론적 전문 지식이 아니라 암묵적인 규칙과 행간을 읽는 주의력이 더 유용하다. 누구에게 권력이 있는가, 경영진이 중시하는 것은 무엇인가, 누가 누구와 친한가, 시장 현황은 어떠한가, 누가 비공식적 여론 선도자인가, 어떤 프로젝트가 현재 진행 중인가, 어떤 유형의 직원이 구세주로 통하고 빨리 승진하는가. 코드는 다양하다. 어떤 기업에서는 노련한 엔지니어, 어떤 기업에서는 젊고 스마트한 변호사, 또 어떤 기업에서는 변덕스러운 폭군임에도 이기적이라는 비판 대신 쿨하다는 평가를 받는 기발한 직원이 남보다 먼저 위로 오른다.

애석하게도 기업의 암묵적인 규칙은 제한적으로만 분석된다. 또한 간략한 요약으로만 전해 들을 수 있다. 그럼에도 경력에 도움이 되는 인사이더 지식에 접근하는 방법을 베를린 컨설팅회사 러노베이트(Leanovate)가 회사 블로그를 통해 알려준다. 신입은 다음의 행동 사슬을 명심해야 한다.[26]

(마음대로) 행동하기 → 인식하기 → 반응하기

지금까지 유지해온 행동 방식을 고집하지 말고, 가설을 세운 뒤 실행해보고(=마음대로 행동하기), 무슨 일이 벌어지나 관찰하고(=인식하기), 거기에 맞춰 태도를 취하면 된다(=반응하기). 팀장과 단둘이 있을 때 그를 곤경에서 꺼내주는 기발한 해결책을 제시한다면 이런 실험은 단번에 성공을 거둔다. 때로는 쓸데없는 짓을 했다는 기분이 들기도 한다. 예를 들어 팀 회의에서 노후된 IT 장비를 너무 직접적으로 지적했다던지 말이다. 이런 경우 다음과 같은 교훈이 남는다. 비판할 때는 절차를 지키는 것이 더 바람직하고, 직접적 지적은 신뢰를 깰 뿐 아니라 수용도 잘 안 된다!

그러므로 일종의 리허설이 필요하다. 무언가를 시도한 후, 무슨 일이 생기는지 신중하게 살펴야 한다. 단계별로 행동하고 인식하기를 반복함으로써 암묵적 코드를 해독하고, 비밀 통로와 암호를 알게 되고, 무엇이 성공에 가장 유용한지 점점 더 명확히 이해하게 된다. 당신은 성공을 긍정적으로 받아들이고, 혼돈 속에서 통찰을 찾고, 학습을 통해 경력자로 변모한다. 함부로 칼을 빼는 일은 없어야 한다. 시스템 안에서 모든 것을 바르게 해야 하는 건 아니지만 치밀하지 못한 전략적 실수는 보복을 당한다.

모든 차원에서 지식을 확장하라

　지적 정상에 오르기 위해 꼭 상류층에서 태어날 필요는 없다. 전문성에 관한 한 누구나 지식 재산을 스크루지 맥덕의 금화처럼 가득 채울 수 있다. 현재 지식자본은 최고의 이윤을 약속한다. 인구통계학적 변화로 전문가의 수요가 높고, 독일의 실업률도 유례없이 낮다. 전문 인력 부족으로 출신 배경의 중요성이 거의 사라졌다. 누구에게나 도약의 기회가 열려 있다.

1. 최고의 졸업장, 선망의 인턴십, 유망한 교육을 겨냥하라. 그 이유는 아주 많다. 첫째, 노력이 더해질수록 전문성과 실용성이 높아진다. 둘째, 학교 졸업장이나 교육기관 수료증은 당신을 빛나게 한다. 셋째, 졸업장과 학위는 위기 시대에도 건재하는 자본이다. 넷째, 계급 상승자는 수준을 맞추지 못할까 두려워하는데, 폭넓은 지식은 칼바람을 막아주는 강력한 패딩처럼 두려움을 막아준다. 다섯째, 선망받는 교육기관과 직장은 특권층 출신과 비슷하게 당신의 지평을 넓혀주고 아비투스를 풍성하게 한다.

2. 직업학교에서든 대학에서든 벼락치기로 공부하지 마라. 사회, 문화, 학문의 지평을 넓히는 기회를 놓치지 마라. 정해진 시간표 너머에 무엇이 있는지 살펴라. 인턴십, 외국어 강좌, 성격 개발, 해외 체류, 명사 강연 등. 고급 아비투스는 전문 지식과 이론 지식 그 이상을 요구하고 지원할 때는 분야 관련 기술도 있어야 한다.

교육을 통한 계급 상승자는 출신 환경으로부터 이런 질문을 자주 받는다. "그걸 해서 뭐 하게? 그게 돈이 돼?" 이런 질문에 방해받지 않고 위로 도약하려면 의식적인 노력이 필요하다.

3. 지식자본이 어디에서 최고의 이윤을 내는지 신중하게 생각하라. 대부분 자신의 아비투스가 이미 준비된 분야를 찾는데, 가장 좋은 방법은 아니다. 무엇이 당신에게 중요한지를 정하라. 집처럼 편안해 느긋하게 노하우를 발휘할 수 있는 분야? 아니면 성장 욕구를 자극하는 도전적 환경? 아비투스가 아직 완전히 적응되지 않았을 경우에는 중요한 전문 지식을 가졌거나 신망이 높은 1인자나 2인 자를 위해 일할 때 가장 빨리 인정받는다. 또한 시간적 유연성과 지리적 이동성은 당신을 돋보이게 할 또 다른 장점이다.

4. 초보자의 오만에 빠지지 않게 조심하라. "내가 아무것도 모른다는 것을 나는 안다." 그리스 철학자 디오게네스는 이 말로 많은 이들이 놓치는 지혜를 보여주었다. 초보자는 특히 첫걸음을 뗀 후에 자신의 실력을 과대평가한다. 비행기 조종사는 첫 800시간 비행 뒤에 사고율이 서서히 오른다. 의사들은 보통 수술을 16회에서 20회 했을 때 실수를 저지른다. 아직 루틴으로 몸에 배지 않았지만 조심성이 약해졌을 때를 조심하라![27]

5. 지식은 대충 훑어서 얻는 것이 아니다. 습득하고 사용하고 연결하고 완성해야 한다. 그러므로 전문 서적, 코칭, 테드 강연, 다큐멘터리, 구글 아트 등을 통한 지식 습득은 시작에 불과하다. 물론 이런 서비스는 매우 유용하다. 그러나 지식을 내면화하기 위해서

는 실행, 모방, 실험, 토론, 질문, 변형, 가치 창조, 한계 확장을 통해 학습해야 한다.

6. 다방면으로 지식을 확장하라. 대학을 갓 졸업한 상태라면 T자형 지식으로 당신을 돋보이게 할 수 있다. 점차적으로 두 번째, 세 번째 전문성 기둥을 추가하라. 분야 지식을 옆으로 확장하고, 인접 분야를 공부하고, 직업 외적인 주제로 스펙트럼을 넓혀라. 사회적 역량을 개발하고 좌절, 질병, 돌봄 같은 삶의 과제를 넓은 지식으로 연결하고 인격을 강화하라.

7. 잘난 체하거나 우쭐대는 사람은 최정상 리그에 오를 수 없다. 아이디어, 문제 해결 능력, 혁신 지식으로 승부하라. 단, 시끄럽게 알리기보다는 조용히 드러내는 것이 좋다. 자신 있게, 그러나 공격적이지 않게. 직책이 높을수록 개별 업무가 아닌 아비투스를 통해 성공이 드러나므로 자신의 성과를 강조하면 오히려 이상해 보인다. 최정상 리그에서는 당당함이 존경받는다. 세부 내용에 집착하고 고민하는 태도는 쩨쩨해 보이고 외면당한다.

8. 현 직장에서 경력을 쌓고 싶으면 상사를 뒤처진 사람으로 보이게 해선 안 된다. 두각을 나타내려 애쓰는 대신 프로젝트 책임자가 더 좋은 상황에서 더 확실하게 더 빨리 목표에 도달할 수 있도록 도와라. 비판할 때는 제안인 것처럼 포장하라. 이때 미래의 주제와 최적화 가능성을 다루는 것이 중요한 기술이다. 무엇보다 비판이 수용될 수 있게 올바른 시점에 적합한 톤으로 전달해야 한다.

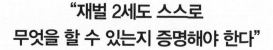

"재벌 2세도 스스로
무엇을 할 수 있는지 증명해야 한다"

마티아스 케스틀러(Matthias Kestler)는 최고의 헤드헌터로서
대기업과 중견기업의 직책 서열 1, 2위인 사람들과 자주 접한다.
그의 경험에 따르면 최고 직책을 겨루는 사람들이
가장 뛰어난 능력을 지닌 건 아니다.
그럼에도 케스틀러는 탁월한 전문성을 성공의 필수 요소로 본다.

Q 케스틀러 박사님, 빌 게이츠가 말합니다. "가장 흥미로운 직업은 대학 졸업장
을 요구한다." 이 말이 맞습니까?

A 일반적으로 '흥미로운 직업'으로 통하는, 예술가나 배우 혹은 음악
가 중에는 대학 졸업장이 없는 사람이 많습니다. 빌 게이츠 자신도 대
학을 중퇴했지만 큰 부자가 되었습니다. 또 어떤 사람은 수공업에 흥
미가 있어 그것으로 즐겁게 돈을 벌고 자기 삶에 만족합니다. 모든 것
이 주관적입니다. 대신 헤드헌터로서 최고경영자, 최고재무책임자, 법

률 고문, 인사팀장 등에 적합한 후보자들을 외부에서 찾을 때는 기본적으로 대학 졸업자를 우선순위에 둡니다. 물론 이런 직책들은 누가 봐도 세계에서 가장 흥미로운 직업은 아니겠지만요.

Q 엘리트 대학의 졸업장은 어떤가요?

A 권할 만합니다. 그것이 문을 열어주니까요. 적어도 관리직에서는. 하지만 엘리트 대학의 졸업장이 자동으로 성공을 보장하진 않습니다. 성공은 스스로 성취해야 하는데, 모두가 이를 정확히 알고 있는 것 같진 않습니다.

Q 성공한 부자 부모를 둔 자녀들이 최고의 경력을 쌓기에 더 유리합니다. 불리한 배경의 사람들이 능력을 갖추려고 노력하는 건 순진한 걸까요?

A 아닙니다. 모두가 반드시 그래야만 합니다. 출신 배경은 아무 상관이 없습니다! 높이 오르려 애쓰고, 꿈을 이루고, 꿈의 직업을 찾은 사람이 아주 많습니다. 부자 부모를 둔 자녀들의 교육 수준이 더 높을 수는 있어요. 그것이 그 자녀들의 역량이 더 뛰어나다는 뜻은 아닙니다. 모두가 자신의 능력을 증명해야 합니다. 그러면 밀알 사이에서 아주 빠르게 겨가 분리됩니다.

Q 원하는 직책을 갖기 위해서는 전공 선택이 중요할까요?

A 최고의 기업에서 일부 직책은 대학 전공이 결정적입니다. 예를 들어 법학을 전공하지 않았고 관련 직업 경력도 없는 사람이 법률 고문이 될 수는 없습니다. 그러나 여러 관리직의 경우 전공은 대체로 부차적입니다. 선도하는 기업이나 부서의 작동 방식을 알고 경제를 전체적으로 이해하는 게 더 중요합니다. 즉, 기업가적 사고가 필요합니다.

Q 대학 시절부터 전략적으로 경력 성공을 준비하려면 어떻게 해야 할까요?

A 먼저 높은 야망을 현실적 수준에 맞게 낮춰야 합니다. 나는 그것을 올바른 눈짐작이라고 부릅니다. 먼저 자신이 무엇을 할 수 있는지 알아야 합니다. 오늘날 유연성은 경력의 알파이자 오메가입니다. 고향을 고집하지 말고 멀리 날아 국내외 경험을 수집해야 한다는 뜻입니다. 인적 네트워크 역시 중요합니다. 지인을 통해 비공식적으로 취업 가능성을 먼저 알 수 있기 때문입니다.

Q 대학에 가는 여학생들이 예전보다 훨씬 늘었습니다. 그들이 최고의 성과를 내려면 어떻게 해야 합니까?

A 아주 중요한 격언이 있습니다. 오늘날에는 우수한 사람이 아니라 더 빠른 사람이 이깁니다. 그러니까 너무 오래 고민하지 말고, 적합한 제안이 있을 때 과감하게 받아들이고 자신 있게 더 많이 자기 자신을 믿어야 합니다. 그리고 "왜 할 수 없는가?"를 끊임없이 찾는 대신에

"왜 이것을 해야 하는가?"에 집중해야 합니다. 물론 대학에 가지 않은 남학생들에게도 똑같은 조언을 해주고 싶습니다.

Q 누군가 내 앞길을 가로막는다면요?

A 직책이 높은 사람이 앞을 가로막는 기분이 든다면 내가 해줄 조언은 하나뿐입니다. 느림보 뒤를 너무 오래 따라가지 마라. 그러니 추월하거나 이직하는 편이 낫습니다.

Q 최고의 직업을 얻을 기회를 높이는 세 가지만 꼽는다면?

A 능력: '나는 누구를 아는가'가 아니라 '나는 무엇을 할 수 있는가'가 중요합니다.
의지: 본인이 원하지 않으면 최고의 능력도 아무 소용이 없습니다.
행운: 올바른 시간에 올바른 장소에 있어야 합니다. 즉, 올바른 타이밍이 중요합니다. 인생은 계획대로 안 되는 경우가 많아요. 그러니 성공확률을 높이기 위해선 노력하는 수밖에 없습니다.

◆
마티아스 케스틀러 Matthias Kestler
엑셀렌토 엑시큐티브 서치(Xellento Executive Search) 창립자. 기업 대표, 인사위원회, CEO 후보자의 시각을 잘 알며 비밀스러운 톱-헤드헌터 세계에 관한 독특한 통찰력을 가졌다. 자신의 책 『원티드!(Wanted!)』에서 이를 탁월하게 설명해냈다.

HABITUS

5장

PSYCHOLOGY
CULTURE
PHYSICAL
KNOWLEDGE
ECONOMY

심리 문화 지식 경제 신체 언어 사회

LANGUAGE
SOCIETY

경제자본

얼마나 가졌는가

|| 경제자본 ||

1. 물질 재산
예) 돈, 주식, 부동산 자산, 기업 자산, 보석류, 금, 예술 작품

2. 노령연금, 국민연금, 생명보험, 상속 등 추후 예상되는 자산

HABITUS

유럽 최고의 부자 아만시오 오르테가(Amancio Ortega)는 의류 회사 자라의 창립자다. 그의 재산은 대략 76조 원에 달한다. 2위에 오른 독일인 카를 알브레히트 주니어(Karl Albrecht Jr.)와 베아테 하이스터(Beate Heister)는 알디(Aldi) 공동 창립자인 고(故) 카를 알브레히트의 자녀들이다. 미국 잡지 《포브스》에 따르면, 그들의 재산은 족히 36조 원을 넘는다. 3위를 차지한 오스트리아인 하이디 호르텐은 백화점 대기업 회장 헬무트 호르텐과 결혼했고 남편이 죽은 뒤 그의 재산을 상속받았다. 현재 그녀의 재산은 4조 800억 원으로 추정된다. 부자가 되는 가장 확실한 방법을 알고 싶으면 세계 부자 순위를 보면 된다. 결론부터 말하면 부자가 되려면 회사를 창립하거나 상속받거나 부자와 결혼해야 한다.

좀 더 현실적으로 보자. 상위 0.1퍼센트 슈퍼리치 세계가 아니라 상대적으로 낮은 세계, 즉 소득과 교육 수준이 높고 사회 지도층 환경에 속하는 상위 3분의 1을 보자. 이들도 풍족하게 산다. 물질적으로 양지에 있다. 더 검소하게 살아가는 중간 3분의 1과 힘겹게 살아가는 하위 3분의 1이 보기에, 그들은 풍족해 보인다. 그러나 정작 상위 3분의 1, 심지어 상위 10분의 1에 속하는 사람들은 스스로 부유하다고 느끼지 않는다. 왜 그럴까? 빈곤층과 부유층 그리고 슈퍼리치의 경제자본 격차가 그 어떤 사회적 격차보다 크기 때문이다.

모두가 '아직 부족하다'

◇◇◇◇◇

2016년 독일연방은행의 가계순자산 보고서가 현황을 명확히 보여준다.[1] 가계순자산이 상위 30퍼센트에 속하려면, 모든 부채를 차감한 가계순자산이 약 2억 6000만 원이어야 한다. 예금, 주식, 부동산, 자동차 등 어떤 식으로든 가치가 있는 모든 것이 여기에 포함된다. 자산이 약 6억 5000만 원만 넘어도 상위 10퍼센트에 속한다.

그러나 한 가지 걸림돌이 있다. 상위 10퍼센트 부자들 사이에서도 소득과 자산 격차가 어마어마하게 크다. 잡지 인터뷰에서 재산을 715억 원이라고 밝힌 독일 방송인 귄터 야우흐(Günther Jauch)도 상위 10퍼센트에 속한다. 독일 최고 부자인 리들(Lidl) 창립자 디터 슈바르츠(Dieter Schwarz)도 상위 10퍼센트에 속한다. 슈바르츠의 자산은 약 52조 원으로 추정된다. 여기서 초현실적으로 느껴지는 계산이 나온다. 독일 최고 부자는 상위 30퍼센트 부자 중에서 최하위에 있는 가족보다 20만 배 더 부유하고, 상위 10퍼센트 부자 중에서 최하위에 있는 가족보다 8만 배 더 부유하다.

상위 30퍼센트에 속하는 부자들은 풍족히 살면서도 그들의 시선은 아래보다 저 위쪽을 향한다. 3~6억 원 자산은 평범한 사람들에 비하면 나쁘지 않다. 그러나 수학 천재가 아니더라도 명확히 알 수 있듯 자산 순위 1위의 52조 원과 그들의 자산 차이는 자산 자체가 없는 빈곤층 가족과의 차이보다도 더 크다.

미국 금융 잡지 《워스》가 상위 10퍼센트 부자들과 인터뷰한 기사에서, 한 응답자는 슈퍼리치를 따라잡지 못할 때의 기분을 다음과 같이 표현했다.

내가 가진 건 과분하지만, 아직 훨씬 더 많이 필요합니다.[2]

감사와 좌절이 섞인 모순적인 대답에는 다음의 이유가 있다. 상위 30퍼센트와 상위 10퍼센트에 속하는 사람들은 취향과 가치관이 비교적 유사하고, 교육 및 문화 아비투스가 비슷하고, 성장과 자아실현을 추구하며 최고와 최선을 중시한다. 교사든 기업가든 모두 유기농 지역 농산물을 먹고, 세계를 여행하고, 세련된 물건과 진품을 높이 보고, 사고가 보수적이든 진보적이든 아무튼 교양이 있다.

특히 음험하게도 새로운 상류층은 자기들보다 훨씬 경제력이 떨어지는 교육 엘리트의 아비투스를 흉내 내고 그들의 코드를 사용한다. 그래서 티 내지 않는 부자들의 시대에 슈퍼리치들은 눈에 잘 띄지 않고, 언뜻 봐서는 평범하게 혹은 힘들게 돈을 버는 사람들과 구분이 안 된다.

재정적으로는 상위 10퍼센트와 상위 3퍼센트 혹은 1퍼센트 사이의 격차가 다른 모든 소득 계층 간의 격차보다 크다. 고소득자 사이에서 상대적 저소득자인 교육 엘리트는 자신이 만든 생활의 품격을 유지할 능력을 점점 잃어간다. 교육 엘리트들이 30년 전에 발견하여 차근차근 탐나는 구역으로 바꿔놓은 이른바 그륀더차이트 구역(19세기 독일 창설시대에 조성된 주거지로 오랫동안 낙후된 지역이었으나 30년 전부터 지식인들의 주도로 점차 주목받는 구역으로 재탄생했다-옮긴이)을 초고소득자가 정복해버리면, 하위 상류층은 교양에도 급이 있음을 느낀다. 세계를 지배하는 것은 교양이 아니라 돈이다.[3]

최고 중의 최고에게 부가 점점 더 집중되지만, 통계는 이를 여전히 모호하게 방치한다. 독일의 시사주간지 《슈피겔》의 한 조사에 따르면 "독일의 중산층과 빈곤층의 소득 및 지출은 마지막 한 푼까지 투명하게 드러난다. 반면, 진짜 부자들의 재산 현황은 정확히 파악되지 않는다".[4] 금융 엘리트도 불평등한 부의 분배를 숨긴다. 중국, 미국과 달리 독일의 부유층은 겸손하게 자신을 '중산층'이라고 말하고, 매우 부유한 사람도 자신이 엘리트에 속한다는 인상을 전달한다.

경제 전문 기자 울리케 헤르만(Ulrike Herrmann)은 자신의 책에서 상위 30퍼센트가 자신의 이익에 반하는 세금 정책과 사회복지 정책을 수용하는 이유를 설명한다. "중산층은 다음의 사실을 외면한다. 성과가 아니라 상속으로 지위를 얻는 엘리트를 따라잡는 건 불가능하다는 사실 말이다." 자기기만의 이유는 단순하다. 상위 중산층조차도 슈퍼리치가 얼마나 부유한지 짐작하지 못한다. 왜 그럴까? "독일연방통계청은 한 달 순소득이 2300만 원을 초과하면 소득 금액을 정확히 파악하지 않는다. 진짜 부자들은 공식 수치에 등장하지 않는다."[5]

아무튼, 돈이 없으면 불행하다

◇◇◇◇◇

돈이 행복을 만들지 않는다! 돈 이야기가 나오면 반드시 이 문장이 등장한다. 그러나 이 문장은 단편적일 뿐만 아니라 '틀렸다'. 이렇게 말해야 한다. 돈만으로는 행복을 만들 수 없다! '문학 교황'이라 불렸던 마르셀 라이히라니츠키(Marcel Reich-Ranicki)는 이 말을 훨씬 재치 있게 표현했다.

"돈만으로는 행복을 만들 수 없다. 하지만 지하철에서 우는 것보다는 택시에서 우는 게 더 낫다."

하버드대학의 한 연구팀에 따르면, 아주 부유한 사람들조차 재산이 두 배가 되면 더 행복해질 것 같다고 대답한다.[6] 반면 행복 연구는 돈보다 더 중요한 것이 있다고 고집을 부린다. 예를 들어 우리에게 감동을 주고 응원하며 늘 곁에 있는 사람들, 그리고 건강이다. 의미 있는 삶 역시 행복감을 준다. 사회학자이자 행복 연구가인 얀 델하이(Jan Delhey)가 이것을 쉽게 공식화했다. 그의 행복 레시피는 "소유하기, 사랑하기, 존재하기"다.[7] 이 세 가지 행복 재료는 사람에 따라 양이 다를 수 있지만 한 가지 재료가 다른 하나를 완전히 대체하진 못한다. 돈, 관계, 의미. 이 세 가지가 조화롭게 어우러질 때만 우리는 살 가치를 느낀다.

그러므로 돈은 행복과 관련이 있다. 자신의 재정 상태를 어떻게 가늠하고, 재산으로 무엇을 할 수 있고, 다른 사람보다 얼마나 많은 돈을 더 가졌는지가 행복감에 영향을 미친다. "물개처럼 돈으로 뛰어들어 두더지처럼 그것을 파내라. 그것이 삶의 진정한 기쁨이다." 스크루지 맥덕의 주장이다. 그러나 행복과 돈의 관계는 이렇게 원시적이지 않다. 잘 알려졌듯이 세상에서 가장 부자인 이 오리는 죽을 때까지 '가난한 부자'의 아비투스로 살았다. 맥덕의 사례는 돈이 삶의 질을 개선하려면 돈의 심리학을 이해할 필요가 있음을 비유적으로 보여준다.

억만장자에겐 돈이 최고의 기쁨을 주진 않는다. 그러나 통장에 돈이 거의 없는 사람이라면 다르다. 그들에게는 예기치 않은 수입이 큰 행복감을 준다. 노벨 경제학상 수상자 대니얼 카너먼(Daniel

Kahneman)과 앵거스 디턴(Angus Deaton)은 사람이 기쁨의 환호를 지르는 경계가 어디에 있는지 안다. 평균 소득보다 약 10퍼센트 높은 수준까지는 월급이 오를 때마다 안도감이 생긴다. 물질적 안정감이 커지고 스트레스가 사라지고 일상의 소소한 기쁨을 누릴 수 있고 매년 여행도 다니고 이웃과 비교해도 뒤처지지 않는다.[8] 당연히 재산 증식의 기쁨이 크다.

행복하지 않은 상황 하나를 꼽는다면, 바로 돈이 없는 상황이다.

고소득층에게도 돈의 증가는 당연히 유쾌한 일이다. 그러나 그것이 삶의 질을 근본적으로 개선하지는 않는다. 기본 욕구를 비롯한 많은 것이 이미 채워졌기 때문에 한계효용이 감소한다. 슈퍼리치뿐만 아니라 평범한 부자들도 이 느낌을 알기 때문에 어느 시점부터는 심지어 돈이 기쁨을 반감시키기도 한다.

쉽게 얻은 것은 가치도 낮기 때문이다. 검은색 첼시 부츠가 환상적으로 예쁘다 해도 신발장에 비슷한 신발이 벌써 세 켤레나 있다면 새로 구매하는 순간에 공간 부족으로 선택의 고통만 겪을 뿐이다. 새 차도 마찬가지다. 메르세데스 벤츠 C클래스 최신형 모델일지라도 공장에서 차를 찾아올 때 벌써 깨닫듯 결과적으로 매번 똑같은 과정의 반복일 뿐이다. 비록 경험은 물질보다 유용성이 천천히 떨어지지만 그 유용성이 더 증가하지 않으면 새로운 경험 역시 시시하게 느껴진다. 벌써 세 번째 똑같은 경험을 한다면 퀸 메리호를 타고 대서양을 횡단한들 큰 감흥이 없을 것이다.

허세처럼 보일 수 있겠으나 가슴에 손을 얹고 생각해보라. 무더위 끝에 찾아온 선선한 여름밤은 처음엔 아주 반갑지만 선선한 밤이 닷새째 이어지면 첫날만큼 반갑지 않다는 것을 다들 경험해보지 않았나? 흥미가 떨어지는 걸 막고 싶다면 언제나 새로운 사냥터로 가면 된다. 혹은 자발적으로 금욕을 실천하면 된다. 금욕으로 아낀 돈을 다른 사람들을 위해 쓴다면 선행을 베풀 수 있을 뿐 아니라 행복감까지 높아진다. 아주 냉소적으로 들리겠지만 우리가 다른 사람보다 더 풍족하게 산다는 걸 알 때 돈은 우리를 행복하게 한다.

간단한 테스트를 해보자. 다음 두 가지 일자리 중에서 하나를 선택한다고 가정해보자. 1안: 당신의 연봉은 1억 6000만 원이고, 같은 직위의 동료 연봉은 2억 원이다. 2안: 당신의 연봉은 1억 3000만 원이고, 같은 직위의 동료는 1억 원을 받는다. 당신의 선택은 무엇인가?

실험 참가자 중 압도적 다수가 두 번째 안을 선택했다. 그들에게는 사회에서의 상대적 우위가 절대 수령액보다 더 중요했다. 특히 성공한 사람들은 돈보다 지위를 더 높이 평가했다.[9] 백만장자도 그렇게 느낀다. 백만장자 순위에서 몇 계단 내려온다 해도 돈이 줄었음을 체감할 수도 없고 달라지는 건 아무것도 없다. 그럼에도 순위가 내려가면 화가 난다.

돈은 단지 욕구를 채워주는 수단에서 끝나지 않는다. 돈은 성과, 명성, 성공의 척도이기도 하다.

부루마블 게임처럼 경제자본이 경기력을 결정한다. 경제자본을 많이 가진 사람이 더 나은 지위를 포함해 모든 면에서 더 나은 패를 손에 쥔다. 가난한 사람은 주로 생계유지에 돈을 쓰지만 부유한 사람은 교육, 미용, 휴식, 건강, 권리, 편의에 투자한다. 즉, 미용사와 명품이 외모를 세련되게 꾸며주며, 비싼 변호사가 짜증스러운 이웃을 막아준다. 마크 저커버그 같은 슈퍼리치들은 사생활 보호를 위해 집 주변의 땅을 모조리 사버린다. 엘리트 졸업장도 돈으로 살 수 있다.

독일의 사립 김나지움 핀들(Pindl)은 오랜 전통을 자랑하는 교육기관에 속한다. 그러나 이 학교 재학생들은 옛날부터 다음의 말로 스스로를 야유한다. "멍청한 아이가 있으면 핀들로 보내라!" 당연히 사립학교 학생이라고 대입 자격이 거저 주어지지는 않는다. 그러나 소규모 학급, 잘 조성된 학습 환경, 개별적 지원이 있으니 당연히 좋은 성적을 내기가 더 쉽다.

돈을 다루는 방식이 품격을 결정한다

◈◈◈◈◈

돈은 좋다. 오래된 돈은 더 좋다. 대를 이은 부자들은 재산만 물려받는 게 아니기 때문이다. 그들은 돈을 투자하고 운용하는 방법을 저절로 배운다. 직장 생활을 시작해 서서히 소득을 늘려가는 사람은 주니어 컨설턴트, 컨설턴트, 시니어 컨설턴트, 파트너로 승진하면서 자연스럽게 더 고급스러운 라이프스타일을 누린다. 상위 10퍼센트의 약 4분의 3이 적어도 50세이고 그들 중 40퍼센트가 벌써 퇴직 생활을 한다. 다시 말해 그들에겐 돈에 익숙해질 시간이 많이 남아 있다. 그들은 큰돈을 안정적으로 잘 다룬다.

하지만 행운이나 우연, 이상한 방식으로 벼락부자가 된 사람은 갑자기 많아진 돈을 다루기가 훨씬 힘들다. 이때 그들의 전형적인 패턴이 나타난다. 금시계, 화려한 파티, 고급 세단, 명품 옷….

20년 노동 끝에 소규모 공장을 히든 챔피언으로 도약시킨 기업가는 다르다. 이런 경우 새로 번 돈이 오히려 너무 적어 보인다. 한 회사가 두각을 나타내면 책임과 함께 통장 잔고도 올라간다. 그러나 재정적 지위에 맞는 품행을 익힐 시간과 동기가 부족하다. 그러면 몇 년 뒤에는 문화와 미학, 고유한 경력과 아이디어를 가진 사업 파트너, 최정상 리그 소속감 등이 부족함을 자각하게 된다. 최고급 리무진, 수영장 딸린 저택, 휴양지의 여름 별장을 가졌음에도 최정상 리그에 있는 것이 어쩐지 불편하다. 콘서트홀을 통째로 살 순 있어도 수준 높은 음악에 대한 지적 소양은 돈으로 살 수 없다.

아비투스가 재정적 성장보다 걸음이 느리기 때문이다. 그래도 둘의 수준을 맞추는 건 오랜 시간이 걸리겠지만 불가능하진 않다.

> 몇 달 전에 윌리엄 왕자로부터 영국왕실 훈장을 받을 때, 빅토리아 베컴(Victoria Beckham)은 고상한 남색 드레스를 입었고, 머리는 소박하게 뒤로 질끈 묶었으며, 화장을 거의 하지 않았다. 걸 그룹 스파이스걸스 전 멤버인 그녀는 원래 그리 우아하지 않았다. 스타일 비평가들은 프로 축구 선수의 아내이자 가수인 그녀를 세계에서 가장 형편없는 스타일로 선발하기도 했다. 당시 이미지는 깡마른 몸매, 긴 머리, 하이힐이었다. 10년 뒤 그녀는 톱클래스에 올랐고《매니지먼트 투데이》로부터 올해의 여성 사업가로 선정되었으며 남편과 함께 여왕보다 더 부자가 되었다. 지금 이미지는 독보적 클래스다.

미국 심리학자 스티븐 골드바트(Stephen Goldbart)는 예기치 않은 금전적 행운이 낳는 심리적 결과를 '벼락부자 증후군'이란 단어로 요약한다. 갑자기 많은 돈이 생긴 사람이 옛날 관계를 쉽게 잃어버리는 현상을 뜻한다. 벼락부자들은 과하게 소비를 하거나 심하게 인색해지기 쉽다. 또한 옛날 친구들로부터 소외되고 새롭게 속하게 된 부자 그룹에서도 겉돌아 사회적으로 고립된 기분을 느낀다. 처음에는 다 어렵기 마련이다. 부유함도 학습이 필요하다.

펜디 가방, 페라리, 별장은 마음만 먹으면 살 수 있지만 멋진 상품이 엘리트의 삶을 보장하진 않는다. 오래된 돈은 새로운 돈보다 점점 더 미묘하게 존재감을 드러낸다. 드라마에서 보는 것과 달리 상류층 대다수는 자신의 부를 조용히 누린다. 장인의 손길이 느껴지는 고품질 명품을 높이 평가한다. 부를 교회 종처럼 꼭대기에 달아 크게 울리지 않는다. 조금만 싼 티가 나거나, 특히 방금 산 것처럼 새것이면 금세 정체가 탄로 난다. 너무 티를 내는 사람은 아직 게임 규칙을 이해하지 못한 것이다.

부자로 인정받으려면 그에 맞는 품격을 갖춰야 한다. 재산 총액보다 그걸 다루는 방식이 훨씬 중요하다. 얼마나 넓고 깊은 안목으로 자산을 투자하고 격에 맞게 소비하느냐가 중요하다. 모두가 이 두 가지를 갖춘 건 아니다. 전문가의 조사에 따르면 로또 당첨자의 80퍼센트는 2년 뒤면 원점으로 돌아가거나 심지어 더 가난해진다.[10] 수학자 크리스티안 프리츠(Christian Fritz)는 "(재정적) 성공의 길은 과정이지 이벤트가 아니다"[11]라는 문장으로 이 현상을 깔끔하게 설명했다.

돈은 명품 가방이 아닌 자유를 선사한다

◇◇◇◇◇◇

"나는 어렸을 때, 돈이 인생에서 가장 중요하다고 믿었다. 나이가 든 지금, 나는 내가 옳았음을 안다." 오스카 와일드(Oscar Wilde)의 명언은 냉소적이지만 언제나 정곡을 찌른다. 물론 돈이 전부는 아니다. 하지만 돈으로 아주 많은 것을 해결할 수 있다. 까르띠에 시계나 뵈브 클리코 샴페인 얘기가 아니다. 소득과 자산은 소비 그 너머까지 효력을 미친다.

하지만 돈의 이런 효력이 좋은 것만은 아니다. 비교적 최근에 야 심리학은 돈과 지위가 사회심리학적으로 어떤 영향을 미치는지 연구한다. 연구 결과에 따르면 재정적으로 풍족한 사람은 가난한 사람보다 덜 신중하게 생각하고 연민을 덜 느끼며 교통 법규를 더 많이 어기고 탈세 같은 범죄를 더 사소하게 여기는 경향이 있다.

> UC 버클리의 실험실에서 대학생 두 명이 부루마블 게임을 한다. 일반적인 부루마블 규칙을 따르지 않고, 의도적으로 불평등한 상황을 만들었다. A는 게임을 시작하기 전에 자본금 200만 원을 받고, 한 바퀴를 돌면 상금으로 20만 원을 받는다. 반면 B는 모든 상황에서 A의 절반만 받는다. 게다가 A는 주사위를 B보다 두 배 더 많이 던질 수 있다. 연구팀은 A의 반응을 관찰했다. A는 처음에 이런 불공정한 상황을 눈에 띄게 당혹스러워했다. 그러나 게임이 길어질수록 점점 위압적인 태도를 취했다. 그는 B의 시선을 피한 채 부지를 모으고 집을 짓고 임대료를 받아 부자가 되었다. 점점 더 넓게 게임 테이블을 차지하는 자세를 취하고 자신의 캐릭터로 보드 위를 활보했다. 그는 표정 하나 바뀌지 않고 패자의 돈을 쓸어 담았다.[12]

심리학자 폴 피프의 실험이 보여주듯 사람들은 가상 게임에서 게임 머니만 넉넉해져도 금세 태도가 바뀐다. 실생활에서는 오죽

하겠는가.

사회경제적 지위가 높은 사람은 금세 자신의 특권을 당연하게 여긴다.

실험에 따르면 그들은 게임 규칙을 마음대로 바꾸고 다른 사람을 위해 준비한 과자를 더 많이 챙겼으며 상대방에게 중요한 정보를 숨기고 상금이 걸렸을 땐 거리낌 없이 거짓말을 했다. 특별히 나쁜 의도가 있거나 나쁜 사람이라서 이런 태도를 보이는 게 아니다. 특권적 상황이 관점을 바꿔놓는다. 여기서 확인할 수 있듯 연구 목적으로 잠시만 부자 역할을 맡아도 '부자 아비투스'가 등장한다. 돈이 많아지면 마치 스위치가 켜진 것처럼 자기중심적으로 변한다. 역으로도 비슷한 효과가 나타난다. 상대적으로 적은 돈을 가지면 협력 태도가 강해진다. 이 연구팀은 이런 변화된 태도를 단순한 유용성 계산으로 보았다.

돈이 넉넉한 사람들은 타인의 선의에 덜 의존한다. 그들은 다른 사람에게 친절하게 대하는 것에 별로 관심이 없다.

말하자면 재산의 차이가 다른 아비투스 형식을 불러낸다. 가난한 사람들은 연대해야 삶을 더 잘 꾸려나갈 수 있다. 반면 부자들은 타인의 의견에 개의치 않는다. 그들은 뜻대로 목표를 추구할 수 있고 불이익을 두려워하지 않고 기득권을 안전하게 지킨다. 부자들이 가장 중요하게 생각하는 돈의 장점이 바로 이런 자유다(사치품 소비가 아니다). 사회학자 라이너 치텔만이 이것을 발견했다. 그는 『슈퍼리치의 심리학(Psychologie der Superreichen)』을 쓰기 위해 억만장자 45명에게 물었다. "돈은 당신에게 무엇을 의미합니까?" 응답자들은 다음 세 가지를 꼽았다. 독립성, 아이디어 실현 가능성, 안전. 자기 확신이나 물질 소비는 순위의 한참 뒤에 있었다.[13]

> 부자들이 구매력보다 자기 결정권을 더 중시하는 까닭을 빌 게이츠가 간단히 설명한다. "나는 사람들이 수십억 자산을 원하는 걸 이해할 수 있다. 거기에 실체적 자유가 있기 때문이다. 그러나 확언하건대 그 이상을 가지더라도 햄버거는 다 똑같은 햄버거다."[14]

이 슈퍼리치의 발언은 일부러 꾸민 말일 가능성이 있다. 천박한 물질보다 비물질적 가치를 높이 보는 것이 당연히 더 멋져 보인다. 하지만 억만장자가 아니더라도 경제자본이 삶의 위험을 줄이고, 인격을 발달시키고, 마음에 드는 프로젝트를 실현할 수 있게 하고, 자녀에게 탁월한 출발 조건을 제공하는 건 사실이다.

돈이 주는 자유는 감정에 긍정적 영향을 미칠 뿐 아니라 아비투스에도 막대한 영향을 미친다. 수없이 인용된 자유로운 시간 재량권은 사고와 행동을 바꾼다. 어느 정도의 재정적 완충재를 가진 사람에게 노동은 (어느 정도)선택의 문제다. 초등학교 교사는 수업 시간을 줄일 수 있다. 경영 컨설턴트는 덤핑 가격에 강연을 계약하지 않고 자신의 능력에 맞는 보수를 요구할 수 있다. 진짜 부자들은 세계를 구하기 위해 직접 재단을 만들어 동참한다. 정부나 세계보건기구와 별개로 그들은 가장 전망이 좋다고 생각되는 접근 방식에 중점을 둔다.

> 경제자본이 넉넉하면 굴복하지 않아도 된다. 영화 「갬블러」에서, 사채업자 프랭크로 분한 존 굿맨이 이것을 설명한다. "30억 원을 딴게 무엇을 뜻하는지 바보 멍청이도 알아. 죽을 때까지 'fuck you-지위'를 갖는 거야. 누군가 당신에게 지시를 내려? fuck you! 상사가 괴롭혀? fuck you! 영리한 남자는 'fuck you'로 사는 거야."

'재정적 독립' 혹은 'fuck you-지위', 뭐라고 부르든 상관없다. 어느 정도 재산이 있으면 자신을 굽히지 않아도 되고 다양한 영향을 받지 않아도 된다. 또한 더 많이 가지려는 욕구도 같이 올라간다. 돈이 없으면 엄두 내지 못했을 일들을 실행한다. 독립하기, 소설 쓰기, 다른 분야로 사업 확장하기, 마음에 담아두었던 특수 기기 구매하기, 유망한 스타트업 인수하기. 종종 이런 행위가 토대가 되어 더 높은 소득 가능성과 야망이 생긴다. 이것이 다시 추진력을 키운다. 그 결과는 선순환이다.

돈이 일하게 하는 사람은 종종 자발적으로 더 많이 일한다.

이상적인 경우 돈에서 생기는 자유는 여유로 해석된다. 이탈리아의 외교관인 발다사레 카스틸리오네(Baldassare Castiglione)는 이런 아비투스를 '스프레차투라(sprezzatura, 가장된 무심함)'라고 불렀다. 이런 아비투스는 가식이기 어렵다. 느긋한 태도는 다음과 같은 경험에서 자란다. 내 삶의 주인은 나다! 내게 나쁜 일이 벌어질 리 없다! 나쁜 일이 생기더라도 해결할 수 있다! 경제자본 하나만으로 이런 경지에 오를 수 있는 건 아니다. 그랬더라면 트럼프는 트럼프가 될 수 없었으리라. 그러나 재정적 안전은 자신감을 가지되 이기적이지 않은 태도와 여유로운 마음가짐을 지니는 데 대단히 큰 구실을 한다. 부르디외가 말했듯이 "자연스러운 여유에서 생기는 자유는 물질적 풍요에서 생기는 안락과 다를 바 없다".[15]

백만장자처럼 생각하라

◇◇◇◇◇

가진 자의 사회와 가지지 못한 자의 사회는 매우 다르다. 부유한 사람과 가난한 사람은 명확한 경계를 두고 마주 서 있는 게 아니라 그 사이에 과도기 같은 넓은 중간지대가 존재한다. 그러나 슈퍼리치를 제외한 모두가 똑같이 갖는 감정이 있다.

다른 사람이 항상 나보다는 재정적으로 높은 위치에 있는 것 같다.

어떤 모임에서든 나보다 잘사는 사람이 항상 있다는 사실에서 이런 왜곡된 인식이 생긴다. 자신도 재정적으로 풍족하고 실제로 불평할 것이 없더라도 주변에 큰 재산을 물려받은 이웃, 스타트업으로 거액을 번 형제, 흉내 낼 수 없는 성실함으로 저축하고 투자하는 친구 부부 등이 언제나 있다. 브레히트의 유명한 명언을 살짝 바꿔 말하면, 사람들은 오로지 저 멀리 위만 보고 저 멀리 아래는 보지 않는다. 더 풍족한 사람들과 비교하는 것은 인간적이지만 자칫 자신의 능력을 과소평가하게 될 수 있다.

솔직히 말해 상위 3분의 1에 속하는 고소득자들은 새로운 아이디어 혹은 탁월한 능력에도 극소수의 슈퍼리치 리그에는 진입하기 힘들다. 우연의 일치가 도와준다면 모를까. 이를테면 저렴한 가격에 매수한 주식이 짧은 기간에 몇 배로 가치가 오르고, 대단히 열정적인 여성 경쟁자가 육아 휴직으로 스스로 물러나고, 세계가 고대했던 발명품을 만들어내고, 더 높이 쏘아 올려줄 사람이 추천서를 써주고, 명성 높은 상을 받고, 지금까지 닫혀 있던 사교 모임의 입장권을 받는다면 모를까. 메리토크라틱(Meritocratic, 실력주의)을 강조하는 모든 주장에도 불구하고 슈퍼리치가 되는 가장 확실한 길은 행운인 것 같다. 미국의 석유 갑부 장 폴 게티(Jean Paul Getty)가 말했다. "결산에서 몇십억이 차이가 나는데도 그것을 알아차리지 못하면 비로소 진짜 부자가 된다." 이때 행운이 어떤 결정적 역할을 하는지 시칠리아 카타니아대학에서 확인할 수 있다.

경제학자 알레산드로 플루치노(Alessandro Pluchino) 연구팀은 컴퓨터로 생성한 가상 인물 수천 명의 40년 동안의 자산 변화를 컴퓨터 시뮬레이션으로 관찰했다. 각 아바타는 지성, 능력, 성실성이 각각 다르지만 경제자본은 정확히 똑같았다. 그 외의 조건들은 운명에 맡겼다. 말하자면 아바타들은 무작위로 조종되어 행복한 상황에 다양하게 노출되었다. 시뮬레이션 결과 아바타들의 자산이 현실과 비슷하게 불평등해졌다. 약 20퍼센트의 아바타들이 전체 자산의 80퍼센트를 소유했고 고소득자 대부분의 능력은 그저 평균에 가까웠다. 시뮬레이션을 여러 번 반복해도 결과는 비슷했다. 플루치노는 다음과 같은 결론을 내렸다. "행운과 우연은 과소평가되지만 실제로 개인의 성공에 많은 영향을 미친다."[16]

컴퓨터 시뮬레이션에 따르면 행운 없이는 막대한 경제자본을 얻을 수 없다. 물론 지성, 노력, 능력도 없어서는 안 되는 요소다.

뒤에서 밀어주는 순풍이 필요하다. 그러나 돛을 펼쳐야 순풍의 도움을 받을 수 있다.

현실에 적용해보자. 평균 소득자라도 평생을 보면 거액을 만진다. 그것으로 뭔가를 할 수 있다. 부자 순위에 오르기에는 넉넉지 않을 테지만 그 안에 여유 자금이 있다. 부자를 더 부자로 만드는 열쇠는 모두에게 있다. 그것에 익숙해지기만 하면 된다.

* 열쇠 1: 백만장자처럼 생각하라. 언어 습관에서 벌써 차이가 난다. 평균 소득자는 월급을 따지고, 고소득자는 연봉을 계산하며, 초고소득자는 5년 치 계약과 퇴직금 및 연금 이외에 거기서 발생하는 소득을 생각한다. 그 결과 부유한 사람은 거시적 차원에서 계산하고 큰 그림을 보며 하루 이상 숙고한 뒤에 재정적 결정을 내린다. 평균 소득자는 자신의 가능성을 실제보다 많이 낮춰 말하고 수십 억에 달하는 자신의 평생 소득을 미시적으로 움직여 더 적은 투자 금액을 모은다는 사실을 쉽게 놓친다. '가장 많이' 가지지 않았더라도 당신이 '얼마나 많이' 가졌는지를 의식하라.

* 열쇠 2: 돈의 가치를 인정하라. 많은 사람이 부자가 되고 싶으면서 부자를 높이 보지 않는다. 돈은 물론이고 돈을 가진 사람도 나쁘게 본다. 물론 돈이 사람을 망치는 일이 흔한 것도 사실이지만 부자들은 돈과 건설적 관계를 맺는다. 그들은 돈을 호혜적 관계에 있는 동맹국으로 이해하고, 계획을 세우고 문제를 해결하고 느긋하게 미래를 본다. 이것만으로도 돈은 존중받을 가치가 충분하다. 상류층은 다른 사람의 성공을 더 많이 인정하고 거기서 영감과 에너지를 받아 프로젝트를 실행한다. 부는 머리에서 시작된다. 자신의 경제자본을 늘리고 싶은 사람은 돈을 멸시해선 안 된다.

* 열쇠 3: 구매 유혹을 이겨내라. 소비의 유혹은 곳곳에 숨어 있다. 특히 20~30대가 취약하다. 미국의 경우 그들은 외식과 배달 음

식에 앞선 세대보다 평균 월 6만 원을 더 소비한다.[17] 돈으로 순간적인 기쁨을 사는 것보다 가족이나 친구 혹은 자신을 위한 시간을 씀으로써 기쁨을 얻는 것이 더 나은 습관이다. 종종 스마트폰 없이 지내기. 맨발로 걷기. 즉흥적으로 커피 한잔의 여유 즐기기. 친구들에게 아무 연락이 없더라도 자주 외출하기. 삶을 주의 깊게 구성할수록 위로 소비가 덜 필요하다.

＊ 열쇠 4: 재정적으로 안전한 길을 걸어라. 소득의 일부가 매달 초 적금 계좌로 이체되도록 설정하라. 수입의 10퍼센트든 20퍼센트든 적은 금액이라도 시작하는 데 의미가 있다. 중요한 것은 그 돈이 여행을 가거나 새 가방을 사는 데 새어나가지 않는 것이다. 이자 수익과 주식 배당금은 모두 투자금이 되어야 한다. 월급이 인상될 때마다 인상액의 50퍼센트를 자동으로 주식이나 펀드에 투자한다면 당신의 경제자본은 더 빨리 증가한다.

＊ 열쇠 5: 돈 관리를 프로젝트로 여겨라. 부자는 돈에 대해 더 많이 안다. 그들은 자산 관리에 더 많은 시간을 쓰고 더 많은 조언을 찾고 기회와 분야와 시장을 연구한다. 정보력이 좋으면 주식은 도박이 아니라 진지한 노후 대비이자 미래 투자라는 의식을 갖기 때문이다. 부자들은 재산 증식을 스포츠로 이해한다. 그들은 중산층보다 더 빈번하게 야심 찬 재정 목표를 세운다.[18] 이런 습관은 부자가 아닌 사람에게도 도움이 된다. 미국 심리학자 에드윈 로크

(Edwin Locke)와 경영학자 게리 래섬(Gary Latham)의 목표 설정 이론 덕분에 정상에 오르려면 목표를 어떻게 설정해야 하는지 안다. "'최선을 다한다' 같은 모호하고 추상적인 목표보다는 구체적이고 어려운 목표가 더 높은 성과를 끌어낸다."[19]

✽ 열쇠 6: 돈이 일하게 하라. 아주 빨리 큰 부자가 되는 확실한 길은 없다. 그러나 거의 모두가 1년 그리고 10년 단위로 서서히 부를 늘릴 수 있다. 열쇠는 끈기와 자제력이다. 자산 관리사 패티 파간(Patti Fagan)이 말한 것처럼 "당신은 5000원짜리 스타벅스 커피냐, 아니면 하찮은 저축액 5000원이냐를 결정하는 것이 아니다. 오늘의 커피 한잔이냐, 아니면 은퇴했을 때 얻게 될 몇십만 원이냐를 결정하는 것이다".[20]

이웃집 부자는 고급 SUV를 타지 않는다

◇◇◇◇◇◇

부유한 사람은 남에게 자기 패를 보여주기 꺼린다. 그래서인지 부를 연구할 때 연구 대상인 부자들에게 접근하기 쉽지 않다. 독일경제연구소(DIW)의 마르쿠스 그랍카(Markus Grabka)가 말한 것처럼 "독일에서는 백만장자 혹은 억만장자에 대해 거의 알지 못한다".[21] 그나마 가까이 접근한 기관인 지누스 연구소는 10년 전에 독일 갑부의 생활상을 분석했다. 그때 밝혀진 건, 상류층 환경에 언론이 떠들어대는 것과는 다른 여섯 가지 특징이 있다는 것이다.

'보수적 자산가'에서 시작해보자. 그들은 가십 기사의 관심 대상이 아니다. 그들은 정체를 드러내지 않고 살면서 조용히 기부하고 가족 자산을 보존한 채 가족과 오랜 지인들하고만 교류한다. '전통적 자산가' 역시 소극적인데, 대부분 안정적인 생활양식을 유지하면서 상당한 경제자본을 운용하는 탄탄한 기반의 중견 기업가다. 상류층 중에서 그들의 부가 가장 적게 드러난다. '안정된 자산가'는 명확히 겉으로 드러난다. 최고경영자, 공장주, 성공적인 프리랜서들이 여기에 속한다. 그들은 책임과 노력의 가치를 믿으며, 미묘한 지위 상징, 모범 가정, 교양 있는 생활방식으로 그들의 성공을 드러낸다. 또한 그들은 일반적으로 벼락부자라고 불리는 '지위 지향적 자산가'와 자기들이 완전히 다르다고 생각한다.

이른바 졸부들은 문화자본이 부족한 아비투스 때문에 교양 사회에 낄 수 없고 그래서 일종의 반발처럼 자신들의 부를 자주 과시한다. '벼락부자의 후손' 그러니까 부자 부모의 자녀들은 쾌락과 진지함 사이에서 확실히 부모 세대보다 더 자연스럽게 균형을 잡는다. 그들은 파티를 맘껏 즐기고 열정적으로 일하고 화목한 가정을 돌본다. '지적이고 자유로운 자산가' 역시 쾌락과 진지함의 조화를 추구한다. 그들에게 돈은 자유, 지속성, 자기결정 같은 고유한 가치와 인생의 소망을 실현해줄 수단일 뿐, 돈 자체로서의 가치는 없다.

이처럼 같은 상류층이라도 돈을 대하는 태도가 저마다 다르다. 돈과 연결된 지위를 숨기며 조용히 살 것인가, 아니면 완전히 과시하며 살 것인가. 어떤 자산가가 되느냐는 대개 이런 태도에 달렸다.
때때로 이것은 자산의 보존을 결정한다.

1989년 7월 8일. 그날 보리스 베커(Boris Becker)와 슈테피 그라프
(Steffi Graf)는 20대 초반의 나이에 윔블던 결승전에서 승리했다.
게다가 그랜드슬램이라는 대기록을 달성했다. 광고 계약이 뒤따랐
다. 정확히 10년 뒤에 그들은 동시에 프로 세계를 떠났다. 20년 뒤,
살아 있는 두 전설은 더는 나란히 길을 걸을 수 없게 되었다. 보리
스 베커는 빚더미에 앉아 파산했다. 슈테피 그라프는 스캔들 하나
없이 라스베이거스에서 살면서 자신의 사생활을 보호하며 부유하
게 산다. 그녀의 자산은 약 1300억 원으로 추정된다.

많은 이들이 최고 연봉은 자산이 아니라는 사실을 너무 늦게
깨닫는다. 평균 이상의 소득은 빠른 자산 증식의 지렛대가 되기도
하지만, 반대로 과소비로도 이어질 수 있다. 월 순소득이 2600만
원이어도 사치를 누리면 매달 말에 빈털터리가 된다. 높은 교육 수
준이 이 현상을 막아주지 않는다. 오히려 반대다.

미국의 작가인 토머스 스탠리(Thomas J. Stanley)와 윌리엄 댄코
(William D. Danko)는 성공한 고소득자가 어떻게 자산을 증식했는
지 알고자 했다. 그들은 20년 넘게 수천 가구를 조사했다. "의사, 변
호사, 중간관리자의 경우 높은 소득을 부로 전환하는 능력은 평균

아래였다."

그 원인은 매우 단순하다. 교육 수준이 높을수록 많이 소비하고 적게 투자하는 경향을 보인다. 유기농 식재료, 좋은 집, 오페라 연간 회원권, 운동기구, 미용과 패션, 육아 도우미, 자기계발을 위한 추가 교육, 이따금 누리는 호화 외식, 해외여행.

사치스럽지 않아도 도회적 생활양식 때문에 돈이 작은 블랙홀로 빨려 들어가듯 허비될 수 있다. 이것이 평생의 재정 성과에 치명적인 영향을 미친다. 똑같이 벌더라도 나중에는 자산 수준이 충격적으로 다를 수 있다. 연구팀은 소득 수준이 비슷했던 50대 가장의 세 가구를 비교해 이를 명확히 했다. 실소득액이 똑같이 연 2억 6000만 원인 세 가구 중에서 가장 성공적인 가구는 42억 원 이상의 자산을 달성했고, 중간 정도인 가구는 족히 12억 원을 달성했으나 성공적이지 못한 가구는 4억 2000만 원에 그쳤다.

특히 매우 성공적으로 자산을 늘린 사회적 집단이 있는데 바로 하류층 출신의 숙련된 기술자와 수공업자들이다. 그들은 작은 사업체를 모범적으로 운영했다. 그들은 어릴 때부터 미래를 위해 돈을 저축한 검소한 명장들이다. 같은 연령대의 대졸자와 달리 그들은 과욕을 부리지 않고 이웃의 도움 없이 자기 손으로 직접 집을 짓고, 수입과 지출을 정확히 장부에 기록하고, 피트니스센터 대신 동호회에서 운동하고, 자동차를 구매할 때는 브랜드보다 품질을 우선시하며, 아이를 돌볼 사람이 필요하면 할머니나 할아버지의 도움을 받았다. 저축 비율이 높으니 예금에서 생기는 소득이 두 번째 소득이 된다. 언젠가 돈이 눈에 띄게 저절로 늘어나기 시작하는 경지에 도달한다.

다른 6가지 자본을 얻기 위한 소비
◈◈◈◈◈

높은 경제자본은 삶을 쉽게 만든다. 재정 자원이 넉넉하면 더 과감해질 수 있다. 대출 없이 마련한 자가 주택과 수억 원의 여유 자금을 가진 사람은 수천만 원을 장롱에 넣어두지 않고 수익률이 높은 위험 상품에 과감하게 투자할 수 있다. 말하자면 자산 증식을 위해 애를 쓰느냐 마느냐는 중요하지 않은 것 같다. 자산 증식을 일찍 시작할수록 어차피 자본이 더 많이 일한다.

자산을 증식할 기회는 모두에게 열려 있다. 이 기회를 잡으려면 세 가지 법칙을 지켜야 한다. 첫째, 소비 때문에 빚을 져선 안 된다. 둘째, 비상금을 마련해둔다. 셋째, 분별 있게 투자한다. 무리해서도 안 되고, 너무 소심해서도 안 된다. 세 가지 습관 모두 아비투스의 문제다. 돈 다루는 법을 어떻게 배웠는가. 돈에서 무엇을 기대하는가. 어떤 삶을 살고자 하는가. 이로써 우리는 도약 지점에 도달했다. 답해보라. 당신은 어떤 삶을 살고자 하는가?

물론 할머니, 할아버지에게 배운 것처럼 식당에서 메뉴판을 언제나 맨 밑에서부터 위로 올라가며 읽을 수 있다. 그러면 비싼 메뉴에 눈이 가기 전에 운 좋게 괜찮은 메뉴를 발견할 수도 있다. 건축자재를 중고로 구매하고, 책과 잡지 그리고 넷플릭스 구독을 끊어 매달 5만 원을 절약하면 1년에 60만 원이 되고, 10년이면⋯.

다만 문제는 그렇게 하면서 우리가 정말로 행복할 수 있느냐다. 가능한 한 많이 모으는 것이 중요하므로 동전 하나까지 아끼며 살 것인가? 자식도 있고 연금도 넉넉하게 확보되지 않았으면 그래야 할까? 아니면 "뒷면 없는 앞면은 가짜다"라는 마르틴 발저(Martin Walser)의 말을 믿는 것이 더 나을까? 부 연구에서 언급되지 않은 한 가지가 있다. 돈을 아끼는 사람들은 불필요한 지출만 안 하는 게 아니다. 그들은 무분별하지만 풍성함을 주는 기쁨의 순간을 누리지 못하고 지평을 넓히는 경험도 하지 못한다.

스크루지 맥덕 같은 세계 저축왕은, 구두쇠 아비투스로 생을 마감할 위험이 있다. 구두쇠 아비투스는 많이 성취하고, 적게 경험하고, 통장과 시세 차익만 보는 좁은 시야를 갖는다.

엄밀히 말해 교육을 과신해선 안 된다. 고소득자 중에서 소득을 높은 자산으로 바꾸는 사람은 최고의 교육을 받진 않았지만 튼튼한 사업체를 운영하는 자영업자, 명장, 실업학교 졸업자들이다. 반면 석박사 혹은 MBA로 무장한 사람은 많이, 혹은 더 많이 벌지만 통계적으로 볼 때 자산 증식은 더 적다. 교육 수준이 높은 사람들이 돈을 너무 막 쓰는 걸까? 목표가 무엇이냐에 따라 답이 달라진다. 경제자본의 축적을 가장 중요한 목표로 본다면 확실히 그렇다. 독창적이고 멋진 인생을 맘껏 누리는 것이 목표라면 단순히 막 쓰는 거라고 보기 어렵다.

"돈이 사람을 아름답게 한다." 마돈나가 말한다. 돈이 사람을 영리하게 하고, 교양 있게 하고, 경험하게 하고, 좋은 관계망으로 이끌어준다. 돈에서 이런 효과를 얻으려면 나머지 여섯 가지 자본 유형을 확대하는 데 의식적으로 돈을 써야 한다.

* 넉넉한 통장 잔고는 심리자본을 강화한다. 우리는 안전하다고 느끼고 인생이 두렵지 않으며, 더 나아가 만족감을 느낀다.
* 추가 교육에 소비된 돈은 지식자본을 늘린다.
* 독서, 전시회 관람, 여행에 소비된 돈은 문화자본을 늘린다.
* 초대하거나 초대에 응하면 돈은 들지만 사회자본이 늘어난다.
* 좋은 옷을 사거나 일주일 동안 바닷가에서 휴양하면 경제자본이 신체자본으로 바뀐다.

고급 아비투스가 만든 삶을 누리면서 동시에 경제자본을 보존하는, 두 마리 토끼를 다 잡을 수 있는 사람은 슈퍼리치뿐이다. 그외 모든 사람은 자산 증식과 다른 자본 유형의 확장 사이에서 균형을 잡아야 한다. 모두 그렇게 할 수 있다. 단, 자본 유형을 정확히 어떤 비율로 구성할지는 각자가 결정해야 한다. 그리고 각자가 그에 책임을 져야 한다.

예를 들어 다음과 같이 구성할 수 있다. 든든한 안전망을 위해 저축하기: 오케이! 쇼핑 줄이기: 반드시! 돈을 신중하게 다루기: 절대적으로! 투자하기: 영리하게! 그러나 삶을 풍성하게 하고 아비투스에 긍정적 영향을 미치는 경험에 투자하는 것 역시 영리한 투자다. 설령 그것이 사는 데 꼭 필요하지 않더라도 정당한 투자다. 이런 식으로 균형을 맞추면 저축과 투자 규모는 원래보다 적을 것이다. 대신 충만한 인생을 얻고 높은 경제자본의 가치를 깨닫는다. 하지만 이제 막 정상을 향해 길을 나선 야심가라면 경제자본의 축적이 최고의 목표가 아닐 테고, 또한 최고의 목표여서도 안 된다.

지원을 받되, 지원에 의존하지 말 것

직장 동료의 딸은 만하임과 스탠퍼드에서 경영학을 전공한 뒤 런던 비즈니스 스쿨에서 MBA 과정을 밟으며 방학 땐 해외 인턴십과 장거리 여행을 한다. 이웃집 가족은 30세 아들의 출발을 돕기 위해 넓은 정원이 딸린 주택을 마련해, 여자 친구와 같이 살 수 있게 해준다. "65제곱미터면 오래 살기에는 너무 좁아요." 젊은 커플이 하는 말이 아니다. 부모가 그렇게 느끼는 것이다. "집을 더 정비할 예정이에요. 그런 다음 율리안을 독립시킬 겁니다."

아들이 독립하지 않을 수도 있다. 30대 자녀는 일반적으로 학교를 졸업하고 부모의 집을 나와 돈을 벌고 결혼하는 등, 어른이 되어가는 이정표를 세운다. 30대가 되면 사회, 학문, 문화적으로 안정되고 어떨 땐 부모보다 낫다. 그래도 여전히 부모에게 의존하는 자녀가 많고 지원의 끝은 보이지 않는다. 독일경제연구소의 계산에 따르면 65세 이상의 16퍼센트가 자식과 손자들을 지원하는데, 일부는 필요할 때만, 일부는 정기적으로 돈을 준다. 길을 찾고 있는 20대 청년에게 돈이 흘러 들어가는 게 아니다. 노쇠한 부모가 성인이 된, 심지어 중년이 넘은 자식에게 돈을 준다.

많은 경우 재산을 다음 세대에게 증여하면 서로에게 좋고 세금 면에서도 이익이다. 다시 말해 부모가 은퇴할 때까지 기다려야 하는 찰스 왕자와 달리 우리는 상속받을 때까지 기다리지 않아도 된다. 부모의 대부분은 조건 없이 큰 자산을 자식에게 믿고 맡기고, 자식은 가정에서 배운 그대로 증여받을 자격을 증명한다. 이런 경제자본은 지원이나 부담으로 느껴지지 않는다. 부모의 금전적 선물은 안정감을 주고 새로운 가능성과 감정을 선사한다. 워런 버핏은 이런 방식의 주고받기를 이상적인 사례로 본다. 이 위대한 투자자는 다음과 같이 조언한다. "다음 세대가 뭐든지 할 수 있다는 기분이 들도록 경제자본을 증여하라. 하지만 그들이 아무것도 하지 않아도 될 만큼 너무 많이 주지는 마라." 부모는 자식에게 성공의 발판을 마련해줘 출발선에서 앞서가도록 하되 포대기에 꽁꽁 감싸서 자식의 자발성까지 질식시켜선 안 된다.

캐나다의 투자자이자 사업가인 케빈 오리어리(Kevin O'Leary)는 자

194

식의 자수성가를 중요하게 여긴다. 그는 아들과 같은 비행기를 타더라도 자신은 퍼스트 클래스를 이용하고 청소년인 아들은 이코노미 좌석에 앉혔다. 아들이 대학을 졸업했을 때도 아무것도 주지 않았다. "스스로 자기 삶을 시작하도록 준비시켜야 합니다. 부유한 부모라면 명심하십시오. 자식을 집에서 내보내지 않고 현실의 고난을 겪도록 격려하지 않으면, 그들은 결코 자기 삶을 시작하지 않을 겁니다."[22]

대부분의 부유한 부모는 자식의 고생을 자기의 일처럼 힘들어한다. 사실 부모의 도움이 없다면 20대 혹은 30대 초반에 자기 힘만으로 부유층의 생활방식을 누리기는 거의 불가능하다. 그리고 옛날과 달리 지금은 젊든 늙었든 모두가 비슷한 아비투스를 갖는다. 부유한 가정의 자녀들은 부모의 생활방식을 존경해야 한다고 배운다. 그들에게 첫 직장 생활은 오히려 재정적 후퇴를 의미한다. 자기가 번 돈으로만 살기 시작하면 생활이 원래보다 궁핍해진다. 부모도 자식도 이런 후퇴를 정당하게 여기지 않는다.

부유한 가족일수록 부모와 자식이 함께 고학력 부르주아 생활을 누린다. 아버지는 적당히 채워진 와인 창고를 관리하고 정원사를 불러 울타리 관목을 다듬는다. 어머니는 20대 아들에게 3년 된 BMW X3를 넘긴다. 할머니, 할아버지는 곧 태어날 손주를 위해 당연하다는 듯 모든 준비물을 구입한다. 아이를 위한 교육 보험 역시 이미 들어두었다.

아주 이상적으로 들린다. 그리고 노인과 젊은이의 조화가 잘 맞으면 이런 도움은 서로에게 이롭다. 그러니 돕지 않을 이유가 뭐란 말인가. 다만 한 가지 걸리는 것이 있다. 35세, 45세, 55세에도 여전히 부모의 지원이 필요한 사람은 심리적으로도 재정적으로도 부모에게 의존한다. 비록 친구와 동료들 사이에서는 돋보이지만 어쩐지 호화로움에 어울리는 품격이 느껴지지 않는다. 자신 있는 태도를 보이지만 다리를 떨고, 고급 아비투스는 연기하는 것처럼 보이며 실제보다 허구가 더 많다. 부모의 지원에 의존하는 것은 정신만 해치는 게 아니라 실력도 떨어트린다.

소득에 가족의 지원이 추가되면 고소득자들은 큰 자산을 축적할 것이라고 모두가 예상하지만 통계 수치는 그 반대를 보여준다. 부모로부터 금전적 지원을 받는 사람은 자수성가한 고소득자보다 경제자본을 훨씬 적게 축적한다. 『이웃집 백만장자』의 저자 토머스 스탠리와 윌리엄 댄코는 그 이유를 안다. "금전적 지원을 많이 받는 사람은 통장 잔고보다 더 많이 소비한다. 그들은 소득이 비슷한 다른 사람들의 일반적 기준보다 훨씬 더 호화롭게 산다."[23] 부유한 부모의 자녀들은 소비 기준을 자신의 소득 수준에 두지 않고 부모의 생활 수준에 둔다.

성급한 일반화처럼 들리지만, 진지하게 받아들여도 될 만큼 흔하게 발견되는 사례다. 이 위험을 피해가려면 부모와 자식 모두 다음의 사실을 이해해야 한다.

부모와 자식은 다른 인생 단계에 있다. 그래서 생활 수준 역시 다르다.

자식이 위로 도약하도록 부모가 도와주면 안 된다는 뜻이 아니다. 당연히 부모는 자식에게 최고의 교육을 제공하기 위해 돈을 지원한다. 자식이 인생을 시작하고 도약하는 단계에서 부모는 분명히 자식의 손을 잡아준다. 그리고 가족 별장이나 스키장 콘도 사용을 기꺼이 허락한다. 대신 생활비 지원은 하지 않는 것이다. 고갈되지 않는 경제자본은 의존성을 키우기 때문이다. 자기 힘으로 돈을 벌고 모으는 일은 심리자본을 강화하고 자신의 능력을 키울 가능성을 열어준다.

위로 도약하려면 우선 자립부터 해야 한다

경제자본이 많으면 유연성도 높아진다. 경제자본은 나머지 여섯 자본보다 더 간단하게 당신이 원하는 것과 교환될 수 있다. 예를 들어 자기계발을 위한 추가 교육, 졸업장, 문화생활, 벽에 걸린 예술품, 주름 없는 얼굴, 스포츠 등 그 가능성은 무한하다.

1. 돈을 조용히 넣어두지 마라. 투자 상담을 받고 투자 가능성과 전략, 절약 정보를 최대한 많이 모아라. 저축과 그 이자에만 의존하는 사람은 높은 수익의 기회를 놓친다. 글로벌 컨설팅 회사 켑제

미니(Capgemini)에 따르면 독일의 억만장자는 재산의 약 30퍼센트를 주식에 투자하고 나머지 대부분은 부동산에 투자한다.

2. 안전을 지키는 데는 대가가 따른다는 사실을 명심하라. 가장 인기 있는 기업에 입사하여 편안하고 부유한 삶을 누릴 수 있다. 그러나 고연봉 직장인이라도 무한한 부에 도달하지는 못한다. 세계에서 가장 부유한 열 명은 모두 스스로 창업한 기업가다. 그들은 아마존, 마이크로소프트, 구글, 페이스북, 자라를 창립했다. 그들은 흐름을 거슬러 헤엄쳤고 모든 비판에 아랑곳하지 않고 기회를 만들어냈기에 부자가 되었다.

3. 당신의 재능과 관심을 이용해 창의적으로 부를 쌓아라. 어떤 사람은 전기 농사 부업으로 소득을 늘린다. 지인의 지인은 종종 결혼사진 및 가족사진 작가로 일한다. 또 어떤 부부는 몇 년에 한 번씩 좋은 위치에 있는 낡은 주택을 산다. 두 사람은 필요한 수리를 직접 하는데 까다로운 정신노동을 요구하는 두 사람의 직업에 그런 육체노동은 균형 잡기 효과를 준다고 한다. 일단 임대를 주게 되면 주택의 가치는 명확히 올라간다.

4. 하류층은 돈으로 기본 욕구를 채우고 중산층은 풍요로운 생활을 누리고 상류층은 보존하고 투자하고 늘린다. 당신은 돈을 어떻게 다루는가? 현재의 단계를 명확히 인식하고 당신보다 한 단계 높은 계급의 절약 및 투자 습관을 배우고 익혀라.

5. 경제학자들에 따르면 경기가 좋을 때는 소규모 투자자들이 자산가들보다 높은 수익을 올리지만 경기가 나쁠 때는 대부분 더 많

이 손실을 본다. 장기적으로 보면 자산가들이 더 좋은 결과를 낸다. 소규모 투자자들은 평균 1.56개 주식에 집중하는 반면 자산가들은 평균 29개 주식에 투자했기 때문이다. 자산가들의 주식투자 성공은 위험 분산이라는 단순한 원칙에 기초한다.

6. 재정 목표를 세워라. 여러 슈퍼리치들이 이를 강조한다. 그들은 월, 분기, 연간 목표를 명확히 세우고 어떤 이는 7년 계획도 세운다. 얼마나 많이? 언제까지? 어떤 수단으로? 다음 단계는? 목표에 더 빨리 도달하기 위해 어떤 사람은 시각화 기술을 쓴다. 예를 들어 자산 명세서 금액 뒤에 0을 하나 더 써놓고 의욕을 키운다.

7. 돈을 목표로 보지 마라. 탐욕이나 인색함은 경제자본을 늘리지 못한다. 당신의 인격 발달을 위해 재정적 가능성을 이용하라. 인생의 절반이 다 갈 때까지 기다리지 마라. 당신의 취미, 미디어 소비, 건강, 사회 참여가 지금의 재정 능력으로 감당이 되는지 정기적으로 점검하라. 이때 이미 한 걸음 앞서 있는 사람을 기준으로 삼아라. 그는 어떤 노력을 하고 무슨 말을 하고 무엇을 입고 무엇을 다루며 무엇을 단행하는가? 고급 아비투스는 단지 돈을 많이 가진 것 그 이상이다.

8. 갑자기 큰돈을 벌면 아주 기쁠 것이다. 그러나 아비투스는 새로운 상황보다 느리게 절뚝거리며 따라온다. 특히 초기에는 허황된 소비, 어리석은 투자, 잘못된 조언. 이 세 가지 요인이 사회적 상승을 방해한다. 그러므로 시간을 두고 천천히 부를 이해하고 돈을 안전하게 투자해야 한다. 갑자기 생활을 바꿔선 절대 안 된다.

처음에는 갑작스럽게 늘어난 돈을 뇌가 거의 감당하지 못한다. 뮌헨의 금융 코치 니콜레 루프(Nicole Rupp)에 따르면, "2년이 기한이다. 그때가 되면 돈을 누리면서 의미 있게 사용할 수 있다."[24]

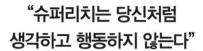

"슈퍼리치는 당신처럼
생각하고 행동하지 않는다"

사람들은 어떻게 자기 힘으로 수억 원의 자산을 쌓을까?
라이너 치텔만이 『슈퍼리치의 심리학』에서 이것을 분석한다.
그의 명제에 따르면 출신 배경이 아니라
흐름을 거슬러 헤엄칠 용기가 훨씬 더 중요하다.

***

Q 치텔만 박사님, 슈퍼리치의 심리를 학술적으로 연구하셨는데 부는 상대적 개념일까요?

A 재산으로 풍요로운 생활을 누릴 수 있으면 부자라고 생각합니다. 그러므로 13억 원을 가진 사람은 아직 진짜 부자가 아닙니다. 세금을 뺀 순 이자 수익이 3퍼센트라고 치면(오늘날 아주 힘든 일입니다만) 매월 순수익이 390만 원입니다. 그 돈으로는 부자처럼 살 수 없어요. 반면 130억 원이 있어서 매월 3900만 원씩 이윤을 내는 사람이 있다면 부자라고 부를 만합니다.

Q 슈퍼리치들은 보통 부자들과 무엇이 다릅니까?

A 간단히 말하면 그들은 흐름을 거슬러 헤엄치고 가만히 있지 않습니다. 그들은 패배와 반격을 다르게 대합니다. 항상 모든 책임을 집니다. 대부분 아주 훌륭한 판매자입니다. 그리고 기업가 혹은 투자자입니다. 직장인으로서 슈퍼리치가 되기는 어렵습니다. 물론 미디어에서 자주 만나는 고액 연봉의 최고경영자들은 예외입니다.

Q 사업이 슈퍼리치의 왕도인 것 같네요?

A 그렇기도 하고 아니기도 합니다. 사업은 부자가 되기 위한 전제 조건입니다. 부 연구가 보여주듯이 슈퍼리치 대부분이 사업으로 부자가 되었습니다. 《포브스》에 소개되는 부자 목록을 보면 기업가 혹은 기업 상속자가 대부분입니다. 직장인 혹은 수동적인 주식 투자자가 슈퍼리치가 되는 일은 거의 없습니다. 그러나 잊지 말아야 할 것이 있는데 대부분의 사업가는 부자가 되지 못합니다. 오히려 그 반대죠. 사업은 성공 확률보다 실패 확률이 훨씬 더 높습니다. 직장인보다 소득이 높다는 것은 그만큼 위험도 크다는 뜻입니다.

Q 타고난 아비투스가 돈에 미치는 영향은요?

A 사회학자들이 주장하기로 경제 엘리트가 되는 것은 타고난 아비

투스에 달렸다고 합니다. 그러나 나는 그렇게 생각하지 않습니다. 사회학자들은 고용된 경영자, 그러니까 거대 기업의 전문 경영인을 주로 연구하고 기업 소유주는 거의 다루지 않았습니다. 반대의 경우였다면 분명 다른 결과에 도달했을 것입니다.

Q 상속자들은 가족 자산을 마치 자신이 번 것처럼 자부심을 느낍니다. 어떻게 그럴 수 있죠?

A 가족 자산을 상속받거나 늘리는 일은 아무나 할 수 없는 대단한 성과입니다. 여러 세대에 걸쳐 유지하는 것은 특히 더 힘듭니다. 그럼에도 그것을 해냈다면 자부심을 느낄 수 있지요. 대부분 그 일을 과소평가하는데 사실 대단히 힘든 과제입니다.

Q 최근에 중국에서 북콘서트 투어를 하셨는데, 현재 중국만큼 빨리 억만장자가 될 수 있는 곳은 없는 것 같습니다.

A 중국에서는 부자가 되려는 노력이 독일에서보다 훨씬 더 긍정적으로 평가되고 합당한 일로 존중받습니다. 최근에 중국 대도시 다섯 곳에서 슈퍼리치의 심리에 관해 강연을 했고, 중국 기자들과 수많은 인터뷰를 했습니다. 부자가 되려고 노력하는 것이 과연 의미 있는 일인지 혹은 도덕적으로 괜찮은지를 묻는 사람은 한 명도 없었습니다. '과연 가능한가'가 아니라 오로지 '어떻게'만이 중요했습니다.

Q 예를 하나 들어주시겠어요?

A 특히 젊은이들이 낙관주의와 야심을 불태우고 있습니다. 베이징에서 강연을 마쳤을 때 열 살짜리 학생이 유창한 영어로 물었습니다. 부자가 되기 위해 학업 이외에 일을 하거나 더 나아가 사업을 한다면 언제 시작해야 하냐고요. 여자들이 아주 많은 것도 눈에 띄었습니다. 절반이 여자였던 것 같습니다. 독일에서 투자와 금융에 대해 강연할 때와는 완전히 달랐습니다.

Q 부를 다루는 법을 모두가 배우진 않습니다. 로또 당첨자, 자수성가한 억만장자, 프로 선수, 비트코인 수익자는 어떤 실수를 조심해야 할까요? 그들에게는 어떤 역량이 필요합니까?

A 지금 거론한 사람들은 극단적으로 서로 다릅니다. 어떤 사람은 행운아와 도박사이고 어떤 사람은 기업가처럼 진짜 성과를 냈습니다. 로또 당첨으로 우연히 부자가 된 사람은 자산을 다시 잃을 확률이 매우 높습니다. 『슈퍼리치의 심리학』에 여러 사례가 나옵니다. 그들은 부자로 머무는 데 필요한 품성도 지식도 가지지 못했습니다. 그들은 행운과 한 분야에 뛰어난 재능이 있었지만 그것을 다른 분야로 전환하는 걸 힘들어했습니다.

Q "금을 향해 달려라. 금에 모든 것이 달렸다." 괴테가 말했습니다. 박사님은 무엇을 더 높이 평가합니까? 문화자본입니까, 경제자본입니까?

A 그것은 왼발이 중요하냐 오른발이 중요하냐를 묻는 것과 같습니다. 한쪽 발만으로 서 있기는 힘들 겁니다.

◆

Dr. 라이너 치텔만Rainer Zitelmann

역사학 박사이자 사회학 박사. 자수성가한 기업가이자 부동산 투자자로서 부자가 되었다. 21권의 책을 집필했고, 여러 언어로 번역되었다. 두 번째 작품의 주제는 '슈퍼리치의 심리'였다.

HABITUS

6장

PSYCHOLOGY
CULTURE

PHYSICAL

KNOWLEDGE
ECONOMY

심리 문화 지식 경제 신체 언어 사회

LANGUAGE
SOCIETY

신체자본

어떻게 입고, 걷고, 관리하는가

|| 신체자본 ||

1. 건강, 외모, 체력, 젊음, 체중 같은 생물학적 특징
2. 신체 의식, 그리고 신체와 정신을 대하는 태도
3. 파트너 선정, 경력, 사회적 상승 때 작용하는 신체의 실용적 가치

HABITUS

6세기 일본에서는 범죄자와 신분이 미천한 사람을 표시하는
데 문신이 사용되었다. 중세엔 신분에 따라 입어야 하는 복장이 상
세하게 나뉘었다. 로코코 시대에는 사교 모임에 참석한 여자들이
자신의 머리보다 최대 네 배까지 더 높이 올린 머리 스타일로 자신
을 뽐냈다. 21세기에도 옷을 입거나 벗은 몸이 표현의 수단으로 이
용된다.

독일의 자동차 제조 기업 다임러의 전 회장 디터 체체(Dieter
Zetsche)는 스니커즈와 청바지 패션으로 기업 문화를 젊게 만들고
새로운 스타일을 구현했다. 프랑스 대통령 마크롱은 50만 원짜리
양복으로 "나는 당신들 중 한 명이다"라는 메시지를 전달했다. 인
스타그램 이용자들은 완벽한 사진을 올린다. 멋진 몸, 완벽한 포즈,
매력적인 스타일링, 정교한 보정. 복장과 외모는 모든 시대와 사회
에서 다양한 신호를 보냈다. 바로 지금 우리가 사는 시대에 또 하
나의 신호가 그 위에 얹힌다.

우리는 몸을 단지 껍데기로 취급하지 않는다. 오늘날 우리가 꾸미고 연출하는 이유는 우리 안에 들어 있는 것을 세상에 알리기 위해서다.

그래서인지 지금은 '빛남'이 새로운 매력이다. 빛나는 머리와 피부, 건강한 손톱, 단련된 몸은 건강과 생활의 기쁨, 최고의 에너지 같은 내적 가치를 대표한다. 독일 사회학자 폴라 아이린 빌라(Paula-Irene Villa)는 지위를 드러내는 마법의 암호를 다음과 같이 정의했다. "각자의 몸에서 최적화된 의지와 적절함을 드러내는 것이 중요해질 것이다."[1] 날씬하지만 마르진 않았다. 몸을 단련하지만 광적이지 않다. 건강하게 살지만 강박적이지 않다. 자기 관리에 신경 쓰지만 그것 때문에 거울 앞에서 많은 시간을 보내진 않는다.

이제는 좋은 외모가 아침에 일어나 하루를 시작하는 것처럼 당연해 보인다. 물론 현실은 다르다. 요가, 자외선 차단, 수면앱, 슈퍼푸드, 천연 화장품, 제모…. 건강 관리에는 꾸준한 개인적 노력이 필요하고 개인 트레이너, 보톡스, 화장 등 끝이 없다. 이를 배우 샤론 스톤은 아주 적절하게 표현했다. "남들만큼 예쁘기는 결코 쉽지 않다."

그러나 신체자본에 주의를 기울이는 사람은 이중으로 이익을 얻는다. 첫째, 안간힘을 쓰지 않은 자연스러운 광채가 완벽한 차별성이다. 그런 차별성은 쉽게 가질 수 없다. 늦어도 40세부터는 휴식과 단련, 신체 의식적 생활양식을 가진 사람에게만 생긴다. 훨씬 더 중요한 두 번째 이익으로 신체와 정신에 주의를 기울이는 것은 삶의 질을 높이는 가장 의미 있는 투자다. 미국 배우 힐러리 스웽크(Hillary Swank)가 인터뷰에서 말한 것처럼 "건강하지 않으면 하고 싶은 모든 일을 할 수가 없다". 상투적으로 들릴 수 있겠지만 냉혹한 진실이다. 물론 인간은 물리적 제한이 있어도 위대한 일을 해낼 수 있다. 그러나 우리 대부분은 신체자본이 클수록 더 쉽게 최고 실력을 발휘한다. 스포츠에서만 그런 게 아니다.

인생은 외모가 출중한 사람에게 유리한 게임

우리가 동의하든 안 하든 몸은 못된 고자질쟁이다. 신체에는 우리가 누구이고 어디에서 왔고 현재 어떻게 지내는지 다 적혀 있다. 신체를 보면 자기 자신과 잘 지내는지, 돈과 취향, 더 나아가 권력을 얼마나 가졌는지 짐작할 수 있다. 신체가 이렇듯 대단한 표현력을 갖는 데는 간단한 이유가 있다. 웬만해선 영향을 미치기 어려운 여러 차원에서 신체 효과가 나기 때문이다. 매끄러운 피부, 날씬한 몸매, 이상적인 체격, 건강한 모발 등 외모에서, 그리고 자세와 걸음걸이, 목소리의 명료성, 상황에 맞는 적절한 몸짓언어, 패션 감각에서 신체 효과가 생긴다.

부르디외는 아비투스를 "뇌뿐 아니라 주름, 몸짓, 말투, 억양, 발음, 버릇 등 우리를 나타내는 모든 것에 기록된 몸의 역사"라고 했다.[2] 다시 말해 우리의 사회적 지위는 우리의 몸에 새겨진다. 신체는 우리의 삶과 성장 배경을 펜트하우스, 포르셰, 유명인 친구보다 더 명확하게 드러낸다. 우리를 마주하는 사람들은 이런 신호 꾸러미를 판단 근거로 이용한다. 보기만 해도 우리가 어떤 사람인지 알 수 있다고 여긴다. 지위가 높은 사람인지 혹은 별로 성공하지 못한 사람인지 순식간에 결정된다. 상대방에 대한 재빠른 판단은 인생 경험에서 나온다. 그런 판단이 항상 옳은 건 아니다. 기반으로 삼은 데이터가 너무 빈약하기 때문이다. 그 대신 신속하게 이루어져 뇌 용량을 아낀다. 그 결과 후광효과 또는 뿔효과가 생긴다.

첫인상이 앞으로의 관계에 환한 빛을 비추거나 어둠의 그림자를 드리운다.

그러므로 첫인상은 잘못된 것으로 드러나더라도 바꾸기가 매우 어렵다. 자아는 처음의 자기 판단이 옳다고 믿고 싶어 한다. 영국의 심리학자 나탈리 위어(Natalie Wyer)가 이 현상을 연구했다. 두 피험자 집단에게 에드워드라 불리는 민머리 청년의 사진을 보여주었다. 첫 번째 집단에는 에드워드를 암 환자로 소개했고 두 번째 집단에는 스킨헤드로 소개했다. 예상했던 결과가 나왔다. 첫 번째 집단에서는 에드워드가 후광효과 이익을 얻었고 두 번째 집단에서는 뿔효과가 에드워드를 따라다녔다. 연구가 진행되면서 두 집단은 에드워드에 대한 새로운 정보를 계속해서 받았다. 그런 다음에야 비로소 두 번째 집단의 피험자들도 자기들이 잘못 알았고, 에드워드가 사실은 항암 치료를 받고 있다는 걸 알게 되었다. 결국 처음에 회의적이었던 피험자들 사이에서도 에드워드의 명성이 올라갔다. 그러나 제한 조건이 있었다. 연구자가 대답할 시간을 충분히 허락했을 때만 긍정적으로 대답했다. 암시적 측정법이 사용되면, 즉 무의식적 견해를 포착하는 방식으로 측정하면 두 번째 집단은 선입견에서 완전히 벗어나지 못했다. 인위적으로 만들어진 나쁜 첫인상이 끈질기게 남은 것이다.[3]

괴테가 이미 알았듯이 "아름다움은 크게 환영받는 손님이다". 그러나 무엇을 매력적이라고 여기느냐는 완전히 개인에게 달렸다. 트럭 운전사와 광고 기획사 팀장은 매력을 판단하는 기준이 각자 다르다. 이런 차이는 다양한 취향, 각인, 주변의 요구로 생긴다.

그러나 아름다움과 미학에 대한 객관적인 판단 기준도 있다. 독일 사회학자 울리히 로자(Ulrich Rosar)는 이것을 매력 상식이라 표현한다. "조지 클루니가 우디 앨런보다 명확히 더 매력적이라고 모두가 동의한다."[4] 조지 클루니뿐 아니라 드웨인 존슨도 비범한 외모의 축복을 받았다고 모두가 확실히 동의할 것이다. 반면 두 배우 중에서 어느 쪽이 더 매력적이냐는 당연히 논란의 여지가 있을 수 있다.

아무튼 한 가지는 확실하다. 조지 클루니와 드웨인 존슨은 다른 모든 미남과 마찬가지로 자신의 신체자본 덕분에 늘 찬사 속에서 인생을 항해한다. 귀엽고 예쁜 어린이는 더 많이 사랑받고 매력적인 학생은 더 좋은 성적을 받는다. 계속 선순환이다. 외모가 매력적인 아이들은 자신감과 자의식이 더 높고 크리스마스 연극 때도 주인공 역할을 맡으며 관객을 매료시키고 스스로 빛난다.

이후의 삶에서도 계속 그렇다. 외모가 출중한 사람은 더 쉽게 살고, 배우자를 선택하고, 사람들을 자기편으로 만들고, 바라는 직장에 더 빨리 취직하며, 같은 실력을 갖춘 평범한 외모의 동료보다 최대 5퍼센트까지 더 많이 번다. 상장기업의 경우 건장하고 잘생긴 최고경영자가 지휘권을 넘겨받으면 주가가 오른다.[5] 선거에서도 후보자의 외모가 선거 승리에 결정적인 것으로 입증되었다. 심지어 법정에서도 잘생긴 사람이 기본적으로 더 유리하다.

이게 끝이 아니다. 모든 긍정적 경험이 아비투스에 각인되어 자율성, 자주성을 강화한다. 경제적 성공도 콧대가 높은 사람이 이룩한다. 토론토대학이 입증했는데, 평범한 표정에서 그 사람의 연소득이 7000만 원 이하인지 1억 2000만 원 이상인지 알 수 있다.[6]

어떤 식으로든 잘생겼고 올바르게 행동하면 기회가 증가한다. 이런 관련성을 무시하는 사람은 자신을 속이는 것이다.

신체적 매력은 지위, 실력, 건강, 성적 매력을 구체화하기 때문에 배우자 선택뿐만 아니라 직업적 성공과도 큰 관련이 있다. 독일 사회학자 니나 데겔레(Nina Degele)가 설명했듯 "매력은 동기부여의 힘을 높이고 또한 의욕, 열정, 팀워크 같은 새로운 리더십 이상과 일치한다. 여기서 과체중에 숨을 가쁘게 몰아쉬는 노신사를 떠올릴 사람이 몇이나 되겠는가".[7] 지도력, 공감, 사랑 등 우리는 미와

선을 어떤 식으로든 같은 선상에서 취급한다.

그렇더라도 잘생긴 외모가 무조건 유리하다는 보장은 없다. 우리가 저울에 얼마나 많은 신체자본을 올려놓든, 사람들이 긍정적으로 여길 때만 명성이 생긴다. '백치미' 혹은 '멍청한 금발 미녀' 같은 표현이 존재하는 걸 보면 지나치게 튀는 매력은 불신과 분노를 불러일으킬 때도 있다.

적당히 느슨하게 혹은 빈틈없이 단정하게

"현재 직업이 아닌 내가 원하는 직업에 맞춰 입어야 한다!" 이 말은 하필 업무 복장 규정이 없는 최고의 직업을 가진 사람이 한 말이다. 바로 조르조 아르마니(Giorgio Armani)다. 스티브 잡스, 디터 체체, 마크 저커버그 같은 최고경영자들의 편안한 옷이 발표나 큰 행사 때 무엇을 입어야 할지 헷갈리게 만들기 훨씬 전부터, 아르마니는 검정 바지에 라운드 티셔츠 차림으로 일했다. 이제 우리는 다음에 적응해야 한다.

많은 경우 정장이 올바른 선택이다. 하지만 언제 어디서나 그런 건 아니다.

금융, 법, 컨설팅 같은 고전적인 분야는 가장 간단하다. 여기는 예나 지금이나 정장 차림이 기본이다. 이외에 여러 직종에는 보편적으로 수용되는 유일한 복장은 없다. 상황, 기업 및 분야의 관례, 지위, 역할 등 복장이 암시적으로 전달하는 메시지가 너무 다양하다. 지위와 상황이 같더라도 성격에 따라 정반대로 입을 수도 있다.

바이에른에 사는 목조 건축 사업가 두 명이 있다. 모두 40대 중반이고 수십 개 일자리를 책임진다. 한 사람은 유명한 사교 클럽 배지가 달린 검정 양복을 입고, 목재로 마감한 고급스러운 회의실에서 잠재고객을 맞이한다. 다른 한 사람은 바이에른 남부 농가에서 가죽 바지에 작업화 차림으로, 성상이 있는 한적한 모퉁이의 벤치에서 고객과 대화한다. 두 사람 모두 성공의 빛이 나고, 자신이 하는 일을 몸으로 보여준다. 한 사람은 초현대적 산업을, 다른 한 사람은 토착 수공업을 대표한다.

비즈니스의 드레스 코드는 점점 더 미묘해지고, 시대정신을 더 많이 반영하며, 상황의 영향을 더 많이 받는다. 그럼에도 드레스 코드는 다른 계층보다 상류층에 훨씬 많다. 드레스 코드를 능숙하게 맞추기가 약간 더 어려워졌을 뿐이다. 한창 뜨고 있는 젊은 기업을 권위 있게 대표하려면, 중간관리자에서 최정상 리그로 도약했음을 시각적으로 강조하려면, 바이에른 뮌헨 축구 클럽의 VIP 라운지에 초대되었을 때, 과연 무엇을 입어야 할까?

조르조 아르마니는 《가디언》과의 인터뷰에서 무엇에 주의해서 옷을 선택하는지 밝혔다. "나는 거울 앞에서 아주 비판적인 사람이 됩니다. 좋아 보이기 위해 무엇을 입을지 진지하게 고민합니다. 줄무늬나 밝은 색상은 피합니다. 뚱뚱해 보이니까요. 낮에는 주로 엠포리오 아르마니의 짙은 청색 바지와 흰색 티셔츠를 입고 저녁에는 조르조 아르마니의 검정 턱시도와 핸드메이드 맞춤 셔츠를 입습니다. 거의 항상 똑같은 옷을 입습니다. 몸은 운동선수 같지만 애석하게도 키가 170밖에 안 되기 때문이죠. 어떤 옷이 나한테 가장 잘 어울리는지 아니까요."[8]

캐주얼이든 정장이든 상관없이 고급 아비투스를 뿜어내는 사람은 옷에 크게 신경 쓰지 않고, 최정상 리그의 스타일 코드를 잘 아는 스타일리스트나 솜씨 좋은 디자이너의 도움을 받을 것이다. 자기에게 맞는 스타일을 찾은 사람은 여유롭게 다른 일에 열중할 수 있다. 조르조 아르마니를 포함해 버락 오바마, 에마뉘엘 마크롱처럼 최정상 리그의 옷은 고품질이 필수지만 최신 유행이나 다양성은 필요치 않기 때문이다.

개성. 복장에서도 개성이 드러난다. 상류층 스타일이 따로 있는 건 아니다. 한 달에 얼마를 옷에 지출할 수 있느냐와 상관없이 그 사람이 어떤 것을 좋아하는지 복장에서 드러난다. 옷은 체형, 나이, 업무와 어울려야 한다. 이때 기본적인 목표는 언제나 같다. 복장은 역량과 개별성을 강조하고, 소속을 드러내며, 그러면서도 개인적으로 맘에 들어야 한다. 지위가 높은 사람의 복장은 매우 다양하게 해석된다.

소속. 교육 수준이 높을수록 여러 집단에 소속된다. 학부모회의에서 국제회의까지, 전통적인 신년 행사에서 고객 만찬까지, 자선 콘서트에서 요양원 방문까지 아주 많다. 다양한 현장에 그냥 참석한 것은 '소속'을 의미하지 않는다. 직장에서 곧장 학부모회의에 갔던 적이 있는 사람이라면 이 말이 무슨 뜻인지 잘 알 것이다. 교실에서 정장은 가장 잘 차려입은 옷일 테지만 그럼에도 튀어 보이거나 어색하게 느껴진다. 겉모습이 역할에 적합해야 인정받는다.

흰색 야구모자, 흰색 스니커즈, 흰색 바지, 카키 블라우스, 선글라스. 허리케인 '어마(Irma)'가 할퀴고 간 후 멜라니아 트럼프는 이런 복장으로 플로리다에 등장했다. 컨트리 클럽이었다면 그런 옷차림은 편안해 보였을 것이다. 그러나 도로가 침수되고 주택이 붕괴되고 최소한 네 명이 사망한 연방국가의 퍼스트레이디로서는 공감과 존중의 부족으로 보였다. 멜라니아도 그녀의 팀도 피해 주민의 감정과 상황을 정확히 가늠하지 못한 게 분명하다.

대표성. 최고 직책의 가장 중요한 과제는 기업과 기관을 내외적으로 대표하는 일이다. 그렇다고 대표로서 눈에 띄게 유행을 따르거나 사치할 자격이 있다는 뜻은 아니다. 성공 및 계급 신호는 예를 들어 어깨선과 정확히 맞는 재봉선, 최고급 원단, 적절히 빛나는 커프스단추, 수제 구두 등이다. 요란스럽지 않게, 그러니까 마치 운전기사가 딸린 고급 승용차나 일등석을 이용하는 사람처럼 보이는 게 이상적이다. 대화 상대자는 고상한 외형에서 지위를 알아보고 거기에 맞춰 태도를 취한다.

> 페이스북 최고운영책임자 셰릴 샌드버그는 커리어우먼의 최고급 스타일을 보여준다. 무릎길이 원피스, 중간 높이 구두, 짙은 청색과 짙은 붉은색 사이의 단색 옷. 무늬가 없다. 활동하기 편하다. 장신구는 최소화한다. 비서처럼 보이지 않도록 언제나 개성을 충분히 살린다. 《가디언》은 그녀의 스타일을 다음과 같이 정의한다. "냉철하고 비즈니스적인 매력이 돋보인다. 단정한 원피스, 단순한 디자인의 정장 구두, 다양한 색상, 깔끔한 디자인, 정제된 우아함."[9]

비범함. 얼마 전까지만 해도 최정상 리그에 속하는 사람은 양복과 넥타이 차림으로 출근했고 지위가 높을수록 원단은 고급스러워지고 색상은 짙어졌다. 그러나 이제 드레스 코드가 변하고 있다. 말씨와 함께 넥타이도 느슨해졌고, 결국 많은 일상에서 완전히 사라지는 추세다. 보수적인 분야에서도 과학 기술 분야의 편안한 복장을 멋지다고 받아들이면서 이런 편안함이 트렌드가 되고 있다. 이른바 붉은 운동화 효과(Red Sneaker Effect) 혹은 패러독스 효과 때문이다. 편안하게 입은 최고경영자와 교수들이 오히려 실력 있고 성공적인 사람으로 인식된다. 미국 경제학자 아나트 카이난(Anat Keinan)은 "편안한 복장은 '복장 규정에 신경 쓰지 않을 만큼 자율적인 사람'이라는 신호를 보낸다"라고 설명한다.[10] 그러나 붉은 운동화 효과는 지위가 비교적 높은 사람에게만 적용된다. 그래야만 규칙을 알면서도 의도적으로 그것을 어긴다고 믿기 때문이다.

자신감. 옷은 보는 사람에게만 효과를 내는 게 아니다. 입은 사람에게도 영향을 미친다. 회의나 강연 때 옷을 제대로 갖춰 입으면 든든하게 무장한 기분이 든다. 슈퍼맨이 세계를 구원하러 갈 때 일상복을 벗어 던지고 파란 옷에 빨간 망토를 두르는 것과 같다. 그러니까 우리는 고가의 옷으로 자기 자신에게 가장 좋은 일을 한다. 고전적인 비즈니스 복장이 요구되지 않으면 대안은 고급스러운 캐주얼이다. 스티브 잡스가 전설적인 100퍼센트 캐시미어 목폴라로 자신을 드러내고, 조르조 아르마니는 싸구려 티셔츠를 입지 않는다. 원대한 계획이 있는 사람은 캐주얼을 입더라도 고급 원단, 차분한 색상, 완벽한 만듦새에 주의한다. 몸에 꽉 끼지도 않고 너무 느슨하지도 않다.

과시와 지위 상징은 필요 없다

◇◇◇◇◇◇

신체자본을 넉넉히 가진 사람에게서는 자연스럽게 돈과 성공이 느껴진다. 늘 갈망했던 곳에 도달하면 신체에서 안정감이 발산된다. 심지어 셔츠에 반바지 차림으로 돌아다녀도 성공 아비투스는 드러난다. 성공이 커질수록 행동이 자연스러워지고, 더 편안해지며, 사회적 상승을 위해 애쓰는 사람들의 특징인 신체적 어색함이 줄어든다. 몸매, 피부, 걸음걸이, 미소, 몸짓언어와 시선에 미묘한 차이가 생긴다. 아무에게도 자신을 입증하지 않아도 되기 때문이다.

노력, 과시, 지위 상징이 필요 없어진 곳에 성공이 있다.

당연히 아름다움과 고귀함은 성공과 함께 사라지지 않는다. 그 반대다. 취향과 돈이 있는데, 포르셰 파나메라 혹은 네타포르테의 즐거움을 버리고 싶은 사람이 어디 있겠는가. 그러나 엘리트에게는 사치품을 사는 것보다 자신의 지위를 적절하게 체화하는 것이 더 중요하다. 개인 트레이너의 안내를 받으며 몸과 정신에 주의를 기울인다.

독일의 막스 그룬디히 병원의 설문에 따르면 중산층에서도 약 5분의 1이 전문가의 안내를 받아 운동과 섭식을 최적화하고, 3분의 1이 건강 앱을 사용한다. 암묵적인 성공 코드는 냉혹하다는 의식 때문에 신체에 돈을 쓴다. 직업적, 사회적으로 존재감을 드러내려면 키가 큰 것이 이상적이고 단련된 몸에 날씬한 편이 좋다. 물론 예외도 있지만 보편적인 사실이다.

다른 모든 자본 유형과 마찬가지로 신체자본 역시 계층마다 불균등하게 배분되어 있다. 신체자본의 차이가 일찍 드러난다. 어떤 체형으로 살아갈지, 어떤 기운을 몸에서 발산할지, 어떤 태도로 몸을 대할지가 유년기에 정해진다. 10세 이전에는 계급 조건 때문에 건강에 안 좋은 영향을 더 많이 받는다. 그 영향이 어른이 되었을 때 다시 나타난다. 모든 사람이 건강을 최고의 재산이라고 말하지만 신체를 대하는 태도는 계급마다 크게 다르다. 신체를 대하는 태도는 체중(Gewicht), 흡연(Rauchen), 술(Alkohol), 운동(Bewegung), 섭식(Ernährung) 다섯 요소의 첫 글자를 딴, 이른바 'GRABE(무덤) 지수'에서 나타난다. 저마다 다섯 요소 모두에 영향을 미칠 수 있는데 한 요소만큼은 모든 계층이 똑같다. 모두가 술을 너무 많이 마신다.

포도주, 샴페인, 맥주에 관한 한 하류층, 중산층, 상류층 모두 막상막하다.

나머지 네 요소에서는 큰 차이가 있다. 하류층에서는 여학생 열 명 중 네 명이 과체중인데 상류층에서는 한 명뿐이다. 흡연의 경우도 비슷하다. 하류층은 3분의 1, 중산층은 4분의 1, 상류층은 5분의 1이 담배를 피운다. 섭식도 마찬가지다. 상류층에서는 유기농, 구석기 다이어트, 글루텐프리, 채식주의 등 올바른 섭식이 지배적이다. 비싼 고급 요리가 아닌 클린 이팅(Clean Eating)과 슈퍼푸드가 부를 상징한다. 운동 역시 사회적 지위와 연결된다. 상류층일수록 운동을 더 많이 하는 경향이 있다.[11]

부유한 사람은 그냥 오래 사는 게 아니라 자신이 원하는 신체 조건을 유지하며 오래 산다. 좋은 옷과 세심한 자기관리를 통해 자연스럽고 활기찬 아우라가 생긴다. 이런 아우라는 좋은 유전자가 아니라 균형 잡히고 우수한 생활 습관과 훨씬 더 관련이 많다.

화가이자 조각가인 마르쿠스 뤼페르츠(Markus Lüpertz)는 현재 독일 예술가 중 가장 유명한 사람으로 통한다. 비용이 부담스럽더라도 그는 자신의 외모에 기꺼이 투자한다. "매일 아침 팔굽혀펴기와 역기 들기 그리고 재단사에게 들어가는 비용이 얼마일 거 같습니까? 맞아요. 허영이죠. 그게 어때서요? 아름다운 모습을 사람들에게 보이는 것은 주변에 대한 예의입니다."[12]

상류층은 사생활과 직장 생활의 목표를 달성하기 위해 신체자본을 단련한다. 건강한 생활 습관은 완전히 내면화되어 의식적으로 신경 쓸 필요조차 없다. 옛날과 달리 스트레스는 자제력 부족으로 통하고 휴식과 회복이 새로운 지위 상징이 되었다.

기업가이자 금융 전문가이면서 베스트셀러 작가인 산드라 나비디(Sandra Navidi)는 그녀의 유명한 '투두리스트(to-do-list)'만큼 효율적으로 신체-정신적 힘을 관리한다. "나는 시간을 맘대로 조절해서 쓸 수 있고 어디에서나 일할 수 있기 때문에, 정기적인 휴식을 계획에 넣으려 애쓴다. 예를 들어 출장을 가게 되면 주변을 관광하고 친구를 만나기 위해 일정을 이틀 정도 더 잡는다. 사실 나는 업무 루틴이 별로 없고, 좋아하는 일을 주로 선택해서 하므로 정신적으로 휴식이 필요한 경우가 드물긴 하다."[13]

반면 하류층은 건강과 관련하여 자신의 생리학적 조건을 과대 평가하는 경향이 있다. 계층별로 신체와 정신을 대하는 기본 태도가 아주 다르다.

상류층은 각자가 자신의 건강을 관리해야 한다고 여기고 하류층은 건강을 선천적이라고 생각한다.

비특권층 사람들의 추측과 달리 잘생긴 외모와 실력은 극히 일부만 유전자와 관련이 있다. 에든버러대학 피터 조시 연구팀이 최근 발표한 게놈 연합 연구에 따르면 유전적 위험은 그저 몇 달 정도만 수명에 영향을 미친다. 하지만 하루 담배 한 갑은 수명을 약 7년 단축시킨다.[14] 체중 1킬로그램을 줄일 때마다 수명이 두 달씩 늘어난다. 건강한 생활방식은 유전적 관상동맥 심장질환의 위험을 반으로 줄일 수 있다. 반대로 건강을 타고났더라도 해로운 생활방식이 그 장점을 간단히 없애버린다.

좋은 소식이 있다! 건강한 생활 습관은 특정 계층만이 누릴 수 있는 특권이 아니다. 설탕, 담배, 탄산음료 소비를 줄이고 채소와 물을 많이 섭취하고 자전거 타기와 걷기, 휴식과 수면 시간을 늘리면 된다. 건강에 막대한 돈을 쓰는 사람도 있지만 앞에 열거한 방식에는 큰 비용이 들지 않는다.

문제는 비용이 아니라 다른 데 있다. 의도적으로 저항하지 않는 한 우리는 출신 아비투스에 붙잡혀 있다. 이는 건강에도 영향을 미친다. 그런 의미에서 가난한 사람들이 더 불리하다. 그들은 부자들보다 더 힘들게 몸에 밴 습관을 버리고 건강한 생활 습관을 익혀야 한다. 다이어트를 해본 사람이라면 습관을 버리기가 얼마나 어려운지 알 것이다.

스포츠 과학자 위르겐 슈비어(Jürgen Schwier)가 그 어려움을 지적한다. "운동은 예방적 '치료제'로서 성공 보장이 없고 효력이 저장되지 않으며 오직 운동하는 순간에만 효력이 확인된다."[15] 음식도 똑같다. 피자, 맥주, 감자튀김에서 건강한 음식으로 바꾸더라도 그 유익함이 하루 사이에 드러나지 않는다.

그럼에도 건강한 생활 습관을 위한 투자는 우리 모두에게 필요하다. 견뎌낸 사람만이 생애의 모든 순간에 도움이 되는 신체자본을 얻는다. 건강한 신체는 보너스로 지위의 상승을 가져온다. 건강한 신체가 개성과 사회적 성공을 외부에 알린다.

자연스러운 주름의 미덕

"어쩌면 머지않은 미래에 주름이 하나의 스타일이 될 것이다. 지금 필러로 부풀려놓은 입술은 문신과 마찬가지로 눈총을 받을 것이다." 2007년에 《슈피겔》의 한 기자가 쓴 문장이다.[16]

12년이 지나 트렌드는 정확히 이 방향으로 나아갔다. 아름다움의 나이 제한이 무너졌거나 적어도 더 높아졌고, 더는 인위적으로 꾸미고 젊어 보이려 애쓰지 않아도 된다. 최고의 패션 브랜드 셀린(Céline)은 80세의 미국 작가 조안 디디온을 광고 모델로 선택했다. 독일 일간지 《프랑크푸르터 알게마이네 차이퉁》은 1953년 생인 프랑스 영부인 브리지트 마크롱을 "부러움을 살 만한 세련됨과 꾸미지 않은 듯 자연스러운 프렌치 생활양식의 모범"이라 칭송한다.[17] 미국 여성 배우 메건 마클은 30대 중반에 가장 나이 많은 왕실 신부로서 해리 왕자와 결혼했다. 화장기 거의 없이 필요한 만큼만 살짝 꾸민 모습으로.

현재 환상을 만들어내는 스타일 규범은, 완벽함과 젊음이 아름답다고 말한다. 그러나 '애쓰지 않음'과 개성이 훨씬 더 값지다. 모든 연령대에서. 혹은 《보그》가 조안 디디온에 대해 쓴 것처럼. "그녀의 작품은 그녀의 외모와 같다. 우아하고, 여리고, 예상할 수 없고, 억지로 꾸미지 않았다."[18]

억지로 꾸미지 않은, 강요되지 않은, 자극적이지 않은! 옛날부터 지금까지 상류층을 대표하는 외모의 특징이다.

2018 뉴욕 패션위크의 최고 화두는 자연스럽게 찰랑거리는 매끄럽고 윤기 나는 모발이었다. 《뉴욕 매거진》은 이 새로운 헤어 트렌드에 '리치 걸 헤어'라는 이름을 붙였다. 이 이름의 바탕에는

다음과 같은 견해가 깔려 있다. 부자들은 마치 케네디 가족 초상화에서 방금 튀어나온 것처럼 아주 자연스럽고, 비범함을 타고난 것처럼 보인다! 중년이 되면 자연스럽고 우아한 외모가 진짜 차별점이 된다.

> 이탈리아의 배우 이사벨라 로셀리니는 65세에 '레네르지 멀티글로우' 광고 모델이 되었다. 패션 사진 작가 피터 린드버그가 찍은 그녀의 사진은 보정이 전혀 없다. 로셀리니는 보톡스, 필러, 성형수술을 거부한다. "그런 것들이 몸에 좋을 리가 없다고 생각해요. 나는 건강하게 살려고 애쓰고 롱 아일랜드 정원에 나만의 과일과 채소를 키웁니다." 로셀리니의 주름진 얼굴은 아름다움을 대표한다. 오늘날의 광고가 코, 입, 몸매의 완벽함뿐 아니라 정체성, 삶의 기쁨, 활력도 중시하기 때문일 것이다.[19]

중산층 이상에서는 운동, 건강한 정신, 노화를 대하는 여유로운 태도가 중시된다. 신체에 가하는 성형수술이나 교정 시술은 비교적 사적인 일로 남는다. 가슴 확대, 주름 제거 등은 표면적이고 수동적인 반응으로 간주된다. 하지만 현실에 다른 양상이 있는 건 부정할 수 없다. 당연히 교양 있고 신념이 확고한 사람도 무의식적으로 현실을 고려하게 된다. 아무리 늦어도 얼굴 주름 때문에 화장 시간이 점점 더 길어진다면 고민하게 된다. 히알루론산, 보톡스, 레이저 시술, 눈매 교정, 코 보정, 지방 흡입 등등. 누구든 보기 흉한

늙은 쥐로 살고 싶어 하진 않는다.

하지만 대를 이은 엘리트들은 우아함과 고유한 스타일로 자신을 돋보이게 한다. 진정한 탁월함은 완벽한 관리와 애쓰지 않은 편안함에서 드러난다. 혹은 미래연구소가 쓴 것처럼 "자연스러움이 다시 유행한다. 불완전성이 완벽하게 연출된다".[20]

진정한 보스는 마라톤을 즐긴다

독일에선 매년 10만 명 이상이 마라톤 완주를 위해 자신과 싸운다.[21] 대략 800명 중 1명이 마라톤 완주에 도전하는 셈이다. 그러나 아주 작은 집단이 이런 통계치를 무너뜨린다. 독일의 30대 상장기업 보스들은 100명 중 10명이 마라톤을 완주한다. 이는 그들의 체력이 기업에 도움이 된다는 증거가 된다.

이런 놀라운 연관성을 독일의 경제학 교수 페터 림바흐(Peter Limbach)와 플로리안 존넨부르크(Florian Sonnenburg)가 밝혀냈다. 스포츠에 열정적인 최고경영자가 경영하는 기업은 몸에 신경 쓰지 않는 사장이 경영하는 기업보다 평균적으로 약 5~10퍼센트 더 가치가 높다. 신체가 단련된 최고경영자는 기업의 인수합병에서도 상당한 부가가치를 올린다. 두 연구자는 운동 실력의 척도로서 성공적인 마라톤 참여를 제시한다. 그리하여 다음이 입증된다.

스포츠에서 자신과 싸워 이기는 사람은 다른 일에서도 높은 성과를 올린다.

최고의 실력을 이끌어내는 방법은 많다. 굳이 마라톤이어야 할 필요가 있나? 반드시 그렇진 않다. 하지만 그렇게 많은 최고경영자가 특권처럼 마라톤을 결정하는 데는 이유가 있다. 어떤 종목을 선호하느냐는 개인의 취향만이 아니다. 이때 사회적 지위 역시 중요한 역할을 한다.

부르디외가 상세하게 설명한 것처럼 고급 아비투스를 가진 사람들은 주로 아름다운 장소에서 예외적인 시간에 혼자 혹은 직접 고른 파트너와 연습할 수 있는 종목을 선택한다.[22] 이를테면 요트, 등산, 테니스, 스키, 골프 등. 또한 그들은 과한 근육질 몸매는 선호하지 않는다. 상류층은 움직임이 우아하고 날씬한 실루엣을 만드는 종목을 선호한다.

마라톤 같은 기록 스포츠 종목은 숭고한 금욕주의를 연상시키는 체형으로 끝나지 않는다. 기록 스포츠는 건강과 동시에 개성을 형성하기 때문에 상류층에게 매우 매력적이다. 부를 연구하는 라이너 치텔만의 슈퍼리치 인터뷰에서 이것이 명확히 드러났다. 응답자의 절반 이상이 젊었을 때 기록 스포츠를 했다. 상위 10위 안에 들어가는 스키 선수, 승마 선수, 조정 선수, 육상 선수였다. 그들은 스포츠를 통해 자신의 한계를 뛰어넘고, 위험을 무릅쓰고, 자신의 가능성을 가늠하고, 역경을 딛고 끈기 있게 지속하는 법을 배웠다. 특히 기록 스포츠가 이런 아비투스를 효과적으로 형성한다. 일요일 오전에 즐기는 편안한 테니스 경기는 심장을 튼튼하게 만들겠지만 스포츠 정신을 키우진 않는다.

마라톤은 일반적인 스포츠보다 훨씬 더 많은 체력과 정신력을 요구한다.

물론 42킬로미터를 달리는 대신 자전거로 산을 넘거나 철인삼종경기로 포트폴리오를 장식하거나 중국의 화산을 등정할 수도 있다. 중요한 것은 운동의 목표가 측정 가능하고 야심이 없는 사람에게도 감탄을 불러일으켜야 한다는 점이다. 스포츠 실력은 오래전부터 지위의 척도였다. 훈련에 적극적이고 과감한 사람은 평소 생활에서도 정신력이 강하다고 여겨진다. 불가능한 것을 해내고 극복할 수 없어 보이는 한계를 넘어서는 사람이 더 큰 인정을 받는다.

미국의 육상 선수 에이미 멀린스(Aimee Mullins)는 장애를 갖고 태어났다. 1세 때 양쪽 다리를 절단해야 했다. 하지만 20세에 패럴올림픽에서 육상 종목 세계기록 두 개를 세웠다. 현재 그녀는 하이테크 의족을 12개나 가지고 있다. 스키를 타고, 알렉산더 매퀸의 패션쇼에 모델로 서고, 한 쌍의 인체공학 인공 다리로 '보통' 신체를 가진 육상 선수를 쉽게 앞지른다. "나는 보통 사람과 달라서 아주 좋습니다. 나는 보통 사람 그 이상입니다."[23]

최고의 실력자는 사업을 할 때처럼 스포츠를 즐긴다. 이기기 위해, 열정을 가지고, 높은 수준으로. 당연히 완벽한 스타일을 위해 최고의 장비, 최적의 훈련 조건, 최고의 트레이너가 추가된다.

당신의 신체를 가장 소중한 자본으로 대하라

◇◇◇◇◇

과거에는 건강을 질병이 없는 상태로 정의했다. 그러나 오늘날의 건강은 에너지와 기쁨이 최대치인 삶을 뜻한다. 솔직히 이것은 너무 과한 요구다. 인간은 기본적으로 연약하기 때문이다. 강한 신체 혹은 최소한 제구실을 하는 신체를 우리가 얼마나 오래 유지할 수 있을지 우리는 모른다. 그럼에도 신체자본에 쏟는 투자는 보람을 준다. 잘 관리된 몸과 외모는 만족감과 실력, 그리고 사회적 명성도 높인다. 신체자본이 넉넉해야 잠재력을 온전히 발휘할 수 있다. 유명 건축가가 설계한 주택이나 경비행기 혹은 VIP 시사회 회원권보다 내가 나를 어떻게 판단하고 다른 사람의 눈에 어떻게 비치느냐가 신체에 훨씬 더 큰 영향을 미친다.

1. 코치들은 당신의 안위가 제일 중요하다고 조언한다. 이기적으로 들리는가? 그러나 이 말에는 의미 있는 지침이 담겨 있다. 비행기에서 응급 상황일 때 먼저 자신부터 산소마스크를 쓴 다음에 다른 사람을 도와야 하는 것처럼, 내 건강이 뒷받침되어야 남도 도울 수 있다. 건강이 무너지면 위대한 업적도 이룰 수 없고 원하

는 삶도 누릴 수 없다. 삶은 높은 의지와 투쟁을 요구한다. 자기 자신을 돌보는 것이 신체자본을 쌓기 위한 전제 조건이다.

2. 신체를 더 건강하고 매력적으로 만드는 소소한 일들은 종종 무시된다. 계단 대신에 엘리베이터를 이용하고, 균형 잡힌 점심식사 대신에 초코바 하나로 때우고, 퇴근 후에는 곧장 침대에 쓰러지고, 치실을 사용할 기운조차 없다. 그렇게 해서는 신체자본을 쌓을 수 없다. 당신의 안위를 위해서는 충분한 잠, 운동, 올바른 섭식, 넉넉한 휴식, 충분한 야외 활동이 필수다. 루틴을 만들어야 한다. 에스프레소를 내리는 동안 잠깐 스트레칭, 초콜릿 대신에 견과류 한 줌, 잠들기 전 한 시간 동안 스마트폰 중단하기…. 베스트셀러 작가 브렌든 버처드(Brendon Burchard)는 건강을 위한 이런 작은 선택들을 '성과를 높이는 습관'이라고 명명했다. 노력의 결과는 금세 나타나지 않는다. 그러나 꾸준히 하다 보면 아비투스에 플러스가 된다.

3. 상류층은 사람들이 생각하는 것보다 자신을 덜 드러낸다. 가까이 다가가되 너무 밀착하지 않는 태도, 은은한 색상, 변함없는 고전 스타일, 천연 재료, 절제된 장신구 등은 지적인 취향과 높은 문화자본을 상징한다. 경제력이 높은 사람들에게는 뮌헨 막시밀리안 거리 혹은 런던 새빌로우 거리의 고상한 복장이 있다. 자라 혹은 망고에서도 훨씬 적은 돈으로 그런 옷을 살 수 있다. 그러나 전문가들은 비싼 것과 저렴한 것의 차이, 맞춤복과 기성복의 차이를 한눈에 알아본다. 그러므로 100퍼센트 캐시미어 스웨터는 부유

함의 과시가 아니라 고급 취향을 안다는 뜻이다.

4. 드레스 코드의 자유를 통찰하라. 양복과 넥타이, 정장과 구두는 부와 최고의 직업을 상징할 수 있다. 그러나 반드시 그렇게 입어야 하는 건 아니다. 경제 엘리트는 기꺼이 한 번씩 단추를 느슨하게 풀고 운동화로 개성을 연출한다. 요즘은 보스들도 대부분 이런 방식을 좋아한다. 반면 고객을 자주 대면하는 서비스 업종에서는 공식적인 복장 규정이 있다. 그러므로 혼동하지 마라. 무엇을 입었느냐가 복장 규정에서 얼마나 자유로운지를 드러낸다.

5. 연구에 따르면 명성이 높은 사람들은 실제보다 몸집과 키가 더 크다고 평가된다. 이런 인상은 신체 아비투스에서 생긴다. 그들은 글자 그대로 고개를 빳빳이 드는 옷을 입는다. 자신감 넘치는 큰 보폭이 걸음걸이를 바꾼다. 차분한 등장이 고상함을 표현한다. 반대로 분주한 움직임은 과도한 열정과 내적 압박을 전달한다. 부르디외에 따르면 서두름은 두려움의 표현이다. 기대에 부응하지 못하고 다른 사람의 시간에 비용을 지불하게 될까 겁내는 것이다.

6. 심리학자 에이미 커디(Amy Cuddy)의 유명한 연구에 따르면 자세를 크게 할수록 스트레스 호르몬인 코르티솔 수치가 내려가고 테스토스테론 수치가 올라간다. 한마디로 더 자신감 있게 생각하고 행동한다. 심지어 경제사회학이 증명하듯이 개방적인 자세는 스스로 권력을 가졌다고 느끼는 것보다 더 강한 아우라를 뿜어낸다. 지배적인 자세와 움츠린 자세의 차이를 간단히 시험해볼

수 있다.[24] 옆의 빈 의자 등받이에 한쪽 팔을 올리고, 다리를 꼬고 앉아보아라. 그다음에는 반대로 양손을 허벅지 밑에 깔고 다리를 꼭 붙이고 앉아보아라.

7. 상류층은 신체자본에 많은 걸 투자한다. 상류층의 39퍼센트가 운동, 활력 충전, 신체 단련을 매우 중요하게 여긴다. 하류층에서는 단 18퍼센트만이 이런 사치를 누린다.[25] 상류층에서는 자녀 교육에 당연히 스포츠가 포함된다. 상류층에서는 자녀의 81퍼센트가 전문가의 지도를 받아 스포츠를 훈련하고 대회에 참가한다. 상위 중산층에서는 69퍼센트, 중위 중산층에서는 56퍼센트가 스포츠 교육을 받는다. 하류층에서는 단 32퍼센트가 클럽에서 정기적으로 훈련하는데 그 대신 수준이 매우 높다.

"나이가 들수록
잘 관리된 조화가 중요하다"

이미지 컨설턴트이자 패션 디자이너인 카타리나 슈타라이(Katharina Starlay)는
책과 강연에서 좋은 외모에 대해 조언한다. 메시지는 명확하다.
젊음이나 모델 유전자보다 자세, 성격, 자질이 더 중요하다.

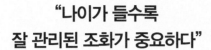

**Q 매력적인 외모가 중요한 지위 상징이 되었습니다. 어째서 외적인 것이 여전히
더 중요할까요?**

**A **우리는 가속화 시대에 살며 외형 뒤에 감춰진 깊은 정보를 알아내
려는 의지를 잃어가고 있어요. 오늘날 정보는 이미지를 통해 빠르게
전달됩니다. 온라인에서도 아날로그 사회에서도 진짜 중요한 내면 세
계를 전달할 기회가 거의 없어요. 종종 말할 기회를 얻지 못하는 우리
대신 옷과 외모가 우리에 대해 말해줄 수밖에 없습니다.

Q 예를 든다면요?

A 사람들은 행동이 우아하면 정신도 우아할 것이라고 믿고, 옷을 정갈하게 잘 입은 사람은 일도 정갈하고 꼼꼼하게 할 것이라고 믿죠. 이런 말이 있죠. "스타일이란, 말하지 않고도 당신이 누구인지 말하는 방식이다."

Q 한편 매우 성공적인 사람 중에도 인스타그램에서 매력적으로 통하는 외형과는 달라 보이는 경우가 많습니다.

A 완벽한 보정 사진보다 오히려 연륜이 느껴지는 주름진 얼굴이 더 많은 공감을 얻습니다. 대중은 연출된 이야기와 보정된 얼굴에 피로감을 느끼고 있습니다. 개성을 드러내는 것이 다시 인정받고 있어요. 공인으로서도.

Q 신체자본은 얼마나 선천적일까요?

A 자신이 가진 것에서 최고, 얻은 것에서 최고를 만들어내는 것이 중요합니다. 피부, 자세, 맑은 눈빛, 적절한 복장, 활력 넘치는 신체는 말하는 사람의 틀이 됩니다. 선물처럼 포장이 평가되는 거죠.

Q 그러니까 티끌 하나 없는 완벽성이 중요하다는 건 아니죠?

A 젊은 층에게 완벽한 신체는 당연히 이성을 유혹할 때 내보일 수 있는 지위 상징입니다. 그러나 나이 들수록 신체의 메시지가 더 중요해집니다. 단련된 신체는 자제력과 성취 의지를 암시하고 모든 동작이 이렇게 말합니다. "나는 나를 위해 시간을 내고 몸을 단련하는 사치를 누린다." 그러니까 복장, 신체, 몸짓이 지위와 가치를 전달하고 그 사람을 매력적으로 만들며, 그 사람의 이야기를 들려줍니다. 이때 완벽성이 무조건 중요한 건 아닙니다. 그런 완벽성이 오히려 의심의 눈초리를 받을 때도 있죠. 중요한 것은 잘 관리된 조화로운 전체 모습입니다.

Q 옛날에는 필수였던 넥타이를 더는 매지 않는 최고경영자들이 점점 많아집니다. 복장 규정이 더 느슨해진 걸까요?

A 실제로 복장의 시대정신은 '캐주얼화'입니다. 디지털화는 우리가 과거에 훌륭하게 해냈던 '직장'과 '사생활'의 분리를 없앴습니다. 오늘날 우리는 직장에서 그리고 동시에 사적으로도 쉴 없이 뭔가를 합니다. 그 결과 복장 규정이 느슨해졌고, 교환 가능성도 생겼습니다.

Q 카를 라거펠트가 이런 말을 했죠. "조깅 바지를 입은 사람은 자기 삶을 통제하지 못한다." 하지만 이제 전문 직종에서 운동복을 입는 여성들이 특별히 자주적인

사람으로 여겨집니다.

A 바라건대 그런 여성들의 말에 귀를 기울이고 그 내용을 명심하면
좋겠네요. 그래요, 오늘날 느슨함은 능력이 있다는 신호예요. 지위가
높다면 편안한 복장이 흥미를 끕니다. 빨간 운동화를 신은 이사장의
경우처럼요. 복장과 상관없이 지위가 이미 잘 알려져 있으니까요. 일
반적으로는 비싼 옷을 말끔하게 차려입은 사람이 청바지에 후드티를
입은 사람보다 더 높은 사람으로 대접받습니다. 여기서 '비싼 옷'이란
명품 브랜드가 아니라 탁월한 만듦새를 뜻해야 마땅합니다.

Q 과시적 복장으로 지위를 표현하는 것이 아직도 필요하고 가능할까요?

A 오늘날 지위는 미묘한 방식으로 전달되고 과시는 독일에서 더는
인기가 없습니다. 가진 것을 드러내는 러시아 문화에서는 다릅니다만.
남유럽 국가들에서도 사치를 대하는 태도가 다릅니다. 그곳에서는 아
름다운 물건이 높이 평가됩니다. 예를 들어 이탈리아에서는 맞춤 정장
보다 아름다운 물건이 더 많은 질투를 일으킵니다. 그러므로 지위 상
징을 이용할 때는 상대의 생각이 중요합니다. 외모와 복장은 받아들이
는 사람을 고려한 전략적 결정이어야 합니다.

Q 건강하고 활기찬 아우라는 얼마나 중요한가요?

A 그것은 탄력성과 유연성을 연상시키고, 또한 점점 정신적으로 변합니다. 그러나 건강과 체중 감소를 동일시해선 안 됩니다. 날씬하지만 바늘 하나 들어가지지 않을 것처럼 단단하게 단련된 몸이 있습니다. 그리고 살이 좀 있지만 적당한 탄력과 경쾌하고 활기찬 아우라가 있는 몸이 있습니다. 자신을 위해 무언가를 재미있게 정기적으로 하는 것이 중요합니다. 카를 라거펠트는 이런 말도 했습니다. "나는 나와 논쟁하지 않아요." 그것이 현재에 집중하는 데 도움이 됩니다.

Q 최상층 사람들은 자신뿐 아니라 기업, 브랜드, 국가를 대표합니다. 최정상 리그에 있는 사람과 중간관리자의 외형은 어떻게 다릅니까?

A 최정상에 도달한 사람은 눈에 띄는 지위 상징이 더는 필요치 않습니다. 거기에서는 다른 사람의 머릿속에만 지위가 존재합니다. 지위 상징을 너무 드러내거나 거만하게 행동하는 사람은 아직 자신의 의미를 완성하지 못한 사람으로 취급됩니다. 지위가 높다면 자연스러운 품위와 친근함으로 다른 사람을 매료시키는 것이 이상적입니다.

◆
카타리나 슈타라이|Katharina Starlay
사람과 기업의 좋은 외형을 연구하고, 신규 브랜드 출시를 위한 스타일 가이드를 개발한다. 《매니저 마가친스》에서 '슈타라이 익스프레스' 칼럼을 쓰는 스타일 칼럼니스트로, 『스타일 비법(Stilgeheimnisse)』과 『남자들을 위한 스타일 코치(Der Stilcoach für Männer)』의 저자로 유명하다.

HABITUS

PSYCHOLOGY
CULTURE
PHYSICAL
KNOWLEDGE
ECONOMY

심리 문화 지식 경제 신체 언어 사회

LANGUAGE
SOCIETY

언어자본

어떻게 말하는가

|| 언어자본 ||

1. 언어 자산과 표현 형식, 그리고 이와 연결된 소통 및 사회적 역량
2. 교육 수준, 출신, 사회적 지위를 추론하게 하는 언어적 특징

HABITUS

1912년에 조지 버나드 쇼(George Bernard Shaw)는 연극 「피그 말리온(Pygmalion)」 극본을 썼다. 1956년에 작곡가 프레데릭 뢰베 (Frederick Loewe)는 이 연극을 원작으로 한 뮤지컬 「마이 페어 레이 디(My Fair Lady)」를 위해 음악을 만들었다. 내용은 잘 알려져 있다. 음성학자 히긴스 교수는, 거리에서 꽃을 파는 일라이자 두리틀의 품위 없는 영어를 6개월 안에 교정하여 상류층 귀부인으로 만들 수 있다고 장담하고 친구들과 내기를 한다. 히긴스 교수의 도전은 성공했다. 일라이자는 상류층 무도회에서 완벽한 발음과 사교술로 빛을 발한다. 그리하여 "출신이 아니라 언어가 사람을 만든다"라는 것이 입증되었다. 관심과 적절한 지도만 있으면, 누구든지 교양 있 는 발음, 환담, 선별된 표현 방식을 배우고 익힐 수 있다.

계급의식이 강한 영국에서는 언어 아비투스가 사회적 지위를 나타내는 가장 중요한 증명서였고 지금도 그렇다. 많은 곳에서 언 어가 출신, 교육 수준, 지위를 드러낸다. 누구나 완벽하진 않지만 틀린 어순이나 맞춤법은 대화 상대자에 따라 위신을 땅에 떨어뜨릴 수 있다. 이런 일은 순식간에 발생하고 언어에 서툰 사람과 언어 전문가 사이에 격차가 생기며, 그것은 종종 사회적 격차가 된다. 상류층은 억양과 표현 방식의 미묘한 차이에서 누가 자신과 같은 수준이고 아닌지를 알아차린다.

언어적 섬세함을 갖추려는 노력이 별것 아닌 것처럼 보이겠지만, 실상은 아비투스에 크게 기여한다. UC 버클리에서 진행한 연구가 그것을 보여준다. 심리학자들은 처음 만난 대학생들이 대화하는 모습을 관찰했다. 사회적 배경이 서로 비슷한 경우에는 대화가 문제없이 잘 진행되었다. 반면 서로 다른 배경의 대학생들은 대화가 자주 끊겼다. 특히 특권층 출신의 대학생들은 당혹해하며 주로 침묵하고 덜 웃고 더 자주 가짜 미소로 상황을 모면했다. 심리학자들은 피험자들이 대화 과정에서 서로의 공통점을 발견하도록 했다. 그러자 차이가 없어졌다.[1]

내가 쓰는 언어가 내 지위를 드러낸다

◇◇◇◇◇

「마이 페어 레이디」가 관객에게 주는 메시지처럼 언어자본은 개발이 가능하다. 모두가 말투, 주장, 발음을 고칠 수 있다. 우리는 대화 상대자에게 더 관심을 기울이고, 줄임말을 없애고, 서로 잘 이해하고, 더 흥미롭게 표현하고, 문법에 맞게 이메일을 쓰고, 더 명확하게 이야기하고, 상투적인 어구 없이 하고 싶은 말을 전달하기로 결심할 수 있다. 상스러운 어휘 선택으로 상류층 사람들을 기겁하게 했던 일라이자 두리틀처럼 아주 낮은 수준에서 상류층에 합류하는 경우는 매우 드물다.

> 조지 버나드 쇼는 1914년 「피그말리온」의 초연 때 거의 초대형 사고를 저질렀다. 일라이자가 3막에서 다음과 같이 말했기 때문이다. "Walk? Not bloody likely. I am going in a taxi(걸으라고? 지랄하고 자빠졌네. 난 택시를 탈 거야.)" 그러나 이 대사는 최고의 자극제가 되었다. 아마도 많은 사람들은 당시 매우 상스러운 단어였던 'bloody'를 듣기 위해 이 연극을 보러 갔을 것이다.

이런 흥분이 오늘날에는 우습게 느껴질 수 있다. 그러나 실제로 우리 역시 금기를 깨는 단어와 텍스트에 흥분한다. 언어적 도발이 난무하는 랩 배틀을 생각해보라. 수백 년 전에도 똑같았다. 불쾌감을 주는 언어는 대부분 한정된 언어 코드에서 나오고, 명망 있는 정밀한 언어 코드에서는 드물다. 한정된 언어 코드와 '적법한' 정밀한 언어 코드 사이의 구별은 영국의 사회학자이자 언어학자인 바실 번스타인(Basil Bernstein)에게서 비롯되었다. 그는 1960년대에 자신의 이름을 딴 '번스타인 가설'을 주장했다. "중산층과 상류층은 두 가지 언어 코드, 즉 한정어(restricted code)와 정밀어(elaborated code)를 능숙하게 사용하는 반면 하류층은 주로 한정어만 사용한다." 하지만 이제 사람들은 두 가지 언어 모두에 장단점이 있다고 보고 있다.

* 정밀어로는 가치중립적이고 균형 있게 표현할 수 있다. 정제된 표현 방식은 수사학적 우월성의 표시다. 그러나 추상적이고 가르치려는 것처럼 보일 수도 있다.

* 한정어는 간단하고 빠르게 핵심에 도달하기 위한 도구로 적합하다. 한정어는 '타고난 재치'의 언어이고 더 강렬하고 감성적으로 들릴 수 있으나, 천박함과 실수로 변질되기도 쉽다.

그러므로 두 가지 언어로 상황에 따라 아주 까다로운 형식 혹은 직설적 형식으로 모든 것을 표현할 수 있다. 오스트리아 언어학자 안나마리아 아닥틸로스(Anna-Maria Adaktylos)가 이것을 집중 연구한다. "상류층의 언어가 더 아름답거나 풍성하지 않고, 하류층의 언어가 더 상스럽고 허술하지 않다."[2]

그러나 상류층의 언어가 더 고상하게 들리는 것을 부정할 수는 없다. 그러므로 두 언어를 다 쓸 수 있는 사람이 유리하다. 특히 성공적인 학교생활에 유리하다. 운동장에서는 한정어가 지배적이고, 정밀어는 좋은 성적을 받는다. 그러나 동시에 한정어의 몇몇 요소가 소통을 쉽게 만든다는 인식이 강해지고 있다. 복합적으로 생각할 수 있는 사람 역시 단순한 언어를 더 빨리 이해한다. 그러므로 소통은 느슨해지고, 성공한 사람과 기업가들은 의식적으로 한 번씩 덜 고상한 표현을 쓴다. 그러나 이런 새로운 자유가 무한한 건 아니다. 어휘 선택이나 호칭의 느슨함으로 언어적 능숙함을 입증하고, 구문과 주장에서는 일반적으로 높은 표준을 따른다. 결과적으로 시대에 뒤처지지 않은 표현을 쓰면서도 형식을 보존한다. 스티브 잡스는 이런 트렌드의 선구자였고, 영리한 사람은 그를 따라 한다.

한정어의 전형적인 특징은 다음과 같다. 명료한 단어와 단순한 문장을 쓰고, 복합문이나 수동태를 거의 쓰지 않으며 내용을 명확하게 전달한다. '절차'나 '효율성' 같은 추상적 개념이나 '산업단지'나 '유연한 노동시장' 같은 수사학적 윤색은 한정어에 없다. 그러나 말하는 사람의 명성을 해칠 만한 신호가 많이 포함되어 있어서 문제다. 아래와 같은 비사교적 요소를 제거하는 것이 아비투스에 도움이 된다.

* 웅얼거리는 발음: 듣는 사람을 힘들게 하고 내용 전달도 어려우며, 숙고 없이 뒤죽박죽으로 쏟아내는 것처럼 보인다.

* 줄임말: 정밀어 사용자는 줄임말을 못 배운 사람들의 저속한 언어로 여긴다. 그러므로 원래 단어 그대로 쓰는 것이 가장 좋다.

* 모호한 지칭: "그런 부류들은 아무것도 몰라." "아마 누군가는 반

드시…" 언어학에서는 이런 표현 방식을 '모호한 지시대명사'라고 부른다. 모호한 지칭은 이해를 어렵게 하고 화자의 무지를 드러낸다. 그러므로 정밀어 사용자는 문장의 주어가 맥락상 명확하더라도 누가 말했는지 혹은 무슨 뜻인지 명시적으로 지칭한다.

❋ 부족하거나 진부한 형용사 사용: 세심한 묘사 없이 모든 것이 이분법적으로 매우 재밌거나 아주 지루하다. 반면 정밀어에는 미세한 뉘앙스를 표현하는 형용사가 풍부하다. 탁월한, 우수한, 적당한, 미비한, 실망스러운….

❋ 비하 용어 남용: 땡중, 빨갱이, 여편네, 뚱땡이, 난쟁이….

❋ 잘못된 관용 표현: 무리를 일으켜 죄송합니다, 야밤도주, 임기응변, 포복졸도….

❋ 길고 장황한 설명: 한정어 사용자는 감정적으로 설명하고 반복이 많고 직설적으로 말한다. 정밀어 사용자는 본질적인 내용만 다루고 기승전결이 명확하게 사건을 전달하며 듣는 사람의 배경지식과 관심 영역을 고려한다.

❋ 문법적 오류: "아이들에게 질서를 가르친다"가 아닌 "아이들에게 질서를 가리킨다", "두 색상이 다르다"가 아닌 "두 색상이 틀리

다", "주권자로서 요구하건대"라고 해야 하는데 "주권자로써 요구하건대"라고 쓴다.

평소 얼마나 고상한 언어를 사용했느냐와 상관없이 한정어의 몇몇 요소는 단 한 번 사용으로도 지위를 낮춘다. 그러나 한정어의 모든 요소가 조롱을 받는 건 아니다. 맞춤법 및 단어 선택 오류로 화자를 사회 밖으로 추방하진 않는다. 최정상 리그에서도 욕이나 비속어 같은 몇몇 거친 표현들을 거리낌 없이 입에 올리기도 한다.

무엇을, 어디까지, 어떻게 말해야 하는가

일과 삶의 조화로운 균형을 추구하고, 평등한 관계를 요구하며, 좋은 상사만 인정한다. 1980년에서 2000년 사이에 태어난 밀레니얼 세대가 노동시장을 바꾸고 있다. 단지 지위 때문에 사장이 전권을 갖고 실무보다 지위가 더 많은 보상을 받는 시대는 끝났다. 원하는 것을 누리고 가치를 인정받으며 풍족하게 자란 한 세대가 오랫동안 미뤄온 일을 마침내 해냈다. 임원과 직원 사이의 기후가 해양보다 더 빨리 온난화되었다. 독일의 인사관리 전문가 페터 켈스(Peter Kels)는 변화의 강도에 관심을 둔다. "'온화한 젊은이'들이 팀워크와 피드백, 현명하고 유연한 노동을 요구함으로써 노동계에 '조용한 혁명'을 일으킨다."[3]

특히 인력이 부족한 직종에서는 뛰어난 기술자와 지식 노동자가 재량권을 요구한다. 최근까지만 해도 그런 재량권은 오직 지위가 높은 결정권자에게만 있었다. 현재 직장 초년생들은 자기에게 맞는 직종에 지원하고, 채용되고, 업무를 배우고, 지원받고, 경력을 쌓지만 직업을 인생으로 여기지 않고, 상사의 눈치를 보지 않으며, 최정상 경영진과 소통하는 것을 자연스러운 일로 여긴다. 갑자기 모든 분야의 모든 사람이 평등해진 것처럼 보일 정도다. 그러나 모두가 그렇진 않다. 서열 없는 평등한 사무실에도 규정과 규칙을 정하는 결정권자가 있다. 새로운 노동계에서는 이런 사실이 (거의) 무시될 수 있다. 그러나 위로 오를수록 차이가 더욱 명확해진다.

소통에서 지위의 미세한 차이를 고려하는 사람이 집단에서 인정받는다.

지위의 미세한 차이를 고려한다는 뜻은 언제 어떤 표현 방식이 적합하고, 어떤 언어 수준이 기대되며, 어떤 내용을 언급해도 되는지 아는 것이다. 불문법 같은 이런 코드를 무시할 경우, 처음에는 주로 간접적으로만 제재가 가해진다. 당황한 표정, 잦은 말 끊김, 알 수 없는 한눈팔기 등이 간접적 제재의 전형적인 표시다. 직설적인 비판이나 더 나아가 대화 중단은 드물게 나타난다. 모든 상황에서 바르게 처신한다는 뜻은 지위 차이를 고려하여 표현 방식을 그것에 맞춘다는 의미이기도 하다.

최정상에 있는 사람들도 이런 능력을 갖춰야 한다. 페이스북 최고 경영자로서 최근에 미국 의회에서 진술해야 했던 마크 저커버그는 평소 입던 회색 후드티 대신에 검은색 양복을 입었다. 세계에서 다섯 번째로 부자인 그는 IT 문외한임을 입증하는 의원들의 질문에 아주 정중하게 대답했고, 꼬박꼬박 직책명을 붙였다("감사합니다, 의장님"). 그리고 무조건적으로 자신의 실수를 인정했다. "저의 실수입니다. 유감스럽게 생각합니다. 페이스북을 창립하고 운영한 사람으로서, 지금 발생한 일의 책임은 전적으로 제게 있습니다." 저커버그의 이런 태도는 지위 감수성의 모범이었다. 《워싱턴포스트》가 다음과 같이 논평했다. "저커버그는 전통과 의례를 안다. 그는 지배층이 무엇을 중시하는지 안다."[4]

역량과 경제력은 많은 것을 가능하게 하지만 모든 것을 가능하게 하진 않는다. 또한 얼마나 성공했느냐와 상관없이 우리는 모두 주변이 허용하고 승인하는 것에 좌우된다. 의견을 거르지 않고 표현해도 되는가, 아니면 신중한 사람으로 비치는 것이 더 현명할까? 다른 사람들이 우리의 환희에 기꺼이 동참하는가, 아니면 우리가 성공을 자랑한다고 생각하는가? 모든 것은 상황과 상대방에 달렸다. 부르디외는 이것을 파악하는 능력을 '수용 감각'이라고 불렀고, 그것을 기본으로 여겼다.

무엇을 말해도 되는지는 힘 있는 사람이 정한다. 그리고 영리한 사람은 힘

있는 사람의 피리에 맞춰 자연스럽게 춤을 춘다.

당신이 속도위반 단속에 걸렸다고 한번 가정해보자. 고작 시속 10킬로미터 정도 더 빠르게 달린 게 아님은 당신도 알고 경찰관도 안다. 당신의 사회적 지위가 경찰관보다 더 높더라도, 이때는 모든 권한이 경찰관에게 있다. 당신은 순순히 면허증을 내줘야 하고, 책임을 모면하려는 것은 어리석은 시도다. 소통이 어떻게 작동하는지 아는 사람은 형식을 지키고 위압적인 태도를 버린다.

이런 상황 적응 능력에는 감성 지능이 필요하다. 거의 모든 사회적 관계는 차이와 얽혀 있다. 사회적 위치 혹은 나이에서 차이가 생긴다. 우리는 말하지 않거나 신중하게 말함으로써 차이를 없앨 수 있다. 우리는 기꺼이 그리고 자동으로 그렇게 한다. 수용 감각이 조금이라도 있는 사람이라면, 아들의 유급 소식을 방금 들은 부모 앞에서 제 자식의 1등 성적을 자랑하진 않을 것이다. 그렇게 하지 않는다면, 상황에 적응하기 어려울지도 모른다. 특히 상대방의 손에 자신의 안녕을 좌우할 열쇠가 있으면 더 힘들 것이다.

오늘날 정중한 태도는 여전히 요구되고, 높이 오를수록 더욱 많이 요구된다. 이것은 성공한 사람들이 아니라 중산층에게 더 낯선 사고다. 물론 사람들은 매너를 지킨다. 인사를 하고, 다른 사람에게 발언권을 주고, 상호 관계를 이어갈 수 있도록 행동한다. 그러나 평등과 눈높이를 중시하는 중산층에서는 형식적인 행동 방식이 경직된 태도 혹은 심지어 과장된 굴종으로 통한다. 스웨덴과 캐나

다처럼 거리를 두지 않는 곳에서 굳이 격식을 갖춰 존칭을 쓰는 것이 무슨 의미가 있을까? 누가 누구를 먼저 소개하느냐가 어째서 중요한 걸까? 대화 중에 잠깐 스마트폰을 보는 게 그렇게 무례일까? 당연히 어떤 것도 생사를 좌우하진 않는다.

하지만 상류층은 다르게 생각한다! 최정상 리그에서 섬세한 관계 형식은 존중과 교양의 문제이고, 그래서 자신을 긍정적으로 돋보이게 하는 완벽한 방법이다. 중산층이 추측하는 것과 다르게 상류층에서의 상호 존중은 아첨이나 자의식 부족과는 거리가 멀다. 오히려 자의식이 높아서 그렇게 한다.

다른 사람을 존중함으로써, 그들과 같은 수준임을 드러내고 품격을 높인다.

이 의견에 무조건 동조하지 않아도 된다. 상류층의 격조 높은 매너가 편치 않다면 강요하진 않겠다. 하지만 위로 도약하고 싶다면, 무엇이 수용될 만한지 알아차리는 감각을 갈고닦을 필요가 있다. 도약에 도움이 되었던 행동 방식이 목적지에서는 부적합한 것으로 판명된다. 그러므로 최정상, 사교 모임, 명문가 혹은 한 단계 높은 사회 계급에 진입하는 즉시 명심해야 한다. 침착하라! 계급 상승은 인식의 전환이다. 새로운 환경에 정식으로 소속되어 조화를 이루고 싶다면, 과함보다는 모자람이 낫다는 것을 잊지 마라.

1. 업무 얘기를 적게: 특정 수준부터는 전문 지식의 통달이 가치를

잃는다. 사회 피라미드의 꼭대기에서는 전문 역량이 그다지 중요하지 않다. 소속과 전체를 보는 안목이 훨씬 더 중시된다. 이런 안목은 스몰토크뿐 아니라 전체 사회의 발전을 논하는 대화에서도 당신을 가장 잘 돋보이게 한다.

2. 설명을 적게: 비슷한 사람끼리 대화할 때, 당신은 대화를 주도하는 사람인가? 더 높이 올라간 뒤에는 조금 물러나 있기를 권한다. 산소가 희박해지는 고지대에서는 대부분이 웬만한 내용을 알고 있으니 긴 설명은 지루하다. 남자가 여자에게 쓸데없이 세상을 가르치려 하는 이른바 '맨스플레인'도 여기에 속한다.

3. 폭로를 적게: (유명인이 아니라) 엘리트는 사생활을 지킨다. 그들에게 새로운 접근은, 친숙한 사람들과의 편안한 교류를 해칠지 모르는 위험을 뜻한다. 그러므로 당신의 입이 아주 무겁다는 신호를 보내라. 남의 험담을 절대 하지 말고, 유명인과 잘 아는 것처럼 함부로 이름을 들먹이지 말며, 아주 사소해 보이는 정보라도 경솔하게 전달하지 마라.

네덜란드 오스터비크에서 열리는 빌더베르크 회의(미국과 유럽의 정계, 재계, 왕실 관계자들 약 100~150명이 모여 다양한 국제 정치, 경제 문제를 토의하고 비밀리에 정책을 결정하는 모임-옮긴이)에 초대되는 것은 사회적 기사 작위 수여와 같다. 매년 그곳에서 정계, 재계, 학계,

왕실의 높은 사람들이 모여 최신 주제를 논의한다. 자유롭게 생각을 말하고 전할 수 있게 하기 위해, 100년 전통의 '채텀하우스 규칙(Chatham House Rule)'을 따른다. "토론에서 나온 정보를 자유롭게 이용할 수 있지만, 누가 어떤 발언을 했고 누가 참석했는지 밝혀선 안 된다." 무엇을 말해도 되고 무엇을 말하면 안 되는지 확실히 구별하기 어려울 때는, 이 규칙이 좋은 척도다.

말하지 말고 보여라

◇◇◇◇◇◇

독일의 경우 약 5700만 명이 스마트폰을 갖고 있다.[5] 지위 상징의 가치로 보면, 스마트폰은 완전히 평범하다. 이들 중 42퍼센트가 아이폰을 가졌고, 16세에서 25세 사이에서는 60퍼센트가 아이폰을 쓴다.[6] 지위 상징의 가치는 생각보다 그리 대단하지 않다. 한 동료는 점심시간에 아이폰을 절대 챙겨 가지 않는다. 점심 식탁에서 아무도 그녀의 아이폰을 보지 못한다. 그녀는 한 연구를 인용해 이유를 설명한다. 연구에 따르면 디지털 소통이 최대 85퍼센트까지 시간을 갉아먹기 때문에 지식 노동자들이 거의 일을 못 할 지경이라고 한다. 사람들은 이 얘기에 크게 감명을 받는다. 핸드폰 금욕을 실천하는 사람은 상대방에게 다음과 같은 메시지를 전달한다. "나는 아무것에도 구속받지 않는다. 나는 내 인생을 통제한다. 내게는 실시간 뉴스와 '좋아요'보다 진정한 인간관계가 더 중요하다." 이보다 더 확실한 지위 상징이 또 있을까?

밀레니엄 전환 후 약 20년이 흐른 지금, 사물이 명확한 언어를 말하고 소유물을 대하는 우리의 태도가 더 많은 메시지를 전달한다. 제품과 지위 상징의 인플레이션과 함께 고급 포도주, 비싼 자동차, 명품이 조건부로만 구별 짓기에 적합해졌다. 이런 지위 상징은 적은 돈을 내고도 비슷한 형식으로 얻을 수 있기 때문이다. 런웨이 스타일이 자라 매장에 걸려 있고, 고급 액세서리는 아웃렛에 있다.

그 결과 모든 가정이 물건들로 질식할 지경이다. 그러므로 서구 세계에서는 차고 넘치는 하찮은 물건들에서 자유로운 것이 물질 소비보다 더 많은 선망을 받는다. 물론 애초에 그런 걸 사지 않으면 더 좋다. 사물의 과잉 속에서 소박한 인테리어와 엄선된 소비가 새로운 형식의 고급스러움으로 각광받는다. 자발적 금욕은 가장 풍족한 사람들에게 가장 매력적이다.

독일 역사학자 쿠르트 뫼저(Kurt Moeser)가 설명하듯이 절제된 소비에서 고급 아비투스가 드러나는 이유는 두 가지다. "명백히 드러나는 공백은 소유와 하찮은 소유물 수집의 포기를 상징적으로 보여준다. 또한 좋은 취향과 품격의 표시일 수 있다."[7] 긴 설명보다 스타일이 우리의 가치관과 가능성을 더 잘 알린다.

골든 글러브 네 개, 에미상 여덟 개, 그 외의 상이 서른 개. 미국 HBO 드라마 「커져버린 사소한 거짓말」은 최근 몇 년 동안 가장 많은 상을 받은 드라마다. 파라다이스 같은 해안 풍경, 해변에 인접한

고급 주택, 꾸미지 않은 듯 꾸민 언제나 멋진 모습의 헬리콥터 엄마,
원목 마루가 깔린 해변의 데크 테라스, 주방의 아일랜드 테이블, 갓
구운 바나나 머핀. 사물들이 드라마의 배경을 말없이 알려준다.

모든 영화의 세팅이 보여주듯이 우리는 성공을 굳이 말로 표
현하지 않아도 된다. 우리가 사용하는 물건을 보면 누구나 우리
의 취향과 사회 계급을 쉽게 읽을 수 있다. 인정을 받으려는 과장
된 노력은 헛되다. 소탈한 외형이 고급 아비투스에 속하기 때문이
다. 지위 표시를 너무 노골적으로 내보이는 사람은 스스로 수준을
떨어트린다. 심리학에서는 성공한 사람의 겸손한 자세를 '카운터
시그널링(countersignaling)'이라고 부르는데, 한 문장으로 기술하면
이렇다.

"과시하지 않음으로써 과시한다."

예를 들어 하버드 졸업생이 "보스턴에서 학교를 다녔다"라고
하는 것, 파티 주최자가 맛 좋은 샴페인의 출처를 "거래처 농장 알
브레히트"라고 하는 것, 엄격한 원칙에 따라 기업을 경영하느냐는
질문에 "그러려고 노력합니다"라고 답하는 것이다. 성과와 성공
을 낮춰 말하거나 아이러니로 표현하는 것은 지위와 스타일로 말
을 한다는 뜻이기도 하다. 자신과 타인에게 아무것도 입증할 필요
가 없기 때문에. 톱클래스는 절제할 줄 알고, 말로 하는 평가 없이

도 사물의 가치를 알아볼 수 있다. 톱클래스에 속하지 않는 사람은 누가 톱클래스인지 제대로 알아차리지 못한다. 대를 이은 엘리트는 구별에 신경 쓰지 않는다. 왜일까? 큰 동물은 작은 동물에게 얕잡아 보이는 것에 신경 쓰지 않는다.

구체적으로, 호의적으로, 해결 지향적으로

토크쇼든 대담이든 새로운 어조가 유행이다. 이사가 부서장에게 고함치고, 고객이 무례하게 굴고, 최고의 운동선수가 자신의 좌절을 욕으로 표출하는 것은 이제 불쾌감 그 이상을 불러일으킨다. 독일의 기자이자 칼럼니스트인 마리에 발트부르크(Marie Waldburg)의 주장처럼 유명인은 과거보다 "훨씬 외교적이고 훨씬 정중하고 훨씬 자상하게" 변했다.[8] 독일 철학자 리하르트 다비트 프레히트(Richard David Precht) 역시 비슷한 현상을 목격했다. "오늘날 토크쇼에서 가장 중요한 것은, 친절하고 다정한 태도 그리고 합의된 내용 이외에는 절대 언급하지 않는 것이다."

일상에서도 이런 태도는 모범으로 통한다. 그러나 언어 궤도를 이탈하면 강함보다 오히려 취약함의 증거가 된다. 자신의 지위를 이용해야 할 만큼 무능하거나 어떤 표현이 사회적으로 수용되는지 모른다는 뜻이기 때문이다. 권위가 느껴지되 부드러운 표현 방식이 최고의 품격을 만든다. 자연스럽게 품위와 자제력을 드러내고,

논리적 주장으로 자신을 입증하는 위치에 있음을 알려준다.

독일 컨설팅 회사 롤랜드버거(Roland Berger)는 언어 아비투스를 입사 선서문에 명시했다. "우리는 고객의 언어로 말하고 고객의 상품과 과제, 그리고 비전을 안다. 따라서 우리는 고객을 관찰하고 경청한다. 우리는 고객에게 주의와 존중을 기울인다."[9]

그럼에도 세상은 아직 무례한 사람에게서 자유롭지 못하다. 어느 곳에나 공격적이고 상대방을 깔보는 우두머리형 인간이 수두룩하다. 그렇더라도,

어색한 분위기를 없애는 언어는 이상으로 통한다.

저절로 혹은 압박 속에서 적절한 언어 아비투스를 숙달한 사람이 주로 명성을 누린다. 어려서부터 몸에 배도록 수사학 기술을 익힌 사람이 가장 성공한다.

독일의 전 경제기술부 장관 카를테오도르 추 구텐베르크(Karl-Theodor zu Guttenberg)는 한때 총리보다 더 인기가 높았다. 그러나 결국 그는 실패하여 사임했다. 이와 상관없이 독일인의 약 절반은 그의 정치적 재기를 바라는 것 같다.[10] 그가 굳건한 사회적 인정을 받는 이유 중 하나가 언어능력이다. 그의 연설은 격식 있고 전문적

이며 우아하다. 그는 귀족 가문의 자손으로서 어려서부터 언어 역량을 키웠다. 12세에 가족을 대표하여 동호회 창립기념일이나 직원의 가족 행사에서 축사를 했다. 또래 아이들이 라틴어 단어를 외우는 동안, 그는 5분 안에 관중을 설득하는 방법을 터득했다.

상류층 자녀는 명성을 가장 많이 좌우하는 언어 아비투스를 집에서, 가족 식탁에서 습득한다. 그에 비하면 학교에서 습득하는 언어 역량은 외국어 학습과 같다. 아무리 탁월하게 외국어를 구사하더라도 자신의 표현 방식이 정확한지 알 수 없어 불안하다. 중산층 자녀는 어휘와 문법 면에서 상류층 자녀와 쉽게 수준을 맞출 수 있다. 심지어 특별히 더 선별해서 말하는 경우가 많다. 그러나 그들의 소통 패턴은 상류층 자녀와 다르다.

상류층의 수사학은 구별 짓기와 사회적 우월성을 드러내는 것이 목표다. 지위는 확정되었으므로 권위와 책임이 중요하다. 극소수만이 이 리그에서 경기를 펼친다. 그에 비해 중산층은 확실히 적은 자원을 토대로 한다. 그들은 높은 지위를 먼저 달성해야 하고, 이런 감정에서 다른 톤이 생긴다. 중산층의 소통 방식에서는 좋은 협상력과 자기 홍보력이 중요하다. 그들의 언어 방식에서 확인할 수 있다. 같은 목표를 두고 여럿이 경쟁할 때는, 감정적으로 동요하지 않고 수사학을 유지하기가 더 어렵다. 언어가 금세 방어적으로 들리고 가르치려는 것처럼 보이며 조급함이 느껴진다.

작은 차이지만 눈에 띈다. 예를 들어 일요일 토크쇼나 프로젝트 회의 때, 말 끊기를 어떻게 다루느냐에서 차이가 드러난다. 지위가 높은 사람은 다른 사람이 말을 끊어도 느긋하게 반응한다. 끼어든 사람을 그냥 무시하거나, 감정적 동요 없이 조용히 저지한다. 그다음 아무 일도 없었던 것처럼 하던 말을 계속 이어간다. 이런 태도는 청중에게 다음과 같은 메시지를 전달한다. "나는 내 말을 경청하라고 부탁할 필요가 없다. 내 말은 경청할 수밖에 없다."

반면 자신의 지위가 위태롭다고 느끼는 사람은 말 끊기를 상대방의 무례가 아닌 개인적인 공격으로 받아들인다. 그래서 대화가 쉽게 싸움으로 번진다. "내 말이 끝날 때까지 기다려줄 수는 없습니까? 당신이 말할 때 내가 방해한 적이 있던가요?" 애석하게도 분노는 아무런 이익을 주지 않는다. 끼어들지 말라고 지적하는 목소리가 떨리고 눈빛에 공격성이 서리면, 오히려 이미지가 크게 손상된다. 자신의 권리를 요구해야 한다면, 그것은 높은 지위의 증거가 아니다.

진정한 리더는 무례에 흔들리지 않고 비판적 상황에서도 격식을 유지함으로써 자신을 돋보이게 한다. 이런 태도는 양보심이나 관철 능력 부족과는 무관하다. 목표는 더 중요한 주제를 망각하지 않도록 대화를 구성하는 것이다. 자신의 지위를 불안해하지 않고 오직 중심 주제에만 집중한다면 이런 목표는 쉽게 이룰 수 있다. 그러므로 시간을 갖고 여유롭게 대답하고 목표를 명확히 하며, 짧고 인상적인 문장으로 제안하라.

진정한 리더는 "혹시, 어쩌면…"이라고 하지 않고, "나는 ○○

○을 지지합니다. 왜냐하면…"으로 말한다. 단호하고 명확하게, 그리고 결과 지향적으로. 지위가 높다고 해서 마법을 부릴 수 있는 건 아니지만 상류층은 총괄 능력을 높이 본다. 총괄 능력이 있는 사람은 상황을 종합적으로 분석하고 현실을 직시하고 영향을 미칠 수 있는 일에 집중한다. 불평, 자기방어, 남 탓하기는 주로 성공하지 못한 사람들에게서 자주 목격된다. "누가 IT부서 아니랄까 봐.""도대체 누가 또 그런 걸 고안한 거야?""그 돈을 누구보고 내라는 거지?"[11] 고급 언어 아비투스는 다르게 들린다. 예를 들어 다음처럼.

2018년 여름, ZDF 방송국 기자인 두냐 하이알리는 부업을 했다는 이유로 비판을 받았다. 하이알리는 완벽하게 반응했다. "나는 ZDF 밖에서 나의 직업을 더욱 자기 비판적으로 점검할 것입니다." 이 말에 누가 더 토를 달겠는가?

지도력을 입증하고 해결책을 지향하는 언어 방식은 넉넉한 통장 잔액도 높은 직책도 요구하지 않는다. 그런 언어는 모든 리그에서 더 큰 선망을 받는다. 지도력과 해결책 지향에 덧붙여 호의까지 추가한다면 가장 이상적이다. 바이마르 고전주의 4대 거장 중 한 명인 요한 고트프리트 헤르더(Johann Gottfried Herder)의 정의에 따르면 호의란 "할 수 있는 한 최선을 다해 서로의 삶을 편안하게" 해주기로 결정하는 것이다. 최정상 리그에서는 이런 사고방식이 당연한 일이다. 최상층은 자신을 우상화하지 않는다. 그들은 같은 계급 안에서 서로를 축하하고 의식적으로 교류한다. 저마다 자기 위치에서 특별한 존재다. 훌륭한 지도자는 직원과 다른 이해관계자를 대할 때도 이런 태도를 취한다. 그들은 다른 사람을 빛나게 하고 인정을 아끼지 않는다. 메시지 뒤에 붙인 엄지 이모티콘, 감사 편지, 축하 편지, 존중, 초대, 찬사 등으로 명확히 인정을 표현한다.

호의는 베푸는 사람과 받는 사람 모두에게 고상함을 준다.

경영 컨설턴트 도로테아 아시히(Dorothea Assig)와 도로테 에히터(Dorothee Echter)가 특히 이를 강조한다. "다른 사람의 업적을 드러내어 크게 인정하는 태도는 자신감을 보여주고 결속력을 다집니다. 또한 자신과 상대방의 자기애를 강화하는 데 도움이 되고, 분위기를 관리하는 최고의 방법입니다."[12] 상류층에서는 상대방의 가치를 높이는 태도가 당연시되지만, 이런 태도가 애석하게도 모든 계급에 있는 건 아니다. 하류층에서는 종종 슈바빙 지역의 속담이 잘 들어맞는다. 욕하지 않는 것이 큰 칭찬이다.

생일 파티 주인공이 친구들을 초대했다. 스피커에서 파티 음악이 흘러나온다. 누군가 축사를 위해 스푼으로 유리잔을 두드린다. "자, 여러분! 주목해주세요. 내게 주어진 힘든 임무를 완수해야 할 때가 온 것 같네요." 목을 가다듬고 축사를 시작한다. "여기 케이크에 꽂힌 초를 보세요. 잠시만… 말도 안 돼! 장난이지? 초가 진짜 마흔 개야?" 어색함을 덜어보려는 좋은 의도였을까? 하지만 진솔한 축하의 말이 더 좋았을 것이다. "사랑하는 율리아! 우리가 알고 지낸 지도 어느덧 10년이 되었어. 너를 만날 때마다 시간이 빨리 흘러 아쉬웠었지. 정말 세월이 빠른 것 같아…."

내용은 명료하게, 목소리는 정중하게

◇◇◇◇◇

꼭대기에 앉은 사람들은 자신의 성과와 위치를 확인받고 싶어 한다. 비슷한 직책의 동료로부터, 특히 컨설턴트, 직원, 서비스업 종사자로부터. 그들이 바라는 것은 무엇보다 충성심과 조심성이다. 사회 꼭대기가 '예스맨' 클럽이라는 뜻일까? 그럴 위험이 존재한다는 것을 우리는 뉴스에서 미루어 짐작할 수 있다. 다음을 보여주는 사건이 어디 디젤 스캔들뿐이겠는가.

말할 수 있는 것을 말하는 용기는 결코 당연한 일이 아니다.

어떨 땐 태도로, 어떨 땐 말로 실수를 저지른다. 독일 경영 컨설턴트 페터 크로이츠(Peter Kreuz)가 명확하게 지적한다. "질서에 순종하고 적응하는 체제순응자가 병목 지점을 가장 수월하게 통과해 위로 올라간다. 스스로 결정하여 행동하고, 남들과 의견이 다르거나 관습에 과감히 저항하는 사람은 모든 문제의 원흉으로 간주

된다."[13]

까다로운 상황에서 입을 여는 사람이 직장이나 사회에서 반드시 보상을 받는 건 아니다. 예를 들어 수술실에서 수석 의사의 떨리는 손을 지적하는 레지던트, 비행기 조종실에서 기장의 결정에 의문을 제기하는 부기장, 공공기관의 절차상 오류를 공개적으로 폭로하는 공무원은 개인적인 위험을 감수한다. 비웃음, 파면, 전근…. 특정 환경에서 무엇을 말해도 되고 말하면 안 되는지가 책임자에 의해 엄격히 검열된다. 부르디외가 경고했듯 모든 발언은 말해야만 하는 것과 암묵적 규칙에 따라 말해도 되는 것의 타협안이다. 무조건 입을 다무는 편이 가장 좋다는 뜻은 아니다.

자신의 신념과 불만을 표현하는 것은 개인의 정직성 문제다. 그러나 정직하게 뭔가를 말할 때는 자신의 위치를 고려하여 적합한 표현을 찾아야 한다. 부르디외는 이런 노력을 완곡화라고 부른다. 다시 말해 계급의 경계를 넘을 수 있는 방식을 찾아야 한다. 먹을 만하게 요리하여 진실을 밝히면, 비록 전부는 아니더라도 꽤 많은 말을 전달할 수 있다.

넷플릭스 드라마 「지정생존자」에는 법률자문가가 아주 정중하면서도 명확하게 진실을 전달하는 모범적인 장면들이 많이 나온다. 일례로, 백악관 법률자문가 켄드라 데인즈와 변호사인 퍼스트레이디 알렉스 커크먼의 대화를 보자.

켄드라: 커크먼 여사님, 직접 오실 줄은 몰랐습니다.

퍼스트레이디: 내가 같이 있어야 할 것 같아서요.

켄드라: 물론입니다. 여사님의 당연한 권리니까요. [조수에게] 신디, 커크먼 여사님을 방청석으로 안내해주세요.

퍼스트레이디: 아니에요. 나는 공동 변호인으로 왔어요.

켄드라: [신디에게] 방청석으로 모시세요! [퍼스트레이디에게] 존경을 담아 말씀드립니다. 여사님, 그건 좋은 생각이 아닙니다.

퍼스트레이디: 왜죠?

켄드라: 이번 재판에는 여사님의 어머니가 소환되기 때문입니다.

퍼스트레이디: 그러니까요.

켄드라: 바로 그래서 만류하는 겁니다. 여사님의 사적인 관계가 연루되니까요.

퍼스트레이디: 배려는 고맙지만, 내 마음도 이해해주세요. 내 가족에게 어떤 결정이 내려지는지 남처럼 보고만 있을 수는 없어요.

　

지위가 높은 사람들을 대할 때는 올바르면서 단호한 태도가 필요하다. 입장을 명확히 밝히되 상대의 권력을 인정하고 민감성을 고려해야 한다. 균형 잡힌 수사학에는 어느 정도의 정신적 민첩성이 요구된다. 친절하면서도 단호한 언어 방식을 유년기부터 내면화하지 못한 사람은, 초기에는 철저한 준비가 없으면 되는 일이 거의 없다. 하지만 연습을 거듭할수록 단호한 언어 방식이 점점 입에 붙고, 심지어 그런 방식이 당신의 환경을 채색한다. 설령 당신이 설득에 성공하지 못하더라도 자책할 필요가 없다. 초기에는 다음의 네 단계를 따르면 도움이 된다.

* 첫째: 확신을 보여라. 문제를 지적할 때는 일대일로 만나 말하고, 목소리에서 여유가 느껴지게 발성하고, 이해를 표현하고, 정중한 호칭을 붙임으로써 상대방의 지위를 존중하라.

* 둘째: 전달하려는 내용을 명확히 말하라. 이때 써야 하는 표현 형식이 '나-전달법'이다. "나는 그것을 좋은 생각이라고 여기지 않습니다" 혹은 "나는 ○○○이 걱정됩니다."

* 셋째: 권고하라. "이 상황에서는 ○○○하는 것이 좋겠습니다." "○○○하기를 권합니다." "그것이 목표에 부합한다고 생각합니다." 다음과 같은 표현은 피하는 것이 좋다. "우리가 ○○○해야 하는 거 아닌가요?" 혹은 "어쩌면 그럴지도 모르잖아요." 이런 표현은 당신의 입장과 주장을 약화한다.

* 가장 중요한 넷째: 긍정적 결과를 제시하라. 당신의 제안이 어떤 긍정적 결과를 가져오는가? 상대방은 어떤 이익을 얻는가?

우두머리와의 스몰토크

◆◇◆◇◆◇

우두머리들은 아주 높은 담장 뒤에 살고 육중한 SUV 안에서 외부 세계와 자신을 차단하며, 비서진들이 방문자와 발신자를 멀리 떨어뜨려 놓는다. 그들은 행사장과 리셉션에서 누가 지인으로 통하는지 잘 알고, 대화를 나누고 싶은 사람을 소개받는다. 그들이 누구에게 언제 다가가도 되는지 면밀하게 검토한다. 또한 단기간에 돈을 번 젊은 신흥 부자들도 사생활을 보호한다.

캐나다 사회학자 어빙 고프먼(Erving Goffman)은 경계와 사생활 보호를 상류층의 가장 중요한 아비투스 차이로 본다. "다른 사람의 사생활을 인정하는 데서 차이가 날 뿐 아니라, 계급이 높을수록 접촉 방어가 더욱 광범위하고 완벽하다."[14]

상류층과 중산층의 거리 두기와 접촉의 허용 수준은 서로 다르다. 상류층은 시대를 막론하고 어디서든 넓은 공간에서 살았고 지금도 그렇다. 반면, 중산층은 비교적 좁은 공간에서 서로 조절하며 사는 데 익숙하다. 이런 차이에서 다른 행동 방식이 생긴다. 그래서 때때로 상류층과 중산층은 전송되는 신호를 서로 오해하여, 소통이 매우 어렵다. 예를 들어 금세 말을 놓고 친근하게 대하는 태도가 하류층에서는 다정다감한 인상을 주는 반면, 상류층에서는 공격적으로 인식된다. 부유한 여행자들은 호숫가 호텔에 호수로 연결되는 전용 통로가 있는 것을 당연하게 여긴다. 그러나 공용 통로만 사용해야 하는 일반 관광객의 눈에는 다르게 보인다. 호수로 통하는 폐쇄된 출입구는, '높은 곳에 사는 사람들'이 자신을 봉쇄하고 가난한 사람들을 배제하고자 한다는 신호를 보낸다.

거리 두기와 근접의 계급별 차이는 스몰토크에서도 중요한 구실을 한다. 중산층은 스몰토크가 새로운 사람들을 사귀게 해주고, 가보지 못한 곳으로 통하는 문을 열어주는 열쇠라고 보고 적극적으로 이용한다. 상류층 모임에서도 의도성이 없는 자연스러운 스몰토크가 정확히 그런 구실을 한다. 그러나 그들의 스몰토크는 새로운 관계를 맺기 위한 대화가 아니라, 기존의 연결을 더욱 굳건히 하기 위한 대화다. 그러므로 중요한 사람들에게 다가가 스몰토크를 시작하기는 쉽지 않다.

섬세하지 못하게 대화를 시작하는 사람은, 연장을 들고 문을 부술 기세로 달려든다는 인상을 준다.

어떻게 해야 할까? 악수와 편안한 대화를 위한 에티켓 규칙을 기준으로 삼는 것이 가장 좋다. 대화를 할지 말지는 서열이 높은 사람이 결정한다. 예를 들어, 강연을 마친 프랑스 대사가 낯선 사람의 다음과 같은 접근에 반드시 감사하다고 대답하진 않는다. "저는 스벤 바우만이라고 합니다. 강연이 아주 멋졌습니다." 반면 "강연 덕분에 독일과 프랑스의 경제 관계를 완전히 새롭게 보게 되었습니다. 정말 감사합니다"라고 말하는 고급 아비투스라면 자신을 소개하고 정중한 감사의 말을 듣는 기회까지 누릴 수 있다. 이때 몸짓언어를 보면 상대방이 짧게나마 대화를 나누고 싶어 하는지 아니면 귀찮아하는지를 알아차릴 수 있다.

　대화가 일단 시작되면 격식이 느슨해진다. 사업 파트너와의 식사 자리 혹은 취업 면접에서, 원활한 대화는 꼭 필요하다. 용기 있게 공통 주제로 시작하라. 새로운 것, 낯선 것에 열려 있는 모습을 보이고, "주식 동향이 어떻게 될 것 같습니까?" 혹은 "독일팀의 우승 확률을 어떻게 보십니까?" 같은 돌발 질문에 평정심을 유지하라. 주도적으로 자신의 의견을 표현할 만큼만 용기를 내고, 자기 관심사만 얘기하고 상대방을 가르치려는 실수를 저질러선 안 된다. 아무리 늦어도 60초 후에, 아니면 더 일찍 대화의 주도권을 상대방에게 넘겨라. 쉽게 대화가 오가는 것이 중요하다. 같은 파장과 같은 감정이 생기면 좋다. 미국인들은 이런 현상을 '문화적 궁합(Cultural fit)'이라고 부르는데, 이런 궁합이 성과보다 더 많은 걸 성취한다.

　미국 사회학자 로렌 리베라(Lauren Rivera)는 뉴욕에서 가장 명성 높은 거대 로펌, 투자 은행, 컨설팅 회사의 면접 100여 개를 관찰하고 분석했다. 연구 결과에 따르면 엘리트를 채용하는 면접일수록 지원자들은 단도직입적으로 전문적인 질문을 받는다. 그러나 성공과 실패는 스몰토크가 결정한다. "나는 면접 직후에 지원자와 똑같이 라크로스가 취미인 면접관과 대화를 했다. 대화 후에 그 면접관은 거의 마비된 것처럼 당황했는데, 지원자의 어떤 장점이 그토록 감탄스러웠는지 거의 대답할 수가 없었기 때문이다." 리베라는 이렇게 결론을 내렸다. "면접관은, 더 많은 시간을 같이 보내고 싶은 지원자에게 끌릴 수밖에 없다. 이런 감정은 문화적 배경이 같음을 알리는 언어 신호에서 생긴다."[15]

최정상 리그에서 가장 선호되는 대화 주제는 가족, 문화, 미래, 지역, 봉사활동, 스포츠다. 여섯 가지 주제는 사회생활을 결정한다. 이런 주제를 어떻게 다루느냐에서 상대방이 자기에게 맞는 사람인지를 판단한다. 출신 배경이 비슷한 사람에게는 우두머리와의 스몰토크가 홈경기다. 그러므로 표현 방식, 관심 분야, 미디어 소비를 당신이 오르고자 하는 수준에 의식적으로 맞춰라. 사회적 소속은 속일 수 없기 때문에 격에 맞는 대화를 원한다면 어떤 언어, 주제, 의견이 계급을 구별 짓고 공통점을 만들어내는지 알아내는 감각을 키워야 한다. 교육 수준이 높은 상류층에서는 뮤지컬 관람은 별로 관심 대상이 아니다. 그보다 오페라 후원 회원이 더 많은 관심을 끈다. 후원회비 납부는(추가 비용 없이) 최정상 리그에서 가장 명성이 높은 세 가지를 의미한다. 문화, 전통, 자선.

당연히 엘리트 사이에서도 자신의 성과를 얘기한다. 과시가 아니라 사실을 말하는 것뿐이다. 중산층이 반년에 버는 금액을 한 달에 버는 사람에게는 많은 것이 당연해 보이는 법이다. 마찬가지로 스몰토크 때도 의도가 전혀 느껴지지 않는다. 어떤 사람에게는 생활 반경 밖에 있는 일이 어떤 사람에게는 일상적인 일이다.

최근 호주에서 열린 기업 여름 행사에서 있었던 일이다. 한 참석자가 긴 비행을 불평한다. 그때 행사 개최자인 기업 대표가 와서 말한다. "우리는 언제나 두바이를 경유하는 비행기를 예약합니다. 두바이에서 잠시 쉬면서 VIP 라운지에서 수영을 좀 하고, 마사지를 받습니다. 그러면 컨디션이 다시 최상이 됩니다. 아이들도 있으니 그렇게 해야만 해요."

자산 차이를 드러낼 뿐, 직접적으로 언급하지 않는 것이 고급 아비투스에 속한다. 자산 차이가 있더라도 공통의 파장을 찾아낼 수 있다. 이를테면 아이들과 여행하기는 아주 풍부한 대화 주제다. 초고소득자이든 보통 소득자든 전혀 상관없다.

언어적 공간 확보

◇◇◇◇◇◇

비행기 이코노미 좌석의 앞뒤 공간은 기종에 따라 78.7센티미터에서 81.3센티미터다. 신형 기종의 비즈니스 좌석은 공간이 제법 넓다. 좌석을 약 2미터짜리 간이침대로 바꿀 수 있다. 이처럼 좌석 차이가 큰 만큼 가격 차이도 크다. 우리 대부분은 비행기를 타면 몇 시간 동안 협소함 그 이상인 공간에 갇혀 구름을 내려다보며 견뎌야 한다. 반면 언어 소통에서는 공간을 넓히는 데 아무 비용도 들지 않는다. 모두가 사치를 누릴 수 있다. 다만, 아직 성공하지 못한 사람은 언어적 공간 확보에 서툴다. 성급하게 생각을 말하고 단어 선택에 부주의하다. 자신의 성과를 줄여서 말하고, 그렇게 하고 있다는 사실조차 알아차리지 못한다.

성공한 사람들은 자연스러운 소통 방식으로 자신의 높은 지위를 알린다. 그들은 어휘 선택과 발음, 말하는 속도와 시간에서 원하는 만큼의 공간을 확보한다. 그리고 대화 상대자의 언어가 저급하면 불쾌해하며 그것을 기억한다. 그러므로 성공 아비투스를 원하면 쓸데없이 한정어를 쓰면 안 된다. 어휘를 신중하게 선택해야 한다. 그들의 언어 아비투스는 역량을 강조하고 주제에 적합한 의미를 부여하며, 상대방에게 신뢰를 준다.

공간을 확보하는 사람은 수준 높게 자신을 드러낸다. 그렇지 않으면, 늘 난처해하며 애쓰는 것처럼 보인다.

어휘는 말하는 사람의 가치를 높이거나 떨어트린다. 그래서 사람들은 말을 가려서 한다. '말을 가려서 한다'는 관용적 표현은 언어 사용에서 사회적 지위가 드러난다는 뜻이다. 부르디외에 따르면 말하는 사람의 사회적 지위를 가장 명확하게 드러내는 것이 바로 언어다. "언어라는 맥락에서, 일반 대중이 생각 없이 쏟아내는 말과 상류층의 고도로 검열된 언어가 대조된다."[16]

독일의 브랜드 전략가 아르민 라인스(Armin Reins)는 '마르틴'이라는 허구 인물의 사례로 상류층의 언어 품격이 어떻게 드러나는지 설명한다. "마르틴은 드물게 사용되는 어휘와 어구를 높이 본다. 때때로 약간의 현학성으로 자신을 꾸미는데, 이때 약간의 정밀어 사용을 높이 본다. 그는 언어유희, 인용구, 격언, 은유를 아주 좋아한다. 반면, 유행어는 좋아하지 않는다."[17]

유행어를 좋아하지 않는 게 당연하다. 마르틴 같은 사람은 생각나는 대로 그냥 말하지 않고 어휘를 신중하게 가려서 쓰기 때문이다. 지위가 높은 사람은 어휘의 무게를 꼼꼼히 잰다. 그들에게는 형식이 내용만큼 중요하다. 멈춤과 명료한 발음이 그들의 단어에 무게감을 준다. 침착하고 넉넉한 몸짓이 내용을 강조한다. 시선은 공간 전체를 자유롭게 이동한다. 사회적 지위가 높은 사람들에게는 자신의 발언뿐 아니라 자신을 표현하는 방식도 중요하다. 그들은 통제에서 벗어날 수 있는 과도한 수다를 피한다. 그러나 존중과 인정을 받으리라는 확실한 기대 속에서 대화한다. 최정상 리그에서는 극적인 강조로 효과를 높이는 단어를 선호한다는 점에서 이를 짐작할 수 있다. '나의 전폭적 지지', '명확히 그 목표', '무한한 가능성', '나는 뼛속 깊이 확신한다'.[18]

미국 대통령의 트위터 메시지는 매우 위압적이지만, 그가 속한 상류층의 전형적 언어 태도를 철저히 따른다.

중산층은 이런 극적인 경향을 보이지 않는다. 그들은 객관적이고 세밀하게, 경력에 도움이 되도록 영리하게 표현한다. 특히 상위 중산층이 정제된 표현 방식에 가장 큰 가치를 둔다. 상위 중산층 여성은 정확성과 형식성 측면에서 심지어 최정상 리그의 남녀보다 탁월하다.[19]

사회적 지위가 아직 높지 못한 사람은 자신을 보잘것없게 만들곤 한다. 숙고되지 않은 내용이 쉬지 않고 쏟아져 나온다. 자기도 모르게 목소리가 점점 커진다. 이런 모습에서 다른 사람들은 중요한 것을 놓칠까 두려워하고 무시당할까 걱정하는 피해 의식과 강박을 감지한다. 조급함은 어휘 선택에도 해가 된다. 충분히 숙고하지 않으니 적합한 어휘를 찾지 못한다. 이런 불안한 몸짓을 하룻밤 사이에 고칠 수는 없다. 그러나 침착하고 여유로운 언어 아비투스는 훈련할 수 있다. 허리를 펴고 똑바로 앉기, 천천히 말하기, 신중하게 발음하기. 방법만 터득하면 모든 대화에 명료함과 힘이 생긴다. 그것을 위한 공간만 계속해서 확보하면 된다.

나와 타인의 가치를 동시에 높여라

◇◇◇◇◇

영국 상류층은 사용하는 어휘에서 벌써 사회적 지위가 드러난다. 최정상에 속하는 사람은 'What?'이라고 하지 'Pardon?'이라고 하지 않고, 'Avocado'라고 하지 'Avo'라고 하지 않는다. 지위가 높을수록 어휘를 엄선해서 쓰고, 특히 같은 계급 간에는 더욱 정교한 언어를 쓴다. 그러므로 언어는 내용을 교환하기 위한 수단에 그치지 않는다. 언어는 언제나 부와 지위 그리고 권력을 표시한다. 그들처럼 당신도 언어 아비투스를 정교하게 다듬을 수 있다.

1. '정밀어'는 항상 명확히 구별되게 표현한다. 정밀어에서는 특히 네 가지가 중요하다. 첫째, 명료하고 정확하게 발음한다. 둘째, 사적인 대화에서도 관련 내용을 명확히 밝힌다. 예를 들어, "그들이 또 파업을 한다"가 아니라, "신문사 편집자들이 이틀간의 경고 파업을 요구했다"라고 말한다. 셋째, "미안해요, 기분 나쁘게 생각하진 말아요." 혹은 "내가 무슨 말 하는지 아시겠어요?" 이런 표현들과 미사여구를 쓰지 않는다. 넷째, 외래어 남용을 자제한다. 지나친 외래어는 존경심보다 거부감을 일으킨다. '커밋하다', '디벨롭하다' 대신에 '확약하다', '발전시키다'라고 하라.

2. 과도한 정확성에 주의하라. 언어 아비투스를 갑자기 완전히 바꾸면 어색해 보일 위험이 있다. 조금씩 단계적으로 표현을 다듬는 것이 가장 좋다. 특히 감정적 흥분 상태일 때 주의해야 한다. 화가 나면 옛날 언어 습관이 쉽게 다시 돌아오기 때문이다.

3. "초연함은 자신감의 우아한 표현 방식이다." 약 200년 전에 오스트리아 작가 마리에 폰 에브너에쉔바흐(Marie von Ebner-Eschenbach)가 이렇게 말했다. 오늘날에도 삼가는 태도가 고상함을 만든다. 그러므로 시간을 넉넉히 갖고 대답하라. 의식적으

로 어휘를 선별하라. 차분한 목소리로 평소보다 약간 천천히 말하라. 그러면 당신은 숙고할 시간을 벌 뿐 아니라 더 자신감 있고 통제력 있는 사람처럼 보인다. 자신의 지위에 확신이 있는 사람은 다급하지도 않고 억지로 장면을 연출할 필요도 없다.

4. 상대방의 가치를 인정하고 공감하고 감사를 표현하는 단어들을 찾아라. 사람들이 어떤 위치에서 무엇을 성취하고 조종하는지 의식하라. 당신의 가치관을 명확히 드러내라. "나는 ○○○이 정말로 기쁩니다." "당신이 ○○○하다니 정말 감탄스럽습니다." "당신이 ○○○하는 것을 존경합니다." "당신은 대단한 재능을 가졌습니다." 적절한 때에 자연스럽게 칭찬하라. 최정상 리그에 있는 사람은 푼돈으로 갚지 않는다.

5. 최정상 리그에서는 서로를 공격하지 않는다. 신입이 가장 먼저 배워야 할 것이 이런 암묵적 규칙이다. 바이에른 주지사로 취임한 마르쿠스 죄더(Markus Söder)는 "임기를 10년으로 제한하는 제도가 바이에른주에만 필요한 건 아닐 것이다"라고 선언했다. 앙겔라 메르켈을 겨냥한 측면 공격으로, 죄더는 공감표를 잃었다. 비록 많은 이들이 그와 같은 의견이었더라도, 재계와 언론은 주지사는 그렇게 말하면 안 된다고 지적했다.[20] 상류층은 어떤 다툼에서든 합의가 권력을 강화한다고 생각한다.

6. 중산층의 실력자는 주로 성과, 효능, 전문 역량을 통해 자신을 정의한다. 그러나 최정상 리그에서는 다른 것이 우선순위에 있다. 구성력, 영향력, 비전 실현. 소통 없이는 이런 것들을 성취할 수

없다. 사람을 얻으려면 그들과 이야기해야 하고, 그들을 설득하고, 그들이 있는 곳으로 가서 데려와야 한다. 그렇다, 그것은 시간이 걸린다. 전문 주제도 필요하다. 그리고 정치적 힘겨루기도 분명 동반한다. 무엇으로 소통하느냐는 당신의 목적지가 어디냐에 달렸다. 내용을 중시하는가? 사람들을 이끄는가? 진로를 전략적으로 결정하는가?

7. 자기 자신과 목표에 대해 긍정적으로 말하되, 절대로 우쭐대지 마라. 자화자찬과 자랑은 특정 수준에 이르면 더는 유익하지 않다. 최고의 인물이 어째서 제 손으로 북을 울리는지 의아함만 남긴다. 자신의 성과를 다른 사람의 공덕인 것처럼 말하고 다른 사람을 칭찬할 때 오히려 자신감 있어 보인다.

"최정상에 있는 사람은 시기심과 조급함 없이 소통한다"

얀 샤우만은 지도층, 정치인, 배우, 팝스타에게 조언을 준다.
그는 인터뷰에서 우리에게 알려준다.
어떻게 지위를 드러내는가, 결정권자는 무슨 말을 듣고자 하는가,
그리고 야심 있는 사람은 왜 문법뿐 아니라 감정 역시 통제해야 하는가.

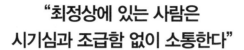

Q 만약 처음 만나는 사람이 수영복 차림이라면, 당신은 어떻게 그가 최정상에 있는 사람임을 알죠?

A 최정상에는 다양한 의미가 있습니다. 어떤 사람은 행복할 때, 자기 자신과 하나가 될 때, 혹은 완전히 만족할 때 '최정상'에 도달했다고 느낍니다. 그러면 그의 표현 방식은 주로 긍정적입니다. 빛이 나고 환희에 차서 소통하는 사람은 적어도 '바닥에' 있지 않습니다.

Q 소통을 잘한다는 것만 보고 그렇게 판단할 수 있을까요?

A 앞서 말한 수영복 차림의 신사가 정직한 노동과 방식으로 지금의 지위에 올랐다고 일단 가정합시다. 특정 서열 단계부터는 업무보다 대표성이 더 중요해집니다. 다시 말해 직업적으로 주로 지위가 높은 사람들과 소통합니다. 수영복 차림의 신사가 주어, 술어, 목적어를 능숙하게 조합할 수 없다면 그는 다른 사람을 설득할 수 없을 테고 자기편으로 만들 수도 없을 겁니다. 수영복 차림이든 양복 차림이든 당연히 지금의 위치에도 도달하지 못했을 테죠.

Q 최정상에 있는 사람은 보통 말을 많이 해야 합니다. 권력의 언어는 어떻게 들립니까?

A 이상적으로 보면 권력은 필요하지 않습니다. 그러나 현실적으로 보면 필요합니다. 권력은 법적으로 합의되고 확립된 기본 조건 이외에 언제나 높은 수준의 공감을 얻어야 합니다. 공감을 얻기만 하면 권력은 소통 측면에서 경청, 학습, 이해를 통해 드러나고 그다음 (경험과 지혜의 도움을 받아) 최대한 모두의 이익을 위해 사용됩니다. 이것이 현실에서 대부분 심하게 빗나가는 것은 또 다른 문제입니다만.

Q 비특권층 배경을 폭로하는 언어적 특징도 있을까요?

A 자유와 자기 결정권이 없으면 언어에도 영향을 미칠 수 있습니다. 표현의 간접성과 조심성은 공격의 여지를 덜 만듭니다. 신중치 못한 표현 방식에는 시기, 두려움, 신랄함이 필요 이상으로 많이 섞여 있습니다. 반면 성공한 사람은 결코 삶을 탓하는 것처럼 말하지 않습니다. 그럴 이유가 없으니까요.

Q 사회적 지위와 발음의 연관성을 어떻게 생각하세요?

A 버나드 쇼의 「피그말리온」에서 일라이자 두리틀은 정확한 발음을 학습해 상류사회에 성공적으로 들어갑니다. 하지만 발음이나 사투리가 반드시 낮은 지위를 표시하는 건 아닙니다. 단순한 문장, 쉬운 문법, 부족한 어휘력이 화자의 배경을 폭로합니다.

Q 그것을 극복하고 높이 올라갈 수 있을까요? 사실 새로 습득한 언어는 연습한 티가 나잖아요.

A 물론입니다. 극복하고 높이 올라갈 수 있습니다. 자신의 안락한 구역을 떠날 의지가 있고, 시간과 노력을 투자할 준비가 되었다면요. 잘 알려졌듯이 독서는 단조로운 표현을 없애줍니다. 독서의 질에 따라 언어 발달의 중대한 기반을 구축할 수 있습니다.

그러나 언어는 사용할 때 성장합니다. 예를 들어 새로운 외국어를 배우면 처음에는 서툴 수밖에 없습니다. 그러나 불완전성을 인정하고 계속 사용하면 조금씩 더 나아집니다. 인내를 통한 언어 수행이죠.

Q 길을 열어줄 결정권자는 위로 도약하는 데 도움이 됩니다. 그러나 도움을 받으려면 먼저 결정권자와 세련되게 대화해야 합니다.

A 성공의 오르막에는 갈림길이 있고, 거기서부터는 혼자 갈 수 없습니다. 그러므로 걸림돌 한두 개를 길에서 치워줄 결정권자를 자기편으로 얻는 것이 중요합니다. 당연히 동정심으로 비즈니스를 하는 사람은 없습니다. 그러니 스스로 물어야 합니다. 결정권자가 왜 나를 위해 힘을 써야 하지? 그런 일은 기본적으로 관심 혹은 눈높이를 맞춘 소통을 통해 일어납니다. 나는 다른 '보통 사람'과 무엇이 다르고, 무엇이 나를 특별하게 하는가? 이런 질문을 받기 전에 미리 구체적인 대답을 준비해둬야 합니다. 즉, 결정권자가 나로 인해 얻을 수 있는 구체적인 이익 세 가지를 말할 수 없으면 잠재적 멘토와의 대화를 절대 시도해서는 안 됩니다. 이익 세 가지를 찾으려면 당연히 잠재적 멘토의 직업적, 사회적, 개인적 삶을 연구해야 합니다. 그 사람에 대해 많이 알수록 대화에 성공하기가 더 쉽습니다.

말하자면 여기서도 지식이 힘이 됩니다. 나, 나의 장점에 대한 지식. 그리고 상대방에 대한 지식. 그래야 대화라도 시작할 수 있습니다.

Q 중산층에서 최정상 리그에 오를 준비를 한다면 대화의 주제, 내용, 방식을 바꿔야 할까요?

A 다음 단계로 도약하기 위해 최고의 준비를 하고 싶다면, 이미 '도달한 사람'의 소통 방식에 익숙해져야 합니다. 지배적인 주제는 무엇일까? 직업적으로 혹은 사적으로 무엇에 관심을 둘까? 무엇이 나를 개인적으로 자극할까? 장래의 최고 대화 상대는 무엇을 요구할까? 내가 입에 올리면 안 되는 내용은 무엇일까? 그리고 이런 긴장의 영역에서 나는 얼마나 정직할 수 있고 정직해도 될까? 이런 질문에 집중할수록, 더 빨리 개인의 아비투스로 만들 수 있습니다. 인생의 친구를 찾으라는 게 아닙니다. 중요한 것은 목표 달성입니다!

Q 정상에 있는 사람도 때때로 잘못을 합니다. 이런 잘못을 감춰줘야 할까요, 아니면 지적하는 게 더 낫습니까?

A 무조건 '예스'라고 말하는 것은 이상적인 해결책이 아닙니다. 아부하는 기회주의자는 최정상까지 오르지 못합니다. 강아지처럼 늘 꼬리를 흔드는 사람을 오래도록 곁에 두고 싶어 하는 사람은 없습니다. 잘못은 지적해야 합니다. 하지만 재치 있게 표현하는 것이 중요합니다. 통제가 어려운 논쟁의 불 속으로 뛰어들어선 절대 안 됩니다. 특히 평정심을 유지하기 힘든 민감한 주제라면 더더욱 안 됩니다. 훌륭한 의사소통자는 반대 의견을 최고의 이해심으로 듣습니다. 이것이 최고의 토대가 되어, 가능한 한 세련되고 정중하게 긴장을 증발시킵니다.

Q 그리고 최정상의 지위를 오래 유지하는 방법은요?

A 최정상 리그에서 우리는 모두 까마귀입니다. 까마귀들은 잘 알려졌듯이 서로의 눈을 파먹지 않습니다. "당신이 대우받고 싶은 방식으로 다른 사람을 대하라"는 목표에 충실하려면, 당연히 사려 깊어질 수밖에 없습니다. 내부 고발자는 항변의 기회도 없이 순식간에 리그에서 추방됩니다. 위에서 일어나는 일은 위에 머물러 있어야 합니다.

◆

얀 샤우만Jan Schaumann

소통 문제, 가치지향적 협상 전략, 시대에 맞는 관계 형식에 대해 조언한다. 정치인은 물론이고 배우, 각국의 유명 지도자들이 그의 고객이다. 그의 모토는 "당신이 대우받고 싶은 방식으로 다른 사람을 대하라"이다.

"과시하지 않음으로써 과시하라."

HABITUS

PSYCHOLOGY
CULTURE
PHYSICAL
KNOWLEDGE
ECONOMY

심리 문화 지식 경제 신체 언어 사회

LANGUAGE
SOCIETY

사회자본

누구와 어울리는가

|| 사회자본 ||

1. 모든 영역과 분야에서 쉽고 안전하게 움직이는 사회적 역량
2. 사회적 관계망
3. 사회자본에서 나오는 자원의 예
  : 지원, 사회적 명성, 신뢰, 정보, 결정권자와의 친분

HABITUS

　독일의 정신과 의사 요아힘 바우어(Joachim Bauer)가 말한다. "인간에게 가장 강력한 마약은 타인이다." 그리고 우리 모두 알고 있듯이 인정받고 사랑받는 것만큼 기분 좋은 일은 없다. 친근한 대화, 활기찬 회의, 자유분방한 파티, 인스타그램의 하트가 행복감을 주고 더 많이 누리고 싶은 마음을 일깨운다.

　우리는 타인과의 관계 속에서 우리의 관심사와 열정이 공명함을 느낀다. 우리는 친밀한 이들과의 공통점을 안다. 몇몇과는 심지어 도둑질도 같이 할 수 있을 것 같다. 우리 삶에서 이들의 의미는 부자인지, 존경받는 인물인지, 영향력이 많은지 따위와 무관하다.

　하지만 반드시 그렇진 않다. 모든 좋은 관계는 우리의 삶을 풍요롭게 하지만 몇몇은 특히 더 소중하다. 혹은 널리 인용되는 것처럼 "모두가 관계망을 갖지만 모두가 올바른 관계망을 갖진 않는다". 이 격언은 패거리 문화를 연상시키지만 꼭 그렇지는 않다. 사회자본의 불평등한 배분은 완전히 다른 곳에서 시작되기 때문이다.

누가 인생 도박에서 잭팟을 터트릴지는 태어날 때부터 거의 결정된다.

경제자본과 문화자본이 많은 가정에서 태어난 아기는 고상한 출신 아비투스를 같이 얻을 확률이 높다. 아기는 태어나자마자 상류층의 언어, 사고, 행동을 흡수한다. 이후의 삶에서도 마찬가지다. 부모가 부자 동네에 사는가? 그렇다면 당신은 틀림없이 상급학교 진학률이 높은 초등학교에 입학한다. 처음 사귄 친구가 부모 손에 이끌려 정기적으로 미술관에 가는가? 그러면 당신도 전에 없던 관심이 덩달아 생긴다. 엄마의 친구가 중견기업 사장인가? 그곳에 입사하면 당신은 처음부터 유리한 업무를 맡는다.

사회적 관계는 문화, 재정, 사회적으로 우리를 앞서게 한다. 출신은 내장된 프로그램이다. 하지만 우리는 그것을 뛰어넘어 자신의 힘으로 사회자본을 축적한다. 출신을 뛰어넘어 좋은 인생을 뒷받침할 관계망을 직접 구축할 가능성이 그 어느 때보다 높아졌다.

타고난 출신을 받아들일 것

◇◇◇◇◇

스위스의 시계 제조사 파텍 필립(Patek Philippe)은 20년 넘게 다음의 슬로건으로 광고한다. "파텍 필립 시계의 주인은 한 사람이 아닙니다. 한평생을 차고도 다음 세대가 계속 간직합니다." 이런 슬로건은 고객의 마음을 정확히 건드린다. 부유한 사람들은 자신의 가문을 왕조처럼 생각한다. 그들의 가장 중요한 인생 목표 중 하나는 상속 재산을 보존하고 증식할 후계자를 낳는 것이다.

상속 자격을 인정받은 후손은 막대한 혜택 속에서 삶을 시작한다. 후계자는 성공하려면 성과를 보여야 한다. 그들은 최고의 교육과 책임감을 바탕으로 경쟁자보다 맡은 일을 더 잘한다. 성공에 익숙한 부모의 그늘에서 벗어나고 싶은 강박도 생긴다. 동시에 부모의 이름, 경제력, 인맥 같은 거대한 자본에 의존한다. 평범한 사람들이 고되게 일하고 경쟁에서 살아남아 마침내 중간쯤에 머무는 반면 상류층에서는 가족이라는 동맹군이 번개처럼 빠르고 빛나는 경력 쌓기를 가능하게 한다.

부유층 자녀들에게는 이 모든 것이 너무 당연해서 말할 필요조차 없다.

결국 그들은 모든 일에서 두각을 나타내며 최소한 형편없진 않다. 그래서 부유한 가정의 아들딸들은 스스로 실력자라고 느끼고 호텔 상속녀 패리스 힐튼(Paris Hilton)처럼 자신의 성공을 '자수성가'로 표현하며 출신 배경에서 무엇을 얻었는지 거의 인식하지 못한다.[1] 반면 빈곤층 자녀들은 자기들에게 무엇이 없는지를 어려서부터 아프게 깨닫는다.

오스트리아의 작가인 비앙카 얀코브스카(Bianca Jankovska)는 계급 상승자의 어려움을 잘 안다. 그녀는 독일 온라인 잡지 《체닷테테》에서 '부자 아이들'에게 일침을 가했다. "부모가 갤러리 주인, 의사, 대학 교수가 아니라 옷가게 직원이라는 게 무엇을 의미하는지 너희들은 아니? 부모가 대학 공부의 중요성을 몰라서 너희의 대학 입학을 마음으로 지지하지 않으면? 부모가 중산층의 사회적 관습을 몰라 자식이 부모의 아비투스를 창피해하는 게 어떤 건지 알기나 하니? 가족 중 처음으로 대학을 다니는 사람으로서, 부모의 무식한 질문에 어떤 표정을 지어야 할지 모를 때 어떤 기분일 것 같니?"[2]

이것이 빈곤층 자녀의 운명이다. 만약 가족 중 처음으로 대학에 다닌다면, 모범 없이 무언가가 되기 위해 대학 시절 내내 자신과 싸워야만 한다. 또한 출신 아비투스에서 스스로 벗어나야 한다. 부모가 대학 공부의 필요성을 모르기 때문에 순풍을 받지 못하는 정도가 아니라 되레 역풍과 자주 싸워야 한다. 이를테면 부모와 친척들이 위로 오르려는 그들의 노력을 항상 격려하며 동행하지 않는다. 자식이 갑자기 몸에 밴 습관을 싫어하고, 이해할 수 없는 주제에 관심을 두고, 다른 언어를 말하고, '저기 위'에서 알게 된 견해를 지지하며 부모의 눈에 거만해 보이는 배우자를 선택하기 때문이다.

갈등과 소외감이 퍼진다. 부모는 두려움이 생기고, 성공한 자녀는 부모보다 자신이 더 우월하다고 생각한다. 그러므로 가족 최초의 대졸자는 가족과의 관계에서 스스로 그림자가 된다. 그들은 자신의 의견을 입 밖에 내지 않고 외국어를 쓰지 않고 내키지 않는

가족 예식이라도 군말 없이 참여한다. 점점 짧아지는 방문에서 가능한 한 불쾌감을 유발하지 않는 것이 중요해진다. 반면 그들은 가족의 자랑이고 모든 문제의 해결책을 알고, 영향력을 가졌으며 급할 때는 약간의 돈도 가정에 보탤 수 있다. 이런 대안을 생각하면 기분이 조금 나아지지만 역시 좋지는 않다. 어느 쪽이든 괴롭긴 마찬가지다. 그들은 더는 출신 계급에 속하지 않고 더 높은 계급에도 아직 완전히 속하지 못한다.

> 영국 작가 사라 본(Sarah Vaughan)의 심리 스릴러 소설 『스캔들의 해부학(Anatomy of a Scandal)』의 주인공은 런던에서 일하는 왕실 고문변호사 케이트다. 케이트는 옥스퍼드대학을 졸업하고 몇 년째 최고의 경력을 쌓고 있지만 자수성가한 계급 상승자로서 어떤 기분이 드는지 털어놓는다. "법관이 된 지 19년이 지난 지금도 나의 가발은 여전히 새것이다. 부모로부터 유서 깊은 가발이나 변호사직을 물려받지 못했기 때문이다. 나는 전통, 품격, 연륜을 보여주는 가발을 갖고 싶다."[3]

하지만 모두가 출신 아비투스를 뛰어넘을 수 있다. 성공을 드러내는 외형, 고급 취향, 관계에 적응할 수 있다. 가족의 눈에 허황되어 보이는 목표를 추구하고 직업적으로 최고의 자리에 오를 수 있다. 그러나 한 가지만은 할 수 없다. 그들은 상류층 가정에서 태어난 또래와 똑같은 사회자본을 가질 수 없다. 그들이 정복한 세계는 그들의 가족에게 완전히 열리지 않을 것이다. 가족이 아무리 자부심을 느끼고 사랑해도 안 된다. 축하 파티나 시상식에서도 옛날 지인들과 새로 사귄 지인들이 서로 겉돌 것이다. 계급 상승자라는 낙인은 결코 완전히 지워지지 않는다. 노동자 가정에서 자란 프랑스 철학자 디디에 에리봉(Didier Eribon)이 그것을 아프게 고백했다. "자신의 성공을 드러내는 건 즐겁고 보람 있는 일이다. 그러나 과거를 보여주는 건 그렇지 않다."⁴

사회관계는 회전교차로와 같다. 먼저 진입해서 회전 중인 차가 우선이다.

이것을 원망할 수 있다. 혹은 있는 그대로 받아들이고 거기서 최선을 다할 수도 있다. 사회적 지위가 높은 가정에서도 반짝인다고 모두 황금인 건 아니다. 바그너 왕조 이야기처럼 파벌 간에 서로 베고 찌르며 자기 자리를 쟁취해야 하는 일은 결코 식은 죽 먹기가 아니다. 양쪽 세계의 중간에 있는 계급 상승자는 그들과 비교하면 이점이 하나 있다. 적어도 출신 가정에서 실력과 광채를 겨루지 않고 안락하게 지낼 수 있다.

독일의 엔지니어링 회사 지멘스(Siemens)의 최고경영자 조 케저는 1년에 300일은 뮌헨, 런던, 상하이를 오간다. 그러나 이런 '제트족' 생활 틈틈이 바이에른 남동부 진도르프에 간다. 고향 집이 있고 형제가 농사를 짓고 있는 곳으로. 그는 단골 식당에서 동네 사람들과 전통 카드놀이를 하고, 연극을 관람하고, 소방관 유니폼을 입고 퍼레이드 축제에 참여한다. "사회 계층의 모든 스펙트럼을 아는 것은 큰 도움이 됩니다. 지도자로서 진정으로 사람들에게 도달하려면, 먼저 그들을 이해해야 합니다."[5]

계급 상승자 모두가 조 케저처럼 다양한 사회 계층 안에서 자유롭게 활동하는 건 아니다. 부르디외조차도 서로 존중보다는 경멸하는 두 세계 사이를 오가며 괴로워했다. 그는 이런 갈등에서 형성된 아비투스를 '분열된 아비투스'라고 불렀다. 그의 어휘 선택에서 감지되듯 부르디외는 불일치, 불안, 경멸을 거의 경험하지 않는 상류층의 자주적 아비투스를 더 높이 평가했다. 하지만 그는 단순한 상승 역시 특별한 방식으로 인격을 강화한다고 확신했다. "역사가 보여주듯 사회적 공간에서 자유롭게 표류하는 사람들이 주로 혁신과 자유를 이끈다."[6]

계급 상승자는 인정과 재확인이라는 온실 속에 살지 않기 때문에 다양성의 시대가 특별히 요구하는 역량, 즉 다양한 방향으로 생각하고 파괴를 생산적으로 바꾸고 대립물을 하나로 통합하는 능력을 개발한다.

주변 사람이 당신을 완성한다

◇◇◇◇◇◇

가족 못지않게 아비투스에 영향을 미치는 사람들이 있다. 바로 우리를 둘러싼 주변 사람들이다. 대모 혹은 대부, 친절하지 않아도 모두에게 사랑받았던 1학년 때 짝꿍, 존경하는 선생님, 소설 속 주인공들, 프랑스 교환학생 때 격식이 무엇인지 알려주었던 호스트 가족, 매주 뮤지컬을 함께 봤던 대학 시절 애인, 셰어하우스의 하우스메이트들, 배우자, 시댁이나 처가, 이웃, 아이 학교의 다른 학부모들, 다양한 요구를 가진 고객들 등등. 모두가 우리의 아비투스에 흔적을 남긴다. 비록 우리가 그들의 영향을 받아 곧장 새로운 사람이 되지는 않지만 어떤 사회 계층에서 무엇이 바람직한 것으로 통하고 대화 주제가 되는지 혹은 무엇이 사회적 명성을 얻는지 더 잘 이해하게 된다.

그러므로 아비투스를 원하는 방향으로 조종하려면 올바른 모범에 둘러싸이기만 하면 된다.

결국 낯선 생활 공간의 게임 규칙을 내면화하는 가장 빠르고 가장 자연스러운 방법은 목표가 되는 환경에 푹 잠기는 것이다. 다만 문제는 상류층만이 자신의 생활양식을 진정한 것으로 여기는 게 아니라는 점이다. 다른 모든 계급에서도 자기네 어린양들을 한 곳에 모아두려 애쓴다. 그러므로 같은 계급의 누군가가 더 높은 계급으로 올라가려 할 때 박수갈채를 보내지 않는 것은 정상이다. 누군가 평범한 나들이 대신 전시회 관람을 제안하고 랄프로렌 셔츠를 입은 오만한 젊은이와 사귀거나 비범한 프로젝트를 추진하는 꿈을 꾸면, 대부분의 주변인은 그런 새로움을 반기지 않을 것이다. 너답지 않아! 그래 봐야 아무 소용 없어! 너랑 안 어울려! 대략 이런 얘기를 듣는다. 그러고 나서 가장 나쁜 말이 더해진다. 우리만으로는 부족한 거니?

심리학에선 이런 태도를 '크랩 멘털리티 효과'라고 부른다. 어부들이 잡은 게를 산 채로 그냥 바구니에 던져 넣는 것에서 유래한 용어다. 게들은 사실 바구니에서 쉽게 기어올라 탈출할 수 있다. 높이 기어오른 동료를 다른 게들이 다시 아래로 끌어내리지만 않는다면 말이다. 이런 게들의 행동을 생각한다면 익숙한 환경에 대한 미련을 버릴 수 있다. 그리고 자신이 몸담고 싶은 곳에 이미 도달한 사람들과 접촉해 사회 문화적 환경을 확장하기 더 쉬워진다. 닮고 싶은 사람과 알고만 지내더라도 그들이 당신에게 새로운 세계를 열어주고 모범적인 행동 방식을 전수한다.

2008년에 최연소 포뮬러원 월드 챔피언 타이틀을 차지한 루이스 해밀턴이 그 예다. 어린 시절 그의 영웅은 브라질의 전설적인 카레이서 아이르통 세나였다. "나는 그와 똑같이 포뮬러원 레이서가 되고 싶었습니다. 또한 그와 똑같이 세계 챔피언이 되고 싶었죠. 그리고 세계 챔피언이 된 후로는 내가 얼마나 더 높이 올라갈 수 있는지 보고 싶었습니다."[7]

대부, 스포츠 영웅, 드라마 주인공. 다양한 롤모델이 우리가 무엇을 할 수 있고 받아들일 수 있는지 생각하게 한다. 사회심리학자 미셸 반 델른(Michelle van Dellen)과 릭 호일(Rick Hoyle)이 이 효과를 추적했다. 연구 결과에 따르면 사람은 피트니스센터 혹은 조깅 구간에서 열심히 운동하는 사람을 보는 것만으로도 야심이 높아진다.[8] 또한 팀장이 발걸음을 세면 팀원들도 곧 따라 한다. 5세 조카가 첼로를 배우기 시작하면 어린아이는 멜로디언이나 배우면 된다던 견해를 버리게 된다. 사업 파트너나 정치 동료가 요트나 고급 주택을 누리는 지위에 오르면 원래 미심쩍었던 그들의 습관들조차 달리 보이기 시작한다.

이렇듯 주변 사람들이 우리의 아비투스에 영향을 미친다. 우리는 특별히 애를 쓰지 않아도 된다. 아비투스는 전염되기 때문이다. 다른 사람들이 어떻게 삶을 대하고, 어떤 옷을 입고, 무엇으로 집을 꾸미고, 무엇을 바람직하고 아름답고 합법적이라고 여기는지 저절로 알게 된다. 우리가 그들의 태도를 철저히 거부하지만 않으면 우리는 곧 그것에 감염된다. 우리는 어린아이처럼 모범을 보고 조금씩 배워간다.

우리는 모방을 통해 우리의 롤모델과 조금씩 닮아간다.

주변의 행동을 몸으로 흉내 내지 않고 뇌에 등록만 해도 이런 행동을 담당하는 뉴런이 활성화된다. 자연은 이런 모방을 통해 사회적 응집력을 보장한다. 사람들은 아비투스가 비슷할수록 서로에게 감정이입을 더 많이 한다. 또한 서로 이해하며 더 잘 지낸다. 사회적 지위가 높은 사람에게 접근하여 의식적으로 모방한다고 해서 이 과정이 더 빨리 진행되는 건 아니다. 오히려 반대일 수 있다. 노골적인 지위 상징이나 과한 표현 방식 같은, 이른바 과잉 적응은 금방 들통나게 된다. 그러므로 영감을 주는 환경에 머물면서 그곳의 일반적인 관습과 의견을 가치판단 없이 흡수하는 것이면 충분하다.

무리에 자연스럽게 소속되는 기술

◇◇◇◇◇

위로 올라가는 길은 모두에게 열려 있다. 오랜 안간힘, 교육, 피나는 노력이 필요할 수도 있겠지만 여하튼 높은 곳에 오를 수 있다. 언젠가 경쟁자가 떨어져 나가고 마침내 교수 혹은 최고경영자가 되고, 직접 창립한 기업이 독보적 성공을 거둔다. 정확히 이 순간에 새로운 장애물이 계급 상승자에게 등장한다. 위에서의 삶이 생각했던 것보다 더 불편하다는 사실을 알게 된다. 전문성에서는 그의 앞을 가로막을 것이 없다. 그러나 사회적으로는 아비투스가 다른 새로운 국면에 진입한다. 인정하고 싶지 않겠지만 새로운 환경이 불안감을 준다. 원래부터 그곳에 있었던 사람들이 자기들끼리만 어울리는 것 같다. 이런 인상이 오해일까 아니면 제대로 감지한 걸까?

위로 오르려 애쓴 것이 결국 그곳의 밑바닥부터 시작하기 위해서였을까?

적당히 반응한다는 건 그렇게 간단한 일이 아니다. 마음이 여린 사람은 불쾌한 감정에 직면하면 새로운 환경에 적응하기를 꺼린다. 하지만 의지가 강한 사람은 물러날 생각은커녕 한 발 더 나간다. 예를 들어 독일 드라마 「키르 로열(Kir Royal)」에서 헬무트 디틀스(Helmut Dietls)가 연기한 하펜로허 총재는 이렇게 말한다. "당신은 내 돈을 이길 수 없어." 당연히 뒤로 물러나는 태도와 위압적인 태도 모두 무리에 소속되는 데 도움이 안 된다. 본인 스스로는 인정을 받아 마땅하다고 생각하더라도 부유함과 전문성만으로는 새로운 환경에서 인정받기 어렵다.

최고의 성과에도 불구하고 낮은 계급으로 무시당하는 기분은 만연한 감정이다. 모차르트 역시 이런 감정에 괴로워했다. 그는 빈 왕궁에서 음악적 성공을 누렸고, 황제의 호의를 받았으며, 스스로 스타라고 생각하고 행동했다. 그럼에도 정식으로 왕실 작곡가 지위에 오르는 것은 실패했다. 프리랜서 예술가로서는 잘 살았지만 삶은 녹록지 않았다. 성과와 수용 사이의 불일치는 모차르트의 아비투스에도 있었다. 모차르트는 빈 상류사회의 행동 규칙을 따르지 않았고 단순하고 경쾌한 카니발 춤곡을 제출할 생각도 없었다. 그 결과 딜레마를 경험했다. 궁정 상류사회에서 확실히 우월하다고 느꼈지만 다른 한편으로는 인정은 물론이고 수용과 우대를 갈망했다.[9]

신참으로 새로운 곳에 가면 폐쇄적인 규칙부터 맞닥뜨린다. 최고의 자리는 이미 선점되었고, 능력이 훌륭하다 해도 처음에는 자신을 입증해야 한다. 18세기에도, 오늘날에도 그렇다.

프랑스 작가 벨지니 데스펀트(Virginie Despentes)는 아카데미 공쿠르 회원으로서 프랑스에서 가장 중요한 문학상 수상자를 선정한다. 그럼에도 자신을 파리 부르주아의 대표적 인물로 여기지 않는다. "파리 부르주아에는 오직 그렇게 태어난 사람만 속할 수 있어요. 나는 그곳에서 영원히 이방인으로 머물 겁니다." 왜 그럴까? "나는 책으로 성공했고, 흥미롭고 매력적인 사람이죠. 하지만 '원래'의 나는 우체국 직원 부부의 딸이에요."[10]

이미 그곳에 속한 사람들이 규칙을 정한다. 그들은 우월한 격식으로 기득권 지위를 지속하려 한다. 최정상으로 도약할 때만 이런 건 아니다. 수직으로든 수평으로든 이런 선 긋기는 모든 계급에서 등장한다. 재혼으로 두 가족이 패치워크 가족으로 합쳐질 때 무슨 일이 발생하는지 생각해보면 이해할 수 있다. 재산, 교육, 사회적 지위는 비슷하다고 가정해보자. 다만 남자는 디젤차를 고집하고 매일 스테이크를 먹고자 하는데, 여자는 자전거로 아이들을 유치원에 데려다주고 채식을 선호한다. 두 사람이 각자 자신의 고유한 취향을 최대로 누릴 수 있을까? 이처럼 자신의 아비투스를 지키는 데 사회적 계급은 중요하지 않다.

최고로 선망받는 생활 양식을 찾기 위한 밀고 당기기가 모든 곳에서 벌어진다. 대학원은 어디서 다니셨습니까? 아이가 벌써 혼자 앉을 수 있습니까? 최근에 엘브필하모니 연주를 들을 기회가 있었습니까? 이른바 간을 보는 질문들이다. 이런 우회적 질문으로 상대방이 어떤 사람인지 파악하고자 한다. 이를테면 신참의 역량, 인맥, 졸업장이 과연 우리의 이웃, 회사, 학부모 모임, 후원회에 도움이 될까? 신참이 우리의 게임 규칙을 이해하고 수용할까? 그리고 혹여 우리의 고유한 위상을 위협하지 않을까?

산소가 충분치 않은 꼭대기에서는 이런 입장 심사가 다른 곳보다 더 엄격하게 이루어진다. 그 이유는 아주 많다. 첫째, 최정상 리그에는 돈과 권력이 아주 많다. 특권을 누릴 자격이 없는 사람에게 이것을 빼앗길까 두려워한다. 그래서 문을 열기 전에 상대방이 누구인지 확실히 심사하고 싶어 한다. 둘째, 부자들은 넓은 공간에 더 익숙해 거리를 많이 두는 것에도 익숙하다. 더 넓은 집에서 살고, 특실에 입원하고, 스위트룸을 예약한다. 이런 삶 덕에 의도치 않게 거리가 생기고, 덜 부유한 사람들은 부자들이 그들을 멀리한다고 느낀다. 셋째, 친절과 환대는 프리랜서, 중간관리자, 전문가 계급에서는 성공의 전제 조건이지만 최정상 리그에서는 아니다. 상류층으로 올라온 계급 상승자는 친절과 환대가 몸에 배어 상류층 부자들의 소극적 태도를 예기치 못한 거부로 느낀다. 대부분의 특별한 태도는 그냥 다른 문화적 각인의 결과다.

신참이 이 모든 걸 이해하는 데는 시간이 걸린다. 그리고 자신의 아비투스를 그들과 맞추는 데는 더 오랜 시간이 걸린다. 그때까지 그들은 모차르트처럼 지낼 수밖에 없다. 그들은 새로운 환경에서도 전문성과 사회적 역량 면에서는 쉽게 편안해진다. 그러나 인정과 수용이 아니라 배제와 무시를 경험한다. 이때 두려워하거나 화를 내선 절대 안 된다. 이것이 가장 중요한 원칙이다. 인류학적으로 접근하는 것이 가장 좋다. 연구하는 자세로, 열린 마음으로, 지적으로. 당신은 이제 막 지도 위에 흰 반점을 찍었다. 당신의 아비투스로 그곳에 머무는 것은 마치 학교에서 배운 프랑스어를 활용해 파리에서 사는 것과 같다. 힘들다. 쉽지 않다. 불안하다. 그것이 정상이다. 하지만 다행히 최정상 집단에 입장하는 확실한 방법이 있다.

그들의 수준에 맞는 품위 있는 회원임을 입증하라.

구체적으로 말하면 여유를 가지고 관례에 적응하라. 행동 방식을 관찰하라. 예를 들어 무엇이 일반적인가? 아침 인사는 어떻게 하는가? "좋은 아침!" "안녕하세요." "안녕하십니까?" 스몰토크는 얼마나 길게 나누나? 식사 전에 맛있게 먹으라는 인사를 하는가, 안 하는가? 대화 주제는 주로 무엇인가? 어떤 옷을 입나? 당신의 가치관에 반하지 않는 한 관례를 따르라. 기존 구성원이 딴지를 걸면 너그럽게 이해하고 넘겨라. 앞에 나서지 말고 꼬치꼬치 캐묻지 말고 성공과 영향력 혹은 지식과 돈을 과시하지 마라. 어느 정도 시간이 흘렀으면 그곳에서 의미 있는 임무를 맡되, 과하게 열심히 하지 말고 적절히 우아하고 편하게 하라. 우수한 실력을 발휘하라. 올바른 언어를 써라. 인내심을 키워라. 그리고 다른 사람의 지위를 존중하라. 최정상 리그에서는 다른 사람을 제거하는 것이 더는 중요하지 않다. 그들과 완벽하게 비슷해지는 것이 중요하다.

스타 셰프 안톤 슈마우스는 2017년에 독일 국가대표팀 요리사가 되었다. 슈마우스는 A급 유명인을 많이 알았지만 "갑자기 사람들의 관심을 받고 TV에서만 보던 사람들과 한자리에 있는 것이 어색하고 이상했다." 그는 어떻게 했을까? 그는 새로운 환경에 자신을 맞췄다. "기본 구조가 잡힌 지 족히 10년이나 된 팀에 자신이 맞느냐 아니냐는 요리만큼이나 중요합니다. 팀에 새로 들어가면 먼저 신입이 무엇을 어떻게 하는지 면밀하게 관찰됩니다. 신입이 어떤 사람인지는 아주 사소한 질문에서 드러납니다." 예를 들면 "시간을 잘 지키는가? 만약 19시 10분이 출발 시각이라면, 19시 11분이 아니라 19시 10분에 출발해야 합니다. 사람들은 그런 단순한 것에서 많은 것을 알아냅니다".[11]

스스로를 엘리트라고 느끼는 집단일수록 적응을 중시하고 집단의 규칙에 순응하지 않는 자세를 더 엄하게 배제한다. 그러므로 초기에 학부모 모임에서 영양 규칙을, 혹은 남성 모임에서 가벼운 음담패설을 비판하는 행동은 자책골이나 마찬가지일 것이다.

무리의 지배적인 양식과 내부 언어를 공유하는 것이 가장 좋고, 적어도 비판을 해서는 안 된다.

무리에 큰 이익을 가져오는 신참은 크게 환영받는다. 새로 취임한 시장이 마을 축제에서 자리만 지키고 있다면 주민들은 그를 홀대할 것이다. 집단의 명성에 공헌하지 못하는 사람은 적어도 음식을 준비하거나 의자라도 정리함으로써 자신의 쓸모를 보여야 한다. 집단에서 확고한 지위를 가진 사람들이 신뢰를 줄 때 비로소 규칙도 느슨해진다. 당신은 집단에 속할 자격이 있고 인정받을 만한 일을 했으며 집단이 요구하는 아비투스를 내면화했으므로 이제부터 규칙을 어기는 것은 잘못이 아니다. 잘못은커녕 오히려 자주성과 개성으로 평가된다.

패거리와 한통속 혹은 동맹과 커뮤니티

◇◇◇◇◇

대다수는 한통속, 일당, 패거리라고 부르고, 극소수만이 네트워크, 동맹, 커뮤니티라고 부른다. 두 경우 모두 지칭하는 것은 하나다. 서로 관계를 맺고 지원하고 곁에 있어주는 사람들. 그러나 어휘 선택에서 드러나듯이 견해 차이가 있다. 한쪽이 비호와 특혜로 보는 것을 다른 쪽은 힘과 영감의 원천으로 여긴다.

물론 서로 번갈아 성공하려고 연합하는 집단이 반드시 국가나 사회에 이익이 되는 건 아니다. 예를 들어 사이좋게 교대로 정상에 오르는 정치인들. 서로의 논문을 인정하고 인용함으로써 모든 관련자의 명성을 높이는 학자들. 적합한 인맥을 가진 사람의 자녀들에게만 제공되는 유망한 인턴십. 신년 행사 뒤풀이에서 은밀히 성사된 거래로 후임자를 지정하는 선거관리 사무소. 그들은 소수의 내부자에게 특혜를 주고 외부자를 배제한다. 패거리에 속하는 사람은 이익을 얻고 입을 다문다. 불이익을 당한 외부자는 입술만 깨물 뿐 아무것도 입증할 수 없다.

상류층보다 중산층이 이런 특혜를 더 견디기 힘들어한다. 중산층은 실력에 의한 성공 신화를 믿기 때문에 공정하고 타당한 규칙을 요구한다. 반면 최정상 리그는 마이너 리그보다 훨씬 더 강하게 관계와 소속으로 자신을 정의한다. 상류층은 다른 모든 계급보다 사생활과 직장 생활이 많이 얽혀 있다. 그렇기 때문에 중요한 자리를 자신이 신뢰하는 사람, 즉 개인적으로 잘 아는 사람에게 주고 싶어 하는 것은 당연하다. 부모와 잘 아는 사람. 정기적으로 같이 파티를 열고, 함께 기부하고, 함께 와인을 마시고, 함께 휴가를 떠나는 사람. 외부자가 보기에는 이런 특혜가 불공정해 보이지만, 내

부자의 눈에는 집단의 자원을 보존하는 아주 합리적인 방법이다. "도대체 누구를 뽑아야 한단 말입니까?" 어느 가족 회사의 이사장이 난감해한다. 이사 후보자 중 절반 이상이 그가 현재 대표로 있는 사교 모임의 회원이라는 것이다. 그래서 후보자 명단을 보면 씁쓸한 뒷맛이 생긴다. 그럼에도 결국 모임 회원 중 한 명이 이사로 선정된다. 안 될 이유가 뭐란 말인가?

도덕적 엄격함은 주로 중상위 중산층의 아비투스다. 중산층을 화나게 하는 일이 상류층에게는 종종 사소한 문제이고 하류층에게는 스스로를 돕는 요령으로 인식된다.

맞다. 네트워크, 이웃의 도움, 네포티즘(족벌주의) 사이의 경계가 모호하다. 그래서 인맥을 배척할 수도 있지만 큰 기회로 받아들일 수도 있다. 모든 사람은 자신의 사회자본을 유용하게 쓸 기회를 가진다. 어떤 사람의 사회자본은 집을 지을 때 도와주고 간식을 챙겨주는 마을 전체다. 어떤 사람의 사회자본은 세계적인 영향력으로 가까운 사람을 돕는 데 주저하지 않는 친구다.

고급스럽고 부드러운 소재에 유행을 타지 않는 디자인. 빅토리아 베컴의 패션은 평범한 사람은 엄두도 못 낼 만큼 비싸지만 아름답다. 그녀의 패션 브랜드 성공은 디자이너 덕분이지만 오로지 디자인 덕분만은 아니다. 빽빽한 친구 목록도 중요한 구실을 한다. 케이트 베킨세일에서 메건 마클에 이르기까지 세계적으로 유명한 여성들이 빅토리아 베컴의 친구다. 모두가 그녀의 옷을 입고 그것을 유명하게 하고 탐낼 만한 옷으로 만든다.

패거리 경제라고 볼 수도 있다. 하지만 가장 멋진 형식의 재확인이라고도 말할 수 있지 않을까? 같은 계급의 친구들은 파장이 일치하며 눈높이도 같다. 다른 사람의 기쁨을 같이 기뻐하고 다른 사람의 성공에서 자신의 욕구를 재확인하는 것보다 더 자연스러운 일이 있을까? 독일 정치학자 툴리마르야 클라이너(Tuuli-Marja Kleiner)가 지적한 것처럼 "같은 생각을 가진 사람과 사회적 관계를 맺는 일은 매우 매력적이다".[12] 이런 식의 친분은 상업적으로 혹은 경력 측면에서도 유익하다. 이를 위해 사람들은 부르디외 이후로 '관계 작업'이라 불리는 것에 아주 많은 투자를 했다. 가치 인정을 경험하기 위해 먼저 남에게 가치 인정을 주었다.

연락처 개수보다 중요한 것

◇◇◇◇◇

출신을 빼고 보면 사회자본은 지식자본과 비슷하게 작용한다. 소속과 끈끈한 연결을 원하는 사람은 그에 합당한 투자를 해야 한다. 사회자본에는 반감기가 있기 때문이다. 관리하지 않으면 사라진다. 누구나 살면서 사적이든 공적이든 누군가와 멀어져 본 경험이 있을 것이다. 다른 사람과 다른 일들이 더 중요해져서 눈과 마음에서 멀어진다. 운이 좋으면 과거에 중단되었던 바로 그 지점에서 이음선 없이 깔끔하게 다시 연결되어 관계를 지속할 때도 있다.

크리스토프. 슈테판. 요르크. 세 사람은 1990년대 초에 한 대기업의 전략기획부에서 혁신을 이끌었다. 그 후 새 직장, 새 도시, 결혼으로 각자의 길을 걸었다. 각종 SNS가 생기기 이전이었다. 세 사람은 최근에 뵈르터제에서 열린 회의에서 우연히 다시 만났다. 셋 모두 머리가 희끗희끗해졌다. 둘은 각자의 직장에서 최정상에 올랐고, 한명은 이혼했고, 한 명은 암에 걸렸으며, 한 명은 파산했다. 휴식 시간에 셋은 연락처를 주고받았다. 그렇게 다시 관계를 맺게 되어 공동 연구 프로젝트를 계획했다. 이제 세 사람에게는 직업적 관계가 가장 중요하진 않다. 친구들이 점점 세상을 떠나는 나이가 되면 인생 여정의 유사성이 사람을 연결한다.

오랫동안 연락이 끊겼다가 다시 만나 이전보다 더 관계가 끈끈해지는 경우는 자주 있다. 그러나 반드시 그런 건 아니다. 사회자본을 보존하고 싶다면 꾸준히 돌봐야 한다. 일류로 통하는 사람들, 영향력이 높은 상류층이 사회자본 관리의 필요성을 더 잘 안다. 그들은 사회적 소속을 만들고 관리하는 데 더 많은 시간을 쓴다. 행사에 참석하고, 생일을 축하하고, 자원봉사에 동참하고, 식사에 초대하고, 신년 행사 등에서 만난다. 정기적으로 같은 일을 하는 것이 중요하다. 수고스러울 것 같은가? 실제로 그렇다.

> "헨리케 엘레(가명)로 사는 것이 얼마나 힘든지 아마 이해하지 못할
> 겁니다." 어느 가족 회사의 후계자가 자정이 한참 지난 때에 생일파
> 티에서 말한다. "언제나 브랜드의 얼굴이어야 하고, 언제나 관심을
> 끌어야 하며, 언제나 여유로워야 합니다."

인맥에 어떤 가치가 있는지를 잘 알기 때문에 그들은 네트워
크의 표면적 형식을 넘어 동맹을 만들고 관계를 돌본다. 그 밑바탕
에는 다음의 경험이 있다.

**사회자본은 부차적으로 발전하지 않는다. 여러 세대에 걸쳐 이미 소속된 사
람조차도 사회자본을 보존하기 위해 늘 새롭게 힘써야 한다.**

인간적으로 서로에게 관심을 두고, 주의를 기울이고, 그것을
통해 인정 욕구를 채운다. 계급 상승자는 완전히 다른 사회화 과정
때문에 이런 주고받기 방식의 아비투스가 오랫동안 발현되지 않는
다. 그리고 이런 아비투스를 더 오랫동안 미심쩍어한다. 그들은 당
연한 듯 시간과 에너지를 전문성, 관리 능력에 투자하고 이것이 성
공을 위한 의미 있고 윤리적인 방법이라고 여긴다. 이것은 옳다.
단, 상공회의소의 강의실이 아니라 낚시터나 와인 시음회에서 비
공식적으로 관계망을 구축할 때만 그렇다.

능력주의에 대한 믿음은 존중할 만하다. 그러나 사람들 사이에서 진정한 동료로 인식되고 싶다면 자산 포트폴리오에 쏟는 만큼 사회자본에도 정성을 쏟아야 한다.

"직업적으로 어려움에 처했다고 가정해봅시다. 제일 먼저 전화를 걸 세 사람을 꼽는다면 어떤 사람이겠습니까?" 블로거 브렛 맥케이(Brett McKay)가 사회자본 확장에 관한 팟캐스트에서 이렇게 물었다. 그리고 잠시 기다렸다가 덧붙였다. "필요한 일이 있을 때만 전화하는 그런 사람이 아니라 매일 통화하는 사람 혹은 친밀도에 따라 적어도 3개월이나 6개월마다 통화했던 사람일 것입니다."[13]

이 조언에서 직접적으로 드러나듯 사람들은 잘 지낼 때 서로 연락한다. 뭔가 필요한 일이 있어서가 아니라 특별한 일 없이 그냥 좋아서 연락한다. 혹은 브렛 맥케이가 표현한 것처럼 "목이 마르기 전, 10년 전에 우물을 파두는 것이 가장 좋다". 다시 말해 필요한 일이 생기기 전에 관계를 돌보는 것이 가장 좋다. SNS를 통해 얻은 연락처는 시작에 불과하다. 그중 대부분은 그저 연결 고리 혹은 사회학자가 말하는 것처럼 '심플렉스 관계'에 그치기 때문이다. 다시 말해 공통의 관심사나 개별적 만남을 통해 심플렉스 관계가 맺어진다. 그러나 훨씬 더 지속가능한 사회자본은 '멀티플렉스 관계'를 만든다. 멀티플렉스 관계는 여러 차원의 사람들을 연결한다. 예를 들어 좋은 주치의를 갖는 것은 매우 중요하다. 그러나 난민을 돕는 자원봉사를 주치의와 함께하면 관계망은 더욱 튼튼하게 엮인다. 게다가 같은 구역에 살면 관계는 더욱 끈끈해진다.

상류층의 특징은 집중적 만남과 폐쇄적 관계망이다. 우선 올바르다고 여기는 범주에 소속되는 것이 당연한 일이기 때문이다. 또한 도시 지도층의 수와 그들이 활동하는 생활 공간은 한눈에 조망이 가능할 정도로 좁다. 그들은 종종 같은 장소에서 만난다. 어떨 때는 대학 개교기념일에 초대된 귀빈으로서 어떨 때는 재활용 센터에서 그리고 다시 주말 장터에서 버섯과 고수를 사다 마주친다. 자주 만나면 친근감이 생긴다. 관심사가 비슷하고 공통점이 많다는 데서 기분이 흐뭇해진다. 상호 인정과 신뢰가 쌓인다. 직장 생활과 사생활이 서로 섞이고 점점 더 끈끈해진다.

연락처의 개수보다 같은 야망과 가치관을 공유하는 커뮤니티의 질이 더 중요하다.

신뢰가 높은 관계는 그저 한번 인사를 나누고 같은 테이블을 썼다는 이유만으로 생겨나지 않는다. 밖으로 나가 사람들을 만나고, 이름을 기억하고, 스몰토크에 동참하고, 받는 것보다 더 많이 주고, 지원과 정보에 감사를 표하고, 아기의 탄생을 축하하고, 회사 창립이나 수상 혹은 새 직장을 축하하고, 커피 약속을 잡고, 개 이름을 기억하고, 활동에 동참하고, 연락처와 관심사를 교환하고, 계속해서 자신을 홍보하고, 초대에 응하거나 최고의 애석함으로 초대를 거절해야 한다.

리처드 리드(Richard Reed)는 20년 전에 대학 친구 두 명과 전 세계적으로 유명한 스무디 회사인 인노센트 드링크스(Innocent Drinks)를 창립했다. 그리고 『딱 하나만 말할 수 있다면(If I could tell you just one thing)』이라는 책을 썼다. 그는 책 제목에 이렇게 답한다. "늘 도움이 되어라. 친구 집에서 저녁을 먹었으면 설거지를 도와라. 파티에서 구석에 우울하게 서 있는 사람과 얘기를 나눠라. 지역 시민단체 활동에 참여하라. 긍정적인 일이라면 함께하고 공헌하라."[14]

노력하되 무언가를 돌려받게 되리란 기대를 버려라. 터무니없는 소리처럼 들리는가? 얻을 게 없는데 도대체 왜 스트레스를 감수해야 할까? 간략히 말하면 행운의 우연이 당신을 도울 기회를 주기 위해서다. 커뮤니티 구축은 직접적으로 도움이 되기보다는 간접적으로 그 가치가 드러나는 경우가 많다. 결정적인 조언 하나, 흥미로운 질문, 놀라운 통찰 등은 종종 오각형을 그리며 우회적으로 온다. 사람들은 스스로도 깜짝 놀라는 어떤 방식으로 누군가를 발전시킨다. 사회자본에서 마지막에 어떤 열매가 맛있게 익을지 예측하는 것은 불가능하다. 다만 한 가지는 확실하다. 아무것도 하지 않으면 아무것도 안 된다. 무언가를 수확하려면 무언가를 뿌려야 한다.

뒤에서 밀어주는 손, 멘토

◇◇◇◇◇◇

마크 저커버그에게는 스티브 잡스가 있었다. 에마뉘엘 마크롱에게는 프랑수아 올랑드가 있었다. 최고의 경력을 달성한 인물들은 혼자 힘으로 그 자리에 오르지 않았다. 그들에게는 성공을 지원했던 멘토가 있었다. 비록 그들이 이미 높이 오른 뒤에 분야를 대표하는 인물들이 그들을 날개 밑에 품어주긴 했지만, 어떤 사람이 얼마나 우수하든 후원자는 성공에 필요한 추진력을 적시에 제공해준다.

단 한 번 뒤에서 슬쩍 밀어주는 손이 강력한 순풍이 된다. 모든 멘토. 당신이 다가갈 수 없는 사람들에게 기꺼이 당신을 소개해주는 마음 좋은 상사. 잘 해낼 수 있을까 두려워 떨 때도 최고의 전문 역량을 격려해주는 멘토. 불안해할 때 따뜻하게 달래주는 아버지 같은 친구. 육아와 직장 생활을 부러울 만큼 스트레스 없이 조화롭게 해내는 같은 또래의 동료.

멘토란 활력을 주는 사람, 길을 닦아주는 사람, 문을 열어주는 사람, 가능성을 열어주는 사람이다. 영화 「더 이퀄라이저」에서 최후의 멘토를 연기한 배우 덴젤 워싱턴이 멘토란 어떤 자본인지 생각하게 한다. "성공한 인물을 내게 보여주시오. 그러면 그 인물과 그의 삶에 좋은 영향을 미쳤던 사람을 당신에게 보여주겠소. 당신이 어떻게 돈을 벌었는지는 관심 없소. 당신이 돈을 잘 번다면 틀림없이 당신을 응원하고 길을 열어준 누군가가 있었을 것이오."

상류층 자녀들은 유년기부터 후원과 지지를 아끼지 않는 동행자에 둘러싸인다. 동화에 나오는 요정들처럼 친척과 부모의 친구들이 명품 아기 침대에 모든 좋은 선물을 넣어준다. 그들 모두가 훌륭한 최고의 롤모델이다. 한 예로, 테일러 스위프트(Taylor Swift)의 할머니는 오페라 가수였다. 세계에서 가장 성공적인 가수의 첫 번째 특별한 기억은 교회 신자들 앞에서 노래를 부르는 할머니의 모습이었다. 하류층의 자녀들은 모범적인 조언자와 롤모델을 갖는 경우가 훨씬 드물다. 그 차이가 인생에 큰 영향을 미친다.

좋아하는 이모가 슈퍼마켓 계산대에 앉았느냐 아니면 자동차 기업 아우디의 전략팀에 앉았느냐가 어린 조카의 아비투스에 영향을 미친다.

오스트리아 사회학자 요한나 호프바우어(Johanna Hofbauer)가 가족을 통해 갖게 된 관계망의 가치를 연구했다. 상류층의 높은 잠재력은 부모, 형제를 통해 갖게 된 관계망에서 나온다. 가족이 아니었다면 그런 관계망을 구축하기 어려웠을 것이다. 그들은 영향력 있는 유명인들을 이모, 삼촌이라 부르며 가까이 지내고 유명인들의 아비투스를 훈련하고 내면화한다. 다른 모든 관계망보다 가족을 통해 획득한 관계망을 더 중요하게 여길 만큼 그 유용성이 아주 크다.[15]

사회자본이 적은 가정에서 성장한 사람은 길을 열어줄 관계망을 스스로 만들어야 한다. 어떻게 위로 도약할까? 누가 멘토로서 괜찮을까? 괜찮은 멘토를 어떻게 만날까? 대학에서 미리 여러 멘토링 프로그램에 참여해보는 것도 괜찮은 방법이다.[16] 이런 기회를 통해 멘토와 멘티의 협력과 만남이 이루어진다. 더불어 명심하자. 광고에서도 그렇지만 멘토를 찾을 때도 미는 것보다는 당기는 전략이 더 우아한 효과를 낸다. 다시 말해 공격적으로 자신을 홍보하는 대신 끌어당기는 효력을 만들어내라. 학과에서 학생 조교로 일하거나 전시회와 행사 때 자신을 드러내고, 사람들에게 도움을 주고, 감명 깊은 강의를 한 교수나 강사가 있다면 편지나 이메일로 짧게 소감과 감사를 표현해라. 반응에 따라 조언을 요청하거나 만남을 제안하고 혹은 조언에 따른 결과를 알리면서 자연스럽게 만날 수 있다.

그 후 관계가 얼마나 유지될지, 멘토가 당신에게 얼마나 관대할지는 전적으로 멘토에게 맡기는 것이 가장 좋다. 아무것도 요구하지 말고 너무 많이 기대하지 말며 사소한 일로 귀찮게 하지 마라. 멘토의 시간을 존중하면서 자신의 역량을 보이고 담백함으로 설득하라. 그리고 당신이 멘토를 위해 무엇을 할 수 있느냐도 대단히 중요하다. 멘토의 도움과 노력을 존중하고 멘토의 관심사에 공헌하고 멘토를 존경하고 당신이 받는 신뢰의 가치를 입증하라. 멘티가 자신의 멘토를 왕좌에서 밀어내는 것은 약육강식 다윈주의에 불과하다. 은혜에 보답하는 것이 탁월함의 아비투스다.

독일의 스타 바이올리니스트 아네조피 무터(Anne-Sophie Mutter)

는 13세에 베를린 필하모니 지휘자 헤르베르트 폰 카라얀과의 공연을 허락받았다. 카라얀은 그녀를 단번에 세계적 스타로 만들었다. 나중에 무터는 자신이 받았던 지원을 다니엘 밀러-쇼트, 아라벨라 슈타인바허 등의 젊은 예술가들에게 돌려주었다. 또한 카라얀을 늘 기억했고 거의 모든 인터뷰에서 존경을 표현했다. "그는 완벽한 음악가이자 환상적인 심리학자였어요. (…) 거슬리는 소리가 나면 화난 얼굴로 노려보는 그런 지휘자가 절대 아니었죠. 순간의 영감, 절대적인 열정이 가장 중요했어요."[17]

멘토는 인격을 발달시키고 경력을 가속하는 가장 개별적인 가능성이다. 엘리트 대학과 직업적 최고 인맥 역시 멘토 못지않게 최고의 성공에 큰 의미를 가진다. 이유는 명확하다. 유명한 위인의 이름과 연결되는 것은 명성을 높인다. 그러나 BMW가 쉽게 추월차선을 달리고 혹은 하버드대학이 지원자의 약 6퍼센트에게만 입학 허가를 내주는 것에 연합 원칙이 작용한 것도 사실이다. 세계적인 브랜드 기업이나 명성 높은 교육기관의 광채는 거기서 일하거나 공부하는 사람들에게 반사된다. 그들은 역량과 관계없이 채용 및 입학 기준을 충족하는 첫 번째 명단에 적힐 수 있는 사람들이다. 애플, BMW그룹, 막스플랑크연구소, 마이크로소프트, JP모건체이스 같은 최고의 기업에서 일하는 것은 특별한 선망을 받는다. 젊은 층은 여기서 다음과 같은 기본 원칙을 본다.

세계 최고 기업에서 일하는 것은 최고의 졸업장보다 훨씬 높은 명성을 가져다준다.

반면 젊은 전문직 종사자들은 사교 클럽 회원 자격에 그다지 관심이 없다.[18] 고전적인 사교 클럽들은 보수적이고 시간을 많이 써야 하니, 효율성을 지향하는 창의적 엘리트에겐 유용하지 않아 보인다. 유명 사교 클럽은 주로 장노년층 사이에서 더 큰 명성을 누린다. 전 세계 회원들이 클럽 엠블럼을 통해 서로를 알아보고 비회원조차도 그 엠블럼을 안다. 클럽에는 장벽이 있다. 대학생 연합이나 선망받는 직업의 각 협회에는 아무나 가입할 수 없다. 클럽에 가입하려면 기존 회원의 추천이 있어야 하고 최소한의 입회 기준을 만족시켜야 한다. 입회 위원회가 면접을 통해 클럽에서 요구하는 아비투스를 갖췄는지 심사한다. 하지만 클럽에 입회하는 순간 특권층 의식이 생긴다.

사교 클럽의 직업적 유용성은 명확하지 않다. 회원들의 직업과 분야가 다양하기 때문에 경력 관련 결정은 대부분 다른 곳에서 내려진다고들 말한다. 다른 한편으로 최정상 자리를 정복하는 데는 정해진 표준이 없다. 헤드헌터 마티아스 케스틀러의 경험에 따르면 친숙함과 몸에 밴 특유의 분위기에 따라 선발된다.[19] 최정상에 오르기 위한 첫 번째 발판이 되는 유망한 인턴십 선정에서도 인맥이 도움이 된다. 설령 사교 클럽이 직접적으로 이익을 주지 않는다 해도 아무튼 사회자본은 직업적 이익을 확대한다.

경제, 학문, 문화, 정치계의 최고 권위자들과 정기적으로 교류하면 친분을 쌓으며 영감과 인정을 주고받고, 다각적이고 우수한 지식을 얻을 수 있다.

갈망하던 특권층 의식이 성공의 느낌을 강화한다. 사회학자 미하엘 하르트만은 다음과 같이 말했다. "사교 클럽 회원은 자신의 명성을 스스로 쌓았든 상속받았든 상관없이 자신을 엘리트라고 여긴다."[20] 처음에 어색해하던 사람도 조만간 클럽 회원으로서 경험한 것을 아비투스로 드러내며 성공 확신이 생긴다.

영향력을 원하면 눈에 띄어라

◇◇◇◇◇◇

첫인상에는 두 번째 기회가 없다. 옛날에는 그랬다. 꼿꼿이 세운 허리, 힘찬 악수, 크게 뜬 눈, 깨끗한 신발. 이 정도 첫인상이면 상대방이 곧바로 맘에 들어 할 거라 확신할 수 있었다. 지금도 여전히 첫인상은 중요하다. 그러나 이젠 첫인상 전에 구글 검색이 생겼다. 이제는 모두가 호텔을 예약하기 전에 예약 사이트에서 위치, 시설, 가격을 확인한다. 마찬가지로 낯선 사람을 만나기 전에 그에 대한 정보를 알아볼 수 있게 되었다. 5년 전 게시물, 몇몇 기사, 다양한 사진이 몇 초 안에 인상을 만들고 만남을 결정한다.

의견을 가진 모두가 이용하는 인터넷에 큰 기회가 있다. 잘 이용할 줄 알아야 한다. 0번째 인상은 첫 번째 인상보다 통제하기가 훨씬 어렵지만 0번째 인상을 만들지도 않는 것은 좋은 해결책이 아니다. 온라인에 존재하지 않는 것은 무의미한 사람이라는 뜻이기 때문이다.

구글에서 검색되지 않는 사람은 검색자 입장에선 존재하지 않는 사람이다.

1990년대 초에 부르디외는 사회자본을 "사회적 관계망, 상호 인식, 상호 인정에서 동원할 수 있는 자원"으로 정의했다.[21] 당시에는 대부분이 월드와이드웹을 상상할 수 없었다. 그러나 현재 인터넷 사용자의 약 90퍼센트가 소셜미디어 계정을 갖고 있다. 우리는 그곳에서 사회자본을 쌓거나, 반대로 경솔한 언행으로 사회자본을 잃을 수도 있다. 다만 한 가지 다른 점이 있다. 예를 들어 오프라인 강연에서 발표자에게 던진 어처구니없는 질문이나 회의에서 내뱉은 한심한 발언은 비교적 쉽게 잊힌다. 그러나 온라인에서는 아무것도 잊히지 않는다. 예기치 않게 큰 분란을 일으켰던 경솔한 트위터 게시글, 어쩌다 올린 속옷 차림 사진도 잊히지 않는다.

지도 환경에 속하는 사람들은 매우 의식적으로 이 문제를 다룬다. 지누스 연구소가 확인한 바에 따르면 상류층은 온라인 미디어를 선택적이고 효율적으로 다룬다.[22] 디지털 표현에 얼마나 능숙하냐에 상관없이 상류층은 인터넷에 무엇을 공개할지 숙고하고, 자신을 드러내지 않으며, 소셜미디어에서 멀리 떨어져 있다. 불특정 다수에게 널리 알리는 물뿌리개 원리를 따르기보다는 스마트폰의 메신저앱을 통해 개인적으로 아는 사람들과 소통한다. 트렌드 및 미래 연구자 마티아스 호르크스가 말한다. "디지털 코쿠닝(Cocooning)은 새 시대의 지위 태도다. 과거에는 자신의 높은 지위를 드러내고 싶으면 자동차, 비싼 보석, 시계, 와인 등 묵직한 장비를 챙겨야 했다. 한편 오늘날에는 스마트폰 없이 주의력만 챙겨서 모임에 나가야 한다."[23]

사회적 지위가 높을수록 사회적으로 연출된 모습을 보여주며 즉흥적인 충동을 드러내지 않는다.[24] 사회학자 어빙 고프먼은 이런 태도를 다음과 같이 표현했다.

상류층은 그 무엇보다 자신의 영역을 더 보호한다.

예를 들어 그들은 에펠탑 앞에서 찍은 셀피나 아기 사진 대신 차라리 고양이 영상을 올린다. 소셜미디어 이용자가 스스로 '상류층'이 아님을 드러내는 포스팅은 아주 많다. 영국의 《데일리 메일》에 따르면 아보카도 토스트와 스무디 사진, 동기부여 명언, 칭찬과 인정의 리트윗이 거기에 속한다.[25]

그러나 약간의 사생활 폭로 없이는 최정상에 속하기 어렵다. 정치인, 배우 혹은 왕족의 경우 사생활을 살짝 폭로하는 편이 선거 전략 혹은 활동 보고에 도움이 된다면 홍보팀이 같은 내용을 교묘하게 바꿔 보도한다. 감자 수프와 자두 케이크에 대한 남다른 애정, 약간의 자기 조롱, 때때로 음악 목록 공개, 이따금 책 추천, 아주 가

끔 아이들에 대한 재미난 에피소드. 이때 자신을 전문가나 여론 선도자로 연출하는 것이 중요하고 진짜 사생활은 철저히 폐쇄되었음이 드러나지 않도록 노련하게 관리하는 것이 가장 좋다.

버락 오바마와 미셸 오바마는 트위터를 통해, 노련한 방식으로 세상에 좋은 일을 하는 부부처럼 보이게 연출한다. 또한 그들은 자신을 열어 보여줄 때만 소통에 성공한다는 것을 안다. 그래서 그들의 트위터 계정에서는 사생활도 엿볼 수 있다. "아빠, 남편, 대통령, 시민." 버락 오바마는 자신을 이렇게 소개한다.[26] 미셸은 "Happy #ValentinesDay to my one and only, @BarackObama" 같은 내용을 트윗에 올린다.[27] 더 눈에 띄는 것이 있다. 오바마 부부는 다른 사람에게 무대를 만들어주고 그들을 빛나게 한다. 자신과 자신의 업적에 대해 결코 일방적으로 말하지 않는다. 사람들은 이런 친근함을 좋아한다. 1억 1000만 명 이상이 그들의 트위터를 팔로잉한다.

발견되기, 연관되기, 주제 선정하기, 여론에 영향 미치기. 우리도 웹사이트, 블로그, 소셜미디어 등을 통해 사회자본을 전례 없이 넓게 확장할 수 있다. 다만 이때 모든 세계가 우리를 구경할 수 있다는 사실을 늘 의식하고 있어야 한다. 최근까지만 해도 오로지 유명인들만이 이런 눈에 띄는 기쁨과 열정을 가졌었다. 코미디언 플레드 앨런(Fred Allen)의 발언은 오늘날 아주 평범한 사람에게도 적용된다. "유명인이란 유명해지려고 평생 열심히 노력한 다음 정체를 들키지 않으려고 검은 안경을 쓰는 사람이다."

권력, 지위, 가시성: 영향력이 미치는 범위

◇◇◇◇◇◇

도널드 트럼프는 권력을 가졌다. 엘리자베스 여왕은 지위를 누린다. 버락 오바마는 현직에 있을 때 권력과 지위 둘 다 가졌다. 세 사람 모두 현대사에서 가장 눈에 띄는 사람들이다. 이때 그들의 부는 아주 작은 역할만 한다. 세계에 미치는 그들의 영향력이 훨씬 더 중요하다. 지위, 권력, 가시성의 크기가 서로 다르고 단지 조건부로 서로 상쇄될 수 있다. 세 가지 모두를 최고 수준으로 가진 사람이 최고의 사회자본을 가진다.

첫째, 권력. 권력은 다른 사람을 특정 태도나 사고로 이끌 수 있는 능력이다. 어떤 태도를 가졌느냐와 상관없이 권력은 저항하는 사람을 순종시킬 수 있는 수단이 된다. 권력자는 상이나 벌을 내릴 수 있고 고위직 컨설턴트를 해고할 수 있고 징검다리 휴일을 연휴로 바꿀 수 있고 야심에 찬 신입을 누구보다 먼저 최정상에 앉힐 수 있다. 그러나 권력자도 강요할 수 없는 한 가지가 있다. 정직한 순종과 진정한 존경. 특히 옛날 학교의 권력자는 이것을 힘들어했다. 노스캐롤라이나대학의 연구는 다음을 입증했다. 권력자는 가치 인정을 원하는 만큼 받지 못하면 종종 과도하게 공격적으로 반응한다.[28]

제아무리 미국 대통령이라도 대통령 취임식을 라이브로 볼 것을 명령할 수 없다. 도널드 트럼프는 2017년 취임식 때 기대했던 것보다 더 적은 군중이 의사당 앞 광장에 모인 것을 보고 괴로웠을 것이다. 취임식 이후 트럼프 정부와 언론 사이에 해석권 다툼이 있었고 "그건 거짓말입니다"라는 트럼프의 대통령답지 않은 주장에 다툼은 절정에 달했다.

둘째, 지위. 지위 역시 권력과 마찬가지로 우위성을 입증한다. 그러나 권력은 쟁취하고 두드려 얻을 수 있지만 지위는 주변 사람들에 의해 부여된다. 다른 사람들이 한 사람을 존중하고, 신뢰하고, 그 사람의 판결을 믿을 준비가 되었을 때 비로소 지위가 생긴다. 지위를 가진 사람은 존중과 신뢰를 요구할 수 없다. 예를 들어 왕국 비판자들이 여왕 앞에서 조아림과 무릎 꿇기를 거부하더라도 엘리자베스 여왕은 아무것도 할 수 없다. 경영관리 연구에 따르면 높은 지위를 누리는 사람은, 필요하다면 제왕적 통치도 가능한 권력자와는 다른 인격 구조를 보여준다. 특히 그들은 권력자보다 훨씬 더 많이 상대방의 입장이 되어 생각한다.[29]

셋째, 가시성. 가시성이 높은 사람은 기업, 도시, 가족의 좁은 범위를 뛰어넘어 멀리까지 아주 많은 사람에게 도달할 수 있다. 예를 들어 낭만적인 스타일로 50만이 넘는 팔로워에게 사랑을 받는 인플루언서는 높은 가시성을 갖는다. 활동 반경 확장에서 중력 비슷한 힘이 작용한다. 관심도가 특정 수준에 도달하면 점점 더 많은 사람이 관심을 보인다. 눈에 띄는 사람은 점점 더 눈에 띄게 된다.

권력, 지위, 가시성. 사회자본 중에서 가장 효율적인 이 세 가지는 상류층에서 자주 합쳐진다.

공권력과 해석 권한 그리고 넓은 세력 범위를 통해 상류층은 공공의 모든 관심사를 좌지우지한다. 영향력이 약한 계층은 거의 의식하지 못하겠지만 상류층은 이것을 유지하기 위해 수고를 아끼지 않는다. 미국의 사회학자 윌리엄 돔호프(William Domhoff)는 미국의 권력 엘리트를 끈끈하게 연결된 집단으로 규정하고 그들의 규칙과 의식이 엘리트 대학에서 재생된다고 썼는데, 이는 다른 국가에서도 크게 다르지 않다. 서로 잘 아는 사람들이 그룹을 이끌고 이사회, 운영위원회, 대학 연합회에 앉아 있고, 언론으로 여론에 영향을 미치고, 비영리 조직을 대표하고, 같은 사교 클럽에서 만나고, 마음에 담아둔 자선을 위해 기부하고, 후원하고, 봉사한다. 여기서 어떤 연관성이 생기는데 그 원리는 첫눈에 쉽게 해명되지 않는다.

도널드 트럼프와 힐러리 클린턴은 미국 역사상 가장 혹독한 선거전을 치렀다. 사실 두 사람은 공통점이 아주 많다. 두 사람은 같은 원 안에서 움직이고 같은 범주의 대학에 다녔고, 같은 종류의 관계망에서 양분을 얻으며 그들의 딸들은 아주 친한 친구다. 《차이트》 기자인 하이케 부흐터(Heike Buchter)는 이 현상을 다음과 같이 썼다.

"클린턴과 트럼프에게 오하이오의 실직한 철강 노동자와 앨라배마의 패스트푸드점 저임금 노동자는, 방글라데시 섬유공장 노동자만큼이나 멀리 있다. 두 사람은 미국의 평범한 삶과 전혀 무관한 엘리트 출신이다."[30]

똑같은 후보자들이 곳곳에서 만나 정치 기후에 영향을 미치고, 무엇이 중요하고 세련된 것으로 통할지 결정한다. 여기에 돔호프가 덧붙인다. "그들의 비판, 정치적 제안들이 여러 채널, 책, 대중매체 그리고 특히 거대 기업의 홍보부를 통해 대중에게 전달된다."[31]

상류층은 서로를 잘 알고, 지역에 깊이 뿌리를 내렸고, 어쩌면 서로에게 갚아야 할 빚이 한두 개쯤 남았을 것이다. 중산층 그리고 확실히 드물지만 하류층 출신의 신입이 상류층에서 크게 환영받는 경우도 있다. 개방과 갱신이 계급 보존에 유용하기 때문이다. 그러므로 비록 이전에 세무 공무원이었다고 해도 새로 선출된 시장이면 당연히 환영받는다. 올림픽 금메달리스트, 성공한 스타트업 창립자도 마찬가지다.

그러나 상류층의 응집력이 오로지 공감만을 토대로 하진 않는다. 거기에는 '함께 있을 때 더 강력하다'는 계산이 깔려 있다. 그러므로 최정상 리그에 일단 오르면 대부분이 영원히 거기에 머문다. 이런 응집력 아비투스는 권력자뿐 아니라 슈퍼리치에게도 이로울 수 있다. 모든 계층에서 모두가 마음속으로 묻는다. 왜 우리는 경쟁 대신에 더 많이 더 자주 협력하지 않을까? 왜 우리는 최정상 리그에서처럼 친구와 지인들의 친분을 관리하지 않고 피상적인 관계망에 만족할까?

아마도 우리가 다수에 속하기 때문일 것이다. 역량이 비슷한 경쟁자 무리에 뒤처지지 않고, 기회를 포착하고, 자신을 돋보이게 하는 데 몰두하다 보면 인맥을 구축할 힘이 거의 남아 있지 않다. 그래서 흥미진진한 작업에 추천되고 발견될 기회가 줄어든다. 우리는 일상 업무에 빠져 사회적 영향력을 발휘할 가능성을 낮춘다.

권력, 지위, 가시성 트리오는 자신의 관심사를 관철하는 힘을 의미한다.

성공한 상류층은 그런 힘이 강하다. 둘째 줄에 선 열정적인 실력자는 더 강해질 수 있으리라.

위로 도약하려면 관계를 만들어라

◇◇◇◇◇

인간은 원래 관계 안에서 자아를 인정받고 재확인받으려는 속성을 타고났다. 최상층에서는 넓은 인맥이 유용할 뿐 아니라 소속을 표시한다. 그러므로 이른바 상위 0.1퍼센트에서는 장관의 초대가 롤렉스나 레인지 로버보다 훨씬 강한 지위 상징이다. 여기에는 명확한 논리가 있다. 일반적인 사물 지위 상징은 돈만 있으면 누구나 가질 수 있다. 그러나 빛나는 인맥은 마술사의 비둘기처럼 생겨

나는 게 아니다.

1. 교육 수준과 소득 수준이 높을수록 사회적 관계망이 넓고 중요해진다. 상류층의 기업가와 지도층 인사들은 사회적 명성으로 자신을 정의하고 이를 위해 중산층보다 시간과 돈을 더 많이 투자한다. 하류층의 사회적 환경은 더 협소한 경우가 많다. 그 중심에는 가족, 친척, 이웃, 동료 그리고 함께 자란 친구가 있다. 이런 친근한 인맥은 삶의 위험을 없애지만 서로에게 문을 열어주지는 못한다. 감정적 연결이 약한 인맥이 종종 궤도 밖의 분야와 정보에 접근할 기회를 더 많이 제공한다.

2. 여가 시간은 곧 인맥을 넓히는 시간이다. 사업 파트너와 함께 하는 등산이나 파티는 비공식적 연결을 강화한다. 그래서 상류층은 관계를 돌보는 데 시간, 재정, 정신적 수고를 아끼지 않는다. 라이너 치텔만이 인터뷰했던 슈퍼리치 중 한 명은 이렇게 말했다. "아는 사람이 한 명도 없는 젊은 당신은 이 행사에서 300명과 함께 있고, 거기서 두 명을 사귑니다. 그리고 5년 뒤에 50명을 사귑니다. 언젠가 관계망이 형성되면 당신은 더는 아무것도 하지 않아도 됩니다. 사람들이 알아서 당신에게 연락할 겁니다."[32] 관계망은 저절로 생기지 않는다. 원한다면 직접 확인해보라. 관계망은 잦은 접촉, 가치 인정, 공동의 경험을 토대로 생긴다. 우선 파티에서 명함을 주고받는 것이 첫 단계다.

3. 견고한 집단이 모두 그렇듯이 권력 핵심층은 신입을 받아들이기

위해 발 벗고 나서지 않는다. 당신이 집단의 명성을 높이는 데 공헌한다면 더 빨리 차이를 극복할 수 있다. 시간을 투자하거나 특별한 능력을 발휘하는 사람 역시 금세 중요한 역할을 맡는다. 스스로 엘리트라고 여기는 집단일수록 특히 그렇다.

4. 최정상 리그는 애쓰는 사람을 좋아하지 않는다. 과도하게 많이, 과도하게 정확히 일하는 데서 계급 상승자 티가 난다. 심지어 영국의 미래 왕비도 이 문제와 싸운다. 부유하지만 평범한 가정 출신인 케이트 미들턴(Kate Middleton)은 윌리엄 왕자와 결혼한 이후로 고상한 여왕의 영어를 구사하기 위해 계속해서 노력한다. 반면 왕실에서 태어난 왕족은 런던 고소득자의 캐주얼한 남동부 지역 영어를 선호한다. 그러므로 명심하자. 과도한 열성을 보이지 말고 엘리트보다 더 엘리트처럼 되려고 애쓰지 마라.

5. 특히 신입은 더 열심히 노력하는 경향이 있다. 그러나 기존 구성원들은 과잉 적응이 아니라 담백함을 기대한다. 새로 진입한 후 애쓰지 않는 여유로운 사람으로 자신을 증명하는 것이 좋다. 처음 초대된 손님에게 VIP 라운지에서 아이스하키 경기 규칙을 설명하고 싶은 사람은 아무도 없다. 그리고 새로운 얼굴이 아몬드 우유와 스테비아를 넣은 카푸치노를 주문한다면 곱지 않은 시선을 받게 된다. 그러므로 초기에는 정해진 내부 격식을 주의 깊게 살펴야 한다. 상황을 좋게 받아들여라. 누군가 당신을 소개하고 대화에 동참시켜 주기를 기대하지 마라. 새로운 환경에 자신을 맞춰라. 단 과도하게 열정적이지 않게, 과도한 기대 없이!

6. 최정상 리그에서 소셜미디어는 단지 수단에 불과하다. 진짜 중대한 만남은 사교 모임 혹은 비공식적인 진솔한 대화를 통해 이루어진다. 최정상 리그에서는 더는 역량을 보이고 자신을 홍보하지 않아도 되기 때문이다. 단순한 사업 파트너를 넘어 개인적인 친분과 우정을 쌓는 일이 더욱 중요하다.

"의도 없이 담백하게, 이것이 최정상에 오르기 위한 마법의 주문이다"

높은 사람들과 사귀려면 어떻게 해야 할까?
『야망(Ambition)』의 공동 저자인 도로테아 아시히와 도로테 에히터가
최정상 리그에 진입하는 방법을 알려준다.

Q 두 분은 이렇게 말씀하셨죠. "모든 성공한 사람에게는 그를 지원하고 후원하고 돌봐준 사람이 주변에 아주 많았다."

A **아시히** 고독한 천재란 없으니까요. 그저 신화일 뿐이죠. 성공한 사람 주변에는 함께 일하고 생각하는 사람이 아주 많습니다. 그들은 중요한 전문가로부터 전문적, 조직적으로 지원을 받습니다. 성공은 그렇게 이루어집니다. 이 성공을 계속 이어가 최정상 리그에 도달하려면 영향력 있는 사람들로 구성된 수준 높은 커뮤니티를 구축할 능력이 있어야 합니다. 우리는 그것을 '커뮤니티 역량'이라고 부릅니다.

Q 최고의 성공을 알아보고 인정하는 같은 수준의 사람들이 필요하군요.

A 에히터 혹은 더 성공한 사람들이 필요하죠. 더 큰 성공을 거두고 인정받으려면 다른 사람들이 적극적으로 활동해야 합니다. 업무는 업무에서 끝나지만 사람들은 당신의 편이 되어줍니다. 우수한 성과와 최고의 작품은 성공으로 이끌지 않아요. 절대로. 커뮤니티는 경력 쌓기와 관련된 시스템이죠. 이런 공명의 공간에서 성과가 두드러지고 경력을 쌓게 되는 거예요. 다른 사람들을 통해서요. 그것이 성공한 사람들의 사회적 관계에 있는 진짜 잠재력이죠.

Q 최정상 리그에 소속된 기분은 특정 시점부터는 당연한 감정인가요?

A 아시히 어떤 사람들은 이런 감정을 아기 때부터 느낍니다. 그들의 부모는 지도자, 노벨상 수상자들과 친하게 지냅니다. 어떤 경영자는 이런 소속 코드를 읽어내고 거기서 성과가 검증된다는 사실을 압니다. 어떤 경영자는 그런 커뮤니티에 소속되는 것을 목표 달성으로 여깁니다. 야망을 품은 사람에게 커뮤니티는 사회적 고향인 것입니다.

Q 모두가 어릴 때부터 최정상에 있는 사람들과 사귀는 건 아닙니다. 이런 약점을 극복할 수 있을까요?

A 에히터 당연히 극복할 수 있죠. 그 방법은 모두가 알 거예요. 초대하

고 초대에 응하기, 축하하기, 감사 표현하기, 함께 있는 시간을 편하게 여기기, 환대를 만끽하기…. 스스로 최정상 리그에 속했다고 느끼는 게 관건이에요. 이런 확신이 다른 사람에게 전달되면 문이 열립니다.

Q 최정상 리그에 친숙해지고 그 느낌이 전해지도록 하는 것이 중요하군요.

A 아시히 맞습니다. 성공한 사람들과 진정한 관계를 맺는 것을 우선순위 목록에서 가장 위에 둬야 합니다. 정기적으로 감사 카드와 축하 카드를 직접 손으로 쓰고, 스포츠/박물관 관람을 위해 만나고, 사람들을 소개하거나 추천하고, 타인에 대해 늘 긍정적으로 말하고, 의도 없이 담백하게 친절한 관계를 유지해야 합니다. '의도 없이' '담백하게'. 이것이 최정상 리그에 오르는 마법의 주문입니다. 역량 및 성과 입증은 최고경영자가 해야 할 일이 아니고 그것이 기회와 자리를 제공하지도 않습니다. 기회와 자리는 오직 커뮤니티가 제공합니다. 커뮤니티에서 당신은 배우고 위기를 극복하고 성공을 축하하고, 경력이 쌓이고, 개인적인 성장과 몰입과 성취를 경험할 수 있습니다. 여기서만 직업적 성공이 돋보이고, 가치 인정이 반영됩니다. 여기서 자신의 그릇을 인식할 수 있습니다.

Q 위로 도약하려는 소망이 가족의 회의적 반응에 부딪히는 일도 생깁니다. 이를 어떻게 극복할 수 있을까요?

A 에히터 가족은 좋은 마음에서 그러는 거예요. 야망에 찬 당신이 소박한 틀에서 더 안전하기를 바라는 거죠. 그런 마음을 인정하고 감사해야 해요. 예를 들어 70번째 생일에 아름다운 축하 인사를 할 수 있어요. 사랑하는 아버지, 언제나 감사합니다! 혹은 선물로 표현할 수도 있죠. 사랑하는 어머니, 감사의 뜻으로 용돈 3000만 원을 드립니다! 출신 가족의 가치를 인정하는 것은 당신의 정체성과 관련이 있죠. 성공한 사람이 가족과 성공을 나누지 못하는 것은 옳지 않으며, 오히려 수치예요.

Q 두 분은 중간 리그와 최정상 리그의 게임 규칙이 다르다고 하셨습니다.

A 에히터 중간관리자의 경우에는 성과를 통해 영향력, 평판을 얻지만 상류층에서는 최정상 리그에 소속되는 것과 친밀감이 중요하죠. 소속감과 친밀감이 느껴져야 하고 표현되어야 합니다. "나는 여기에 속한다. 나는 풍족하게 가졌고 그래서 큰 것을 줄 수 있다." 이런 메시지를 전달하는 아비투스 혹은 몸에 밴 기운은 최고경영자의 숨은 의제에 속합니다.

아시히 "나는 무언가를 원한다." 이런 메시지가 크게 울려선 안 됩니다. 의도 없는 친절한 봉사. 이것이 최고경영자의 코드입니다. 거기에 속하기 위해서는 감사, 가치 인정, 담백함, 관대함이 필요합니다.

Q 위로 오르다 보면 아비투스가 낯설게 느껴지는 단계에 도달합니다. 이것은 어떻게 극복할 수 있을까요?

A **아시히** 지위와 태도가 바뀌면 감정과 사고도 서서히 바뀝니다. 자신을 새롭게 배치하고 자신의 야망, 능력, 영향력을 업데이트하고 최정상 리그에 있는 사람들과 눈높이를 맞춰야 합니다. 예를 들어 (아직은) 지위가 한참 높은 이사에게 훌륭한 연설에 대한 찬사를 보냄으로써 혹은 함께 마시는 커피, 사무실에서 나누는 악수, 승진 축하 인사, 멕시코 여행에서 준비한 작은 선물 등으로 차근차근 친분을 쌓으면서 말이죠.

Q 그러니까 성과 입증이나 자기 홍보는 일단 접어둬야 하는군요?

A **에히터** 반드시! 성공한 사람들은 자신이 얼마나 관대해 보이고 얼마나 영향력 있어 보이는지에 큰 관심이 없어요. 성과 입증과 자기 홍보는 조급함을 드러내죠. 자신의 야망을 말하는 것이 최정상 리그에 안착했다는 걸 뜻해요. 그리고 다른 사람의 성공에 호기심을 가지고 누가 어떤 위대한 일을 드러내고 싶어 하는지, 또 어떻게 드러내는지에 관심을 둬야 해요. 그것은 신나는 일이죠. 다른 탁월한 사람에 대해 긍정적으로 말하는 것은 즐거운 일이고 최정상 리그에 안착하는 데도 도움이 됩니다.

Q 그럼에도 불구하고 집단에 소속되지 못한 감정이 지배적이면 어쩌죠?

A 아시히 집단은 저절로 구성됩니다. 매일. 신뢰하는 사람들과 공감하는 사람들로요. "나는 이미 여기에 있다. 아무것도 더는 입증하지 않아도 된다. 나는 목적지에 도달했다." 이렇게 생각해야 합니다. 지금의 자리에는 운 좋게 올랐고, 잠시 초대되었을 뿐이며 공식적인 입구가 따로 있으리라 여기는 것이야말로 소속에 대한 가장 큰 오해입니다.

Q 빌헬름 폰 훔볼트는 말합니다. "삶에 가치를 부여하는 것은 언제나 인간관계다."

A 에히터 우리도 역시 그렇게 생각해요. 소속, 다른 사람과의 연결은 필수죠. 오직 성과만 입증하면 될까요? 아니면 다른 사람을 응원하고 감탄하게 하고 지원하고 배우고 축하해야 할까요?

◆

도로테아 아시히Dorothea Assig, 도로테 에히터Dorothee Echter
20년 동안 전 세계에서 최고경영자 컨설팅을 해왔다. 기업의 지속 가능한 경제적 성공을 도우며, 명성 및 영향력에 대한 조언을 해왔다. 두 사람이 2012년에 출간한 『야망』은 베스트셀러가 되었다. 2018년에는 『관리자를 위한 자유(Freiheit für Manager)』를 출간했다.

"무언가를 수확하려면 무언가를 뿌려야 한다."

HABITUS

마치는 글

PSYCHOLOGY
CULTURE
PHYSICAL
KNOWLEDGE
ECONOMY

심리 문화 지식 경제 신체 언어 사회

LANGUAGE
SOCIETY

아비투스를 바꾸는 건
언제 어디서나 가능하다

|| 최정상 ||

1. 객관적
: 다수보다 더 부유하고, 권력이 더 많고, 더 유명한 상태

2. 주관적
: 각자 스스로 최고라고 여기는 위치, 인생 성과, 만족감

이 책을 마무리하는 시기에 독일에서는 다음의 질문이 화제가 되었다. 고소득 백만장자는 중산층에 속하는가? 자수성가한 백만장자 프리드리히 메르츠(Friedrich Merz)는 '그렇다'라고 대답한다. 독일경제연구소는 '아니다'라고 말한다. 독일경제연구소는 상대적 부의 경계를 평균 소득의 2.5배로 규정한다. 즉, 4인 가족의 월 실소득이 약 1200만 원을 넘으면 상류층이고, 그 밑이면 상위 중산층에 속한다.[1] 이 수치는 2014년에 나왔으므로 오늘날에는 이보다 약간 더 높을 것이다. 어쨌든 고소득 백만장자는 당연히 상위 중산층의 최고 소득자보다 훨씬 더 많이 번다. 독일에서 이 가족은 상위 1퍼센트에 속하는 부자다.

　그렇다면 어째서 프리드리히 메르츠는 여러 부자와 슈퍼리치처럼 자신을 중산층이라고 낮춰 보았을까? 일간지《쥐트도이체 차이퉁》이 기가 막힌 답을 주었다. 상류층은 어쩐지 사치스러워 보이고, 빈곤층은 국가보조금을 연상시킨다.[2] 달리 표현하면 누군가 자신을 상류층 혹은 하류층이라고 말하는 순간 전형적인 꼬리표와 편견이 따른다. 메르츠가 자신을 중산층이라고 본 게 완전히 틀린 건 아니다. 사회적 위치는 오로지 경제자본의 크기만으로 결정되지 않고 가치관과 삶의 양식, 그러니까 아비투스로도 결정되기 때문이다. 소수인 상류층의 아비투스와 다수인 중산층의 아비투스는 다르다. 아무도 그 차이를 인정하려 들지 않는다.

중산층과 똑같이 상류층과 빈곤층 역시 자기들이 중간 아비투스를 가졌다고 말한다. 중간 아비투스가 모든 사회 계층에서 이상으로 통한다. '높은 것'과 '낮은 것'의 중간에 있는 것이 가장 좋다. 아리스토텔레스가 이미 그것을 미덕으로 제시했고, 정치인 역시 표를 얻기 위해 기꺼이 그것을 추구한다.[3] 바로 이때 우리는 중요한 관점을 놓친다.

중간 아비투스는 멀리 가지만 모든 곳에 가지는 않는다.

더 높이 오르고자 하는 사람은 도약하기 위한 사고 및 행동 전략이 필요하다. 즉, 현재 자신과 비슷한 수준에서 명성을 얻고 있는 사람과 똑같이 생각하고 행동해서는 안 된다. 익숙한 행동 방식만 고수하는 사람은 제자리에서 유리 천장을 들이받아 자기 자신만 소모한다.

큰 야망은 아비투스의 명확한 변화를 요구한다. 정신, 문화, 지식, 돈, 신체, 언어, 관계. 일곱 가지 자본을 많이 가질수록 큰 야망을 실현하기가 더 쉽다. 새로운 환경에 안착하려면 옛날 코드를 새롭게 인식하고 바꿔야 한다. 그러나 대부분이 자기 세계의 아비투스와 더 높은 세계의 아비투스가 지닌 차이를 거의 의식하지 않는다. 다음의 개념 대조가 그 차이를 명확히 할 것이다.

* 상승 vs 도약
* 성과 추구 vs 성과 우위성
* 분주 vs 여유
* 자기 홍보 vs 자기 확신
* 비격식 vs 격식
* 최고의 선택 vs 맞춤
* 예측 가능성 vs 창조 욕구
* 연결 vs 정박
* 기회 잡기 vs 별 따기

어느 쪽이 당신과 더 관련이 있는지는 당신의 현재 위치에 달렸다. 하류층 출신의 졸업생은 우선 중산층을 목표로 삼을 것이다. 이미 상류층과 관계를 맺는 중간관리자는 점점 더 최정상 리그의 코드에 자신을 맞춘다.

상승 vs 도약. 계급 상승자라는 단어는 낙인을 찍는다. "나는 계급 상승자(Aufsteiger)의 딸이다." 독일 작가 다니엘라 드뢰셔(Daniela Dröscher)가 자신의 사회적 출신에 대해 말한다. "나는 계급 상승자라는 단어를 좋아하지 않는다. '사기꾼(Aufschneider)'이라는 단어를 연상시키기 때문이다."[4] 그러나 자신이 원하는 계급으로 태어나지 못한 사람은 더 높은 계급으로 상승하고자 한다. 어쩌면 도약이 더 나은 단어일까? 아니면 돋보이기? 우아하게, 조용히, 자연스럽게? 아무튼 우리는 새로운 단어를 사용해 계급 상승자라는 단어와 연결된 멸시의 평가들(인맥을 자랑하기 위해 유명인 이름 들먹이기, 조급한 제안, 안간힘 쓰기, 시기)을 단번에 없애기로 하자.

중산층으로 도약할 때	최정상의 문턱에서
전문성과 조직성 그리고 문화 교육에 힘쓴다	자기 분야에서 1등, 최고, 최정상을 차지한다

성과 추구 vs 성과 우위성. 성과는 중산층과 최정상 리그 모두에게 중요하다. 그러나 다르게 표현된다. 중산층은 성과를 내기 위해 애쓰고 일부는 막대한 노력을 각오한다. 성공한 상류층은 자신의 우위성을 확신한다. 상류층은 자산, 명성이 높기 때문에 자신의 성과와 능력을 입증할 필요가 없다. 그것을 당연한 일로 인식한다. 이 지점에서만큼은 자수성가 백만장자와 상속자 백만장자 사이에 큰 차이가 없다.

중산층으로 도약할 때	최정상의 문턱에서
성과를 내고 드러낸다	기준을 세우고 새로운 길로 들어선다

분주 vs 여유. 몸이 사회적 위치를 말해준다. 자신의 위치에서 얼마나 편안하고 소속감을 느끼는지 신체에서 알 수 있다. 안정의 가장 중요한 지표는 목소리와 몸의 이완이다. 중산층은 자신을 입증하고 보존해야 하는 압박을 느끼지만 상류층은 일상의 사소함과 반대에 개의치 않는다. 그들은 다른 사람의 의견에 신경 쓰지 않고 자유롭게 활동한다. 그들의 태도는 표범을 상기시킨다. 심드렁하게, 느긋하게, 우아하게 움직인다. 그러나 재빨리 행동해야 할 일이 생기는 즉시 뛰어오를 준비가 되어 있다.

중산층으로 도약할 때	최정상의 문턱에서
휴식과 이완을 통해 다급함과 초조함, 그리고 과도한 열정에서 벗어난다	평온과 확신의 아우라로 자신과 다른 사람을 감싼다

자기 홍보 vs 자기 확신. 크고 넓은 중산층에서 회색 쥐들은 기회가 없다. 자기 홍보는 성공의 열쇠다. 시장 가치 올리기, 프로젝트 발표하기, 주목받기, 경쟁자 떼어내기. 반대로 상류층에서 보수적 가치관을 가진 사람은 좋은 평판을 중시하고, 고상한 겸손을 보인다. 자기 풍자, 거슬리지 않을 정도의 절제된 표현, 자선, 관대, 그

리고 아주 편안해 보이는 복장. 그 뒤에는 '최정상에서는 선봉에 서서 싸우지 않아도 된다'는 확신이 있다. 최정상 리그에서는 대화하고, 발견되고, 부름을 받는 것이 중요하다.[5]

중산층으로 도약할 때	최정상의 문턱에서
적극적으로 지원하고 자신을 홍보한다	부름 받기, 입증하려 애쓰지 않기. 무엇도 입증할 필요가 없다

비격식 vs 격식. 중산층은 실용성, 기능성을 중심에 둔다. 분별 있는 매너와 직설적이고 명확한 언어, 그리고 의무적으로 양복을 입는다. 그러나 중산층은 불필요한 격식을 싫어한다.

최정상 리그의 생활 양식은 다르다. 상류층은 형식과 고상함으로 자신을 구별 짓는다. 모든 생활 영역에서 차이가 드러난다. 잘 관리된 음식, 외교적 언어, 문화생활, 섬세하게 다듬어진 사교 방식. 모든 면에서 자신감이 자연스레 드러난다. 이것이 중산층에게 불안감을 주거나 거부감을 불러일으킬 수 있다.

중산층으로 도약할 때	최정상의 문턱에서
태도, 언어 표현, 복장 규칙 통달하기	미적 감각, 대표성, 고급문화, 신중함을 키워 평범함과 볼품없음을 피한다

최고의 선택 vs 맞춤. 채용에는 표준이 있다. 능력이 뛰어나고,

법적으로 문제가 없고, 당연히 일을 가장 잘할 수 있는 사람을 뽑아야 한다. 중간관리자까지는 그렇지만 최고경영자를 뽑을 때는 다른 표준이 적용된다. 물론 최고경영자 후보에게도 높은 인격적, 전문적 자질이 요구된다. 그러나 코드가 맞느냐가 결정적이다. 공통된 관심사, 경쾌한 발걸음, 접근법과 가치관의 유사성. 어느 쪽 선별 방법이 더 나은 결과를 내느냐를 두고 다툴 수도 있겠으나, 문제는 지원자와 후보자에게 최고를 뽑았다는 암시를 주는 데 있다. 최정상 리그의 아비투스에 익숙한 사람만이 코드를 이해한다. '우리와 코드가 맞는 사람'이 1등이라는 감정이 결정타다.

중산층으로 도약할 때	최정상의 문턱에서
필요한 일을 잘한다	필요한 사람(들)과 잘 지낸다

예측 가능성 vs 창조 욕구. 중산층의 권력은 제한적이다. 그들은 계급 상승 의지가 강하지만 늘 계급 탈락을 두려워한다. 중산층은 실수, 역풍, 부당함을 막기 위해 표준, 정상, 세부 내용, 분석, 투명성에 많은 가치를 둔다. 만족스러운 직장 생활을 하더라도 고용된 입장에서 의존적일 수밖에 없다. 그러므로 그들의 인생 설계에서는 안전과 보장이 중요하다. 이런 태도는 실수와 퇴보를 막아주지만 더 큰 성공을 방해한다. 상류층은 높은 자본을 기반으로 자유롭게 생각하고, 자신 있게 행동하고, 종종 경계를 넘으며 더 많은

것을 획득한다.

중산층으로 도약할 때	최정상의 문턱에서
합리적으로 결정하고, 세부 내용과 품질로 설득하고, 관대함을 키운다	직관적으로 결정하고, 복합성에 통달하고, 전체 큰 그림을 본다

연결 vs 정박. 스몰토크, 단톡방, 소모임. 조용한 실내에서는 경력을 쌓을 수 없고 인맥이 삶을 수월하게 한다는 사실을 중산층은 알고 있다. 연결망은 주로 자신과 비슷한 사람들 사이에서 생긴다. 같은 분야, 같은 전문 영역, 같은 수준의 이웃. 그들은 사생활과 직장 생활을 철저히 분리한다. 그러나 최정상 리그에서는 관계망이 더 다양하고, 더 얽혀 있고, 더 국제적이다. 미슐랭 셰프, 에너지기업 이사, 장차관, 라이프니츠상 수상자…. 이들은 서로 협력하고 축제와 성공을 같이 축하한다. 직장 생활과 사교 모임이 서로 섞인다. 같은 비행 높이에서 패거리를 뛰어넘는 관계망이 형성된다.

중산층으로 도약할 때	최정상의 문턱에서
멘토를 찾고 연결망을 만든다	최정상 리그에 소속된 사람을 찾고 관계를 맺는다

기회 잡기 vs 별 따기. 중산층은 상류층의 생활 양식에 점점 더 가까이 다가간다. 쌍방향 소통의 온라인 강좌가 세계 최고 대학에

접근할 기회를 준다. 미술관이 가이드와 워크숍으로 문화에 대한 관심을 깨운다. 대학교수가 자기 밑에서 박사논문을 쓰라고 제안한다. 엘리트는 온라인이 아니라 현장에서 배운다. 16세에 벌써 한 자리 수 핸디캡을 달성한다. 교육으로 유화와 템페라의 차이를 알 수 있지만, 예술 안목이 있는 부자들은 시장이 아직 알아보지 못한 작품들을 미리 수집한다.

중산층으로 도약할 때	최정상의 문턱에서
아직 준비가 덜 된 기분이 들더라도 기회를 잡는다	장기적으로 무대 뒤에서 목표를 준비하며 기회를 노린다

당신이 현재 어느 위치에 있든 무엇을 위해 노력하든 계급 상승 속도를 더 빠르게 할 수 있고, 아비투스의 변화는 언제 어디서나 가능하다. 가족 중에서 대학을 졸업한 사람이 당신뿐인가? 몸에 밴 특유의 분위기가 우아한 해결책만큼 중요하게 여겨지는 분야에서 일하는가? 최정상으로 가는 좋은 길에 있지만 아직 뭔가 부족한 기분이 드는가? 최정상의 인물들과 같은 높이에서 활동하고, 자기계발에 끝이 없음을 깨닫는가?

당신의 관심사가 무엇이든, 어떤 야망을 품었든, 당신이 최고라고 여기는 바로 그것을 꼭 실현하기를 바란다.

책을 쓰는 일은 승부차기에 임하는 골키퍼의 외로움을 닮았다. 나는 이 책을 쓰기 위해 다양한 동력이 필요했고, 멋진 동료 여덟 명의 격려와 지지를 얻었다. 그들은 인터뷰 대상자로서 자신들의 역량을 내게 나누어주었다. 그들은 격려자로서 자신들만의 훌륭하고 다채로운 지식으로 이 책을 풍성하게 해주었다. 모든 아비투스에 날개를 달아주는 바로 그것을 주었다. 자극하고 모범을 보여주고 매혹하는 환경이 되어주었다.

도로테아 아시히, 도로테 에히터, 마티아스 호르크스, 마티아스 케스틀러, 얀 샤우만, 카타리나 슈타라이, 에파 블로다렉, 라이너 치텔만. 이들은 자신의 여러 프로젝트로 바쁜 와중에도 제목 이외에 아무것도 몰랐던 한 책을 위해 기꺼이 시간을 내서 동행해주었다. 그들에게 무한한 감사와 경탄의 인사를 보내고 싶다.

1장 아비투스가 삶, 기회, 지위를 결정한다

1. Höner OP and Wachter B and Hofer H and Wilhelm K and Thierer D and Trillmich F and Burke T and East ML, "The fitness of dispersing spotted hyaena sons is influenced by maternal social status", *Nature Communications*, 2010, (doi:10.1038/ncomms1059)

2. Roland Knauer, "Privilegierte Familienverhältnisse", *Der Tagesspiegel*, 2010. (https://www.tagesspiegel.de/wissen/hyaenen-privilegierte-familienverhaeltnisse/1916416.html)

3. 피에르 부르디외, 최종철 옮김, 『구별짓기: 문화와 취향의 사회학』, 새물결, 2005.

4. 부르디외는 자본을 세 가지 유형으로 구분했다. 오늘날의 상황을 설명하기 위해서는 그것을 지식자본, 언어자본, 신체자본, 심리자본까지 확장할 필요가 있다.

5. Dominik Erhard, "Wer zu den Entscheidern gehören will, muss sein wie sie", with Michael Hartmann, *Philosophie Magazin*, 2018, p50-51.

6. Luisa Jacobs, "Sieben Mal deutsche Jugend", *Zeit*, 2016. (http://www.zeit.de/gesellschaft/2016-04/jugendliche-typologie-verhalten-sinus-jugendstudie-2016/komplettansicht)

7. Bernd Kramer, "Studie zum Elternwillen: Abitur? Mein Kind doch nicht", Spiegel online, 2015. (http://www.spiegel.de/lebenundlernen/uni/kind-

er-eltern-wollen-aufstieg-aber-nicht- alleabitur-a-1022804.html)

8. Hans-Dieter Zimmermann, "1983: Die feinen Unterschiede, oder: Die Abhängigkeit aller Lebensäusserungen vom sozialen Status. Ein Gespräch mit dem französischen Soziologen Pierre Bourdieu", L80. Demokratie und Sozialismus.

9. 부르디외는 출신 배경을 결정적이지만 유일하지는 않은 아비투스 영향 요소로 보았다. "아비투스는 새로운 경험에 따라 끊임없이 변한다." *Meditationen: Zur Kritik der scholastischen Vernunft*, Frankfurt, 2001.

10. Nicole M. Stephens and MarYam G. Hamedani and Mesmin Destin, "Closing the Social-Class Achievement Gap: A Difference-Education Intervention Improves First-Generation Students' Academic Performance and All Students' College Transition", *Psychological Science*, 2014.

11. Shamus Rahman Khan, *Privilege: The Making of an Adolescent Elite at St. Paul's School*, Princeton University Press, 2012, p192.

12. nck/dpa/Reuters, "Einkommensteuer: 4,2 Millionen Deutsche zahlen den Spitzensteuersatz", *Spiegel online*, 2017. (http://www.spiegel.de/wirtschaft/soziales/einkommensteuer-jeder-elftezahlt-den-spitzensteuersatz-a-1143624.html)

13. Howard R. Gold, *Never mind the 1 percent: Let's talk about the 0.01 percent*, Chicago Booth Review, 2017.

2장 심리자본: 어떻게 생각하고, 어디까지 상상하는가

1. Erich Kocina, "Sei nicht wie Pippi, sei wie Annika", *Die Presse*, vol.06, 2016. (https://diepresse.com/home/leben/mode/kolumnezumtag/5113653/Sei-nicht-wie-Pippi-sei-wie-Annika)

2. Rainer Zitelmann, *Die Psychologie der Superreichen. Das verborgene Wissen der Vermögenselite*, FinanzBuch Verlag, 2017, p245.

3. Andreas Utsch, "Psychologische Einflussgrößen von Unternehmensgründung und Unternehmenserfolg", *der Justus-Liebig-Universität Gießen* 06학부(

심리학과 스포츠학) 박사학위 신청 논문, 2004, p90.

4. 셰릴 샌드버그, 버클리 대학 연설, 2016. (https://www.youtube.com/watch?v=_oLcAJTHWuo)

5. 아네트 라루, 박상은 옮김, 『불평등한 어린 시절』, 에코리브르, 2012.

6. Tom Corley, "16 Rich Habits", *Success Magazine*, 2016. (http://www.success.com/article/16-rich-habits)

7. Kathleen Elkins, "Berkshire Hathaway star followed Warren Buffett's advice: Read 500 pages a day", *CNBC Make It*, 2018. (https://www.cnbc.com/2018/03/27/warren-buffetts-keytip-for-success-read-500-pages-a-day.html)

8. Andrea Lehky, "Elitelehrlinge und Kreativrecruiting", *Die Presse*, 2016. (https://diepresse.com/home/karriere/karrierenews/5131076/Elitelehrlinge-und-Kreativrecruiting)

9. Sarah Berger, "How Mark Zuckerberg, Melinda Gates and other leaders approach New Year's resolutions", *CNBC Make It*, 2017. (https://www.cnbc.com/2017/12/28/how-mark-zuckerberg-and-melinda-gatesapproach-new-years-resolutions.html)

10. Webseite Daimler AG, "Bertha Benz. Eine Frau bewegt die Welt", 2018. (https://www.mercedes-benz.com/de/mercedes-benz/classic/bertha-benz/)

11. Lori Cameron and Michael Martinez, "사람들은 작은 소녀를 보지만, 그녀의 말은 듣지 않는다." 수잔 에거스가 말했다. 이것은 한때 비서였던 수잔 에거스가 어떻게 전통을 어기고 여성 최초로 컴퓨터 아키텍처상을 받았는지에 관한 얘기다. IEEE.org, 2018. (https://publications.computer.org/micro/2018/07/18/susan-eggers-computer-architect-pioneer-professor/)

12. Paul Fussell, *Class: Style and Status in the USA*, Touchstone, 1992.

13. Tom Goron, "zwölfjähriger Segel-Rekordler", *Der Standard*, 2018. (https://www.derstandard.de/story/2000082437040/tom-goron-zwoelfjaehriger-segel-rekordler)

14. Statista, 2000년부터 2017년까지 독일의 대학 입학률 변화. 2017, (https://de.statista.com/statistik/daten/studie/72005/umfrage/entwicklung-der-

studien anfaengerquote/)

15. Pierre Bourdieu and Jean-Claude Passeron, *Les Héritiers: les étudiants et la culture*, In: Max-Planck-Institut, *Texte und Dokumente zur Bildungsforschung*, Ernst Klett, 1971, p39.

16. 《New York Times》

17. Maja Brankovic, "Wer die meisten Steuern am Staat vorbeischleust", *Frankfurter Allgemeine*, 2017. (http://www.faz.net/aktuell/wirtschaft/arm-und-reich/neue-forschungserkenntnisse-wer-die-meisten-steuern-am-staat-vorbeischleust-15042313.html)

18. EY, "유럽-중동-인도-아프리카 부정부패 설문조사: 독일의 결과", 2017. (https://www.ey.com/Publication/vwLUAssets/EY_-_EMEIA_Fraud_Survey_-_Ergebnisse_für_Deutschland_ April_2017/$FILE/ey-emeia-fraud-survey-ergebnisse-fuer-deutschland-april-2017.pdf)

19. Paul Piff, "Does Money Make You Mean?", *TEDxMarin*, 2013. (https://www.ted.com/talks/paul_piff_does_money_make_you_mean/transcript)

20. Uwe Jean Heuser, "Wir waren durchgeschwitzt", *ZEIT*, 2017, No. 18.

21. Andrea Seibel, "Wir sind alle Marionetten des Managerschnickschnacks", *Welt*, 2015. (https://www.welt.de/wirtschaft/article150122025/Wir-sind-alle-Marionetten-des-Managerschnickschnacks.html)

22. "2017년 세계 최고경영자의 최고 성과", Harvard Business Review, 2017. (https://hbr.org/2017/11/the-best-performing-ceos-in-the-world-2017)

23. Reinhard Jellen, "Überraschend wenig komplett Wahnsinnige"(독일 부자들에 관한 Christian Rickens와의 인터뷰), *Telepolis*, 2011. (https://www.heise.de/tp/features/Ueberraschend-wenig-komplett-Wahnsinnige-3390693.html)

24. Heiko Ernst, *Weitergeben!: Anstiftung zum generativen Leben*, Hoffmann und Campe, 2008.

3장 문화자본: 인생에서 무엇을 즐기는가

1. Thomas Krause, "Kinderalltag in Deutschland: Maximilians Mittwoch", *Stern*. (https://www.stern.de/familie/familienbande/familienzeit/kinder-alltag-in-deutschland-maximilians-mittwoch-3914222.html)
2. 미래연구가 페터 비퍼만(Peter Wippermann)과 마티아스 호르크스(Matthias Horx)의 대화, "Was erwartet uns 2016?", *Hannoversche Allgemeine*, 2016. (http://www.haz.de/Sonntag/Technik-Apps/Was-erwartet-uns-2016-Vor-hersagen-von-Zukunftsforschern)
3. Arun Jones, "Was ich als junger Investmentbanker aus der Unterschicht in London erlebe", *Efinancialcareers*, 2016. (https://news.efinancialcareers.com/de-de/255722/gastbeitrag-wasich-als-junger-investmentbank-er-aus-der-unterschicht-in-london-erlebe)
4. "Die Woche von Lisa Wagner", SZExtra, *Süddeutsche Zeitung*, No.198.
5. 피에르 부르디외, 최종철 옮김, 『구별짓기: 문화와 취향의 사회학』, 새물결, 2005.
6. 피에르 부르디외, 주형일 옮김, 『중간예술』, 현실문화연구, 2004.
7. Sarah Levy, "Interview mit Alexandra von Rehlingen. Über Geld spricht man nicht", *ZEIT Hamburg*, vol.39, 2017.
8. Max Scharnigg, "Am Ende der Leiter", Süddeutsche Zeitung. vol.114, 2018, p46.
9. Martina Kühne and David Bosshart, *Der nächste Luxus: Was uns in Zukunft lieb und teuer wird*, GDI, 2014, p7.
10. Helene Endres, "Vorsicht, Fettnapf!", *Manager Magazin*, 2007. (http://www.manager-magazin.de/magazin/artikel/a-473245-2.html)
11. Adolph von Knigge, *Über den Umgang mit Menschen*, Zenodot Verlags-gesellschaft, 2016, p57.
12. Ruby Payne, "Poverty, Middle Class and Wealth Perspectives". (https://www.slideserve.com/ivi/poverty-middle-class-and-wealth-perspective)
13. 미하엘 하르트만, 이덕임 옮김, 『엘리트 제국의 몰락: 엘리트 연구의 세계적 권위자가 집대성한 엘리트 신화의 탄생과 종말』, 북라이프, 2019.
14. Matthias Horx, "Somewheres and Anywheres", Trendstudie Futopolis에

서 발췌, *Zukunftsinstitut*, 2018. (https://www.zukunftsinstitut.de/artikel/wohnen/somewheres-anywheres)

15. Jürgen Schmieder, "Tänzchen zum Geburtstag", *Süddeutsche Zeitung*, vol.170, 2018, p15.

16. Jupp Suttner, "Hummer oder Würstchen?", *Süddeutsche Zeitung golf spielen*, 2018, p24.

17. 인터뷰: Sofia Coppola and Petra. (https://www.petra.de/lifestyle/kultur/artikel/interview-sofia-coppola)

18. Annette Dönisch, "Deutsche verstecken ihren Reichtu – das hat psychologische Gründe", *Business Insider*, 2017. (https://www.businessinsider.de/deutsche-verstecken-ihren-reichtum-das-hat-psychologische-gruende-2017-6)

19. Friedericke Gräff, "Soziologe Neckel über die Finanzelite: 'Kulturelle Allesfresser'", *Taz*, 2017. (http://www.taz.de/!5441621/)

20. Max Scharnigg, "Der neue Luxus", *Süddeutsche Zeitung*, vol.75, 2018, p57.

21. Jeremy Greenwood and Nezih Guner and Georgi Kocharkov and Cezar Santos, "Marry Your Like: Assortative Mating and Income Inequality", *American Economic Review*, American Economic Association, vol. 104(5), 2014, p348 – 353.

22. Elke Krüsmann, "Interview mit Kent Nagano", *Elle*, 2018, p141-143.

4장 지식자본: 무엇을 할 수 있는가

1. Silvia Ihring, "Du musst dir deinen Gott selbst bauen", *Inconist*, 2016. (https://www.welt.de/icon/mode/article157724303/Du-musst-dir-deinen-Gott-selbst-bauen.html)

2. Matt Weinberger, "Harvard drop-out: Bill Gates thinks the value of college is easy to underestimate", *Business Insider*, 2016. (http://www.businessinsider.de/bill-gates-whycollege-is-necessary-2016-3?_ga=2.223601886.458531918.15192263391935094372.1517906037&r=US&IR=T)

3. Union Investment, "Bildung zahlt sich aus", 2017. (https://unternehmen. union-investment.de/startseite-unternehmen/presseservice/pressemitteilungen/alle-pressemitteilungen/2017/ifo-Studie-Bildung-zahlt-sich-aus.html)

4. IFO Institut/Union Investment, "Bildung hat Zukunft", Bildungsstudie, 2017.

5. 위와 동일

6. 독일연방노동국의 통계 보고: Blickpunkt Arbeitsmarkt – Akademikerinnen und Akademiker, Nürnberg, 2018.

7. Julian Kirchherr, "Vor allem zählt der richtige Stallgeruch", *Zeit Campus*, 2013. (https://www.zeit.de/studium/uni-leben/2013-02/eliten-forscher-hartmann- stipendium-exzellenzinitiative)

8. Vexcash AG, "Versprechen gute Noten einen guten Job? Der große Bildungsvergleich". (https://www.vexcash.com/blog/versprechen-gute-noten-einen-guten-job-der-grosse-bildungsvergleich/)

9. Detlef Esslinger, "Kurt Biedenkopf: über Rhetorik", *Süddeutsche Zeitung*, 2018, vol.46, p56.

10. Gerhard Summer, Julia Fischer와의 인터뷰: "Ich bin gern mit meiner Geige verheiratet", *Süddeutsche Zeitung*, 2016. (https://www.sueddeutsche.de/muenchen/starnberg/julia-fischer-ich-bin-gern-mit-meiner-geige-verheiratet-1.3308111)

11. Annika Andresen, "Latente Funktionen von Karriereförderung in Unternehmen", *Diplom.de*, 2015. p17.

12. 위와 동일

13. Felix Werdermann, "Spitzenmanager sind da nur arme Schlucker", Der Freitag. Das Meinungsmedium, 2016, vol.34, (https://www.freitag.de/autoren/felix-werdermann/spitzenmanager-sind-da-nur-arme-schlucker)

14. 위와 동일

15. Svenja Hofert, "Coaching-Habitus und Werte: Wenn der Klient sich die Schuhe auszieht …", 2013. (https://karriereblog.svenja-hofert.de/2013/09/coaching-habitusund-werte-wenn-der-klient-sich-die-schuhe-auszie-

ht/)

16. Lynsey Hanley, *Respectable:The Experience of Class*, Penguin, 2016.

17. Michael Hartmann, "Deutsche Eliten: Die wahre Parallelgesellschaft?", *Bundeszentrale für politische Bildung*, 2014. (http://www.bpb.de/apuz/181764/deutsche-eliten-die-wahre- parallelgesellschaft?p=all)

18. Nicole Bußmann, Fredmund Malik과의 인터뷰: "Führen in der Transformation", *ManagerSeminar*, vol.239, 2018.

19. Dorothea Siems, "Habitus ist nicht wichtig", *Welt*, 2017. (https://www.welt.de/print/die_welt/wirtschaft/ article162760563/Habitus-ist-nicht-wichtig.html)

20. Morten T. Hansen, "IDEO CEO Tim Brown: T-Shaped Stars: The Backbone of IDEO's Collaborative Culture", *Chief Executive*, 2010. (https://chiefexecutive.net/ideo-ceo-tim-brownt-shaped-stars-the-backbone-of-ideoaes-collaborative-culture_trashed/)

21. Gabriele Strehle and Eva Gesine Baur, *Ob ich das schaffe:Der andere Weg zum Erfolg*, dva, 2002, p38.

22. Anna-Lena Koopmann, "Über Nacht zum Supermodel: Das Erfolgsgeheimnis von Kaia, Kendall, Gigi & Co", *ELLE*, 2018. (https://www.elle.de/das-erfolgsgeheimnis-junger-models)

23. Kerstin Kullmann, "Nachhilfe ist meistens Unsinn", *Spiegel online*, 2016. (http://www.spiegel.de/lebenundlernen/schule/erfolg-im-beruf-josef-kraus-verraet-wie-wichtig-gute-notensind-a-1109663.html)

24. Eilene Zimmerman, "Jeffrey Pfeffer: Why the Leadership Industry Has Failed", *Stanford Business*, 2015. (https://www.gsb.stanford.edu/insights/jeffrey-pfeffer-why-leadership- industry-has-failed)

25. Aladin El-Mafaalani, *BildungsaufsteigerInnen aus benachteiligten Milieus:Habitustransformation und soziale Mobilität bei Einheimischen und Türkeistämmigen*, VS Verlag für Sozialwissenschaften, 2012.

26. Leanovate Blog, "Noch kompliziert oder schon komplex? Wie man Systeme begreift und behandelt", 2014. (http://www.leanovate.de/blog/noch-kompliziert-oder-schon-komplexsysteme/)

27. Sebastian Hermann, "Plötzlich Experte", *Süddeutsche Zeitung*, 2018, vol.57, p16.

5장 경제자본: 얼마나 가졌는가

1. 언론 인터뷰: "Private Haushalte und ihre Finanzen", Forschungszentrum der Deutschen Bundesbank, 2016. (https://www.bundesbank.de/resource/blob/604922/78fcba28faf8872476f6b23952504ea6/mL/2016-03-21-phf-praesentation-data.pdf)
2. Richard Todd, *Who me, rich?*, Worth, 1997, p74.
3. '하위 상류층'이라는 개념은 다음에서 가져왔다. Markus Dettmer and Katrin Elger and Martin U. Müller and Thomas Tuma, "Die 1-Prozent-Partei", *Der Spiegel*, 2012, p75.
4. Nicolai Kwasniewski, "Deutschland ist gespalten-in Superreiche und den Rest", *Spiegel*, 2015. (http://www.spiegel.de/wirtschaft/soziales/vermoegen-sind-in-deutschland-sehr-ungleich-verteilt-a-1051286.html)
5. Ulrike Herrmann, "Die Mittelschicht betrügt sich selbst", *Spiegel*, 2010. (http://www.spiegel.de/wirtschaft/soziales/soziale-gerechtigkeit-die-mittelschicht-betruegt-sich-selbst-a-687760.html)
6. Steve Annear, "Harvard Researchers: Money Can Buy Happiness, Depending On How You Spend It", *Boston*, 2013. (https://www.bostonmagazine.com/news/2013/10/17/money-can-buy-happiness-harvard-researchers/)
7. hr2 Kultur, "Der Soziologe und Glücksforscher Jan Delhey verrät, was ihn persönlich glücklich macht", *ARD-Mediathek*, 2018. (https://www.ardmediathek.de/radio/Doppelkopf/Der-Soziologe-und-Glücksforscher-Jan-Del/hr2-kultur/Audio-Podcast?bcastId=2868&documentId=54491974)
8. Ethan Wolff-Mann, "What the New Nobel Prize Winner Has to Say About Money and Happiness", *Money*, 2015. (http://time.com/money/4070041/angus-deaton-nobel-winner-money-happiness/)

9.　토르스타인 베블런, 이종인 옮김, 『유한계급론』, 현대지성, 2018.

10.　Sabine Hildebrandt, "Unglück im Glück: Hilfe, ein Lottogewinn", *Frankfurter Allgemeine Sonntagszeitung*, 2005, p57.

11.　Christian Fritz, "Die 5 Geheimzutaten für erfolgreichen Vermögensaufbau", Blog Spare mit Kopf, 2016. (https://www.sparenmitkopf.de/blog/die-5-geheimzutaten-fuer-erfolgreichen-vermoegensaufbau)

12.　Yasmin Anwar, "Affluent People More Likely to be Scofflaws", *Greater Good Science Center at UC Berkeley*, 2012. (https://greatergood.berkeley.edu/article/item/affluent_ people_more_likely_to_be_scofflaws)

13.　Rainer Zitelmann, *Die Psychologie der Superreichen. Das verborgene Wissen der Vermögenselite*, FinanzBuch Verlag, 2017, p245

14.　Todd Bishop, "Gates to students: Don't try to be a billionaire, it's overrated", *GeekWire*, 2011. (https://www.geekwire.com/2011/gates-tells-uw-students-billionaire-overrated/)

15.　Cornelia Becker, *Steuerhinterziehung und Habitus*, Sofia-Diskussionsbeiträge zur Insititutionenanalyse Nr. 00-5, Darmstadt, 2000. p4.

16.　A. Pluchino and A. E. Biondo and A. Rapisarda, *Talent vs Luck: the role of randomness in success and failure*, Advances in Complex Systems, Vol.21, No.03n04, 1850014, 2018.

17.　Quentin Fottrell, "This is why millennials can't have nice things or save any money", *MarketWatch*. 2017. (https://www.marketwatch.com/story/this-is-why-millennials-cant-have-nicethings-or-save-any-money-2017-06-26)

18.　Rainer Zitelmann, *Die Psychologie der Superreichen. Das verborgene Wissen der Vermögenselite*, FinanzBuch Verlag, 2017, p66.

19.　Edwin Locke and Gary Latham, *New Developments in Goal Setting and Task Performance*, Taylor & Francis Ltd, 2012, p5.

20.　Patti Fagan, "The $140,000 Latte. How little things add up over time", (http://montereymoneycoach.com/the-140000latte)

21.　Henrik Mortsiefer, "Männlich, Erbe, Millionär: Woran man Superreiche in Deutschland erkennt", *Der Tagesspiegel*, 2016. (https://www.tagess-

piegel.de/wirtschaft/maennlich-erbe-millionaer-woran-man-superre-
iche-in-deutschland-erkennt/14711510.html)

22. Ali Montag, "Kevin O'Leary flies first class, but makes his kids fly coach —
here's why", *CNBC Make It*, 2018. (https://www.cnbc.com/2018/07/06/
why-kevin-oleary-makes-his-kidsfly-coach.html)

23. 토마스 J.스탠리 & 윌리엄 댄코, 홍정희 옮김, 『이웃집 백만장자』, 리드리드출판,
2015.

24. Violetta Simon, "Plötzlich Milliardär: Interview mit der Finanzcoach Ni-
cole Rupp", *Süddeutsche Zeitung*, 2018. No.246, p8.

6장 신체자본: 어떻게 입고, 걷고, 관리하는가

1. Lena Pappasabbas, "Selbstoptimierung ist die Status-Zauberchiffre", Pau-
la-Irene Villa, "über den Wandel der Statussymbole", Zukunftsinstitut,
(https://www.focus.de/finanzen/boerse/aktien/tid-32876/
wirtschaft-feuerwehrmann-an-der-siemens-spitzeseite-2-_aid_1069114.
htmlw.zukunftsinstitut.de/artikel/selbstoptimierung-ist-die-status-zau-
berchiffre-interview/)

2. Pierre Bourdieu, *Das politische Feld:Zur Kritik der politischen Vernunft*, Univer-
sitätsverlag Konstanz, 2001b, p307.

3. Natalie Wyer, "CATEGORY CHANGE: IMPLICIT EFFECTS OF DISRE-
GARDED CATEGORIZATIONS", *Society for Personality and Social Psychology*,
2007, Memphis Tennessee, p38-39. (http://spsp.org/sites/default/files/
PrintedProgram2007.pdf)

4. Selina Bettendorf, "Attraktivität von Politikern: Schön gewählt", *Spiegel*,
2018. (http://www.spiegel.de/politik/deutschland/studie-zur-attraktivi-
taet-von-politikern- schoenerwaehlen-a-1187152.html)

5. Joseph Taylor Halford and Scott Hsu, "Beauty is Wealth: CEO Appearance
and Shareholder Value", 2014. (https://ssrn.com/abstract=2357756 or
http://dx.doi.org/10.2139/ssrn.2357756)

361

6. Thora Bjornsdottir and Nicholas Rule, "The Visibility of Social Class From Facial Cues", *Journal of Personality and Social Psychology*, 2017.

7. Nina Degele, "Schönheit – Erfolg – Macht", *APuZ*, 2007. (http://www.bpb.de/apuz/30510/schoenheit-erfolg-macht?p=all)

8. "How i get dressed: Giorgio Armani on the importance of taking a 'super-critical' look in the mirror", *The Guardian*, 2007. (https://www.theguardian.com/lifeandstyle/2007/dec/02/fashion.features2)

9. Jess Cartner-Morley, "Get the Davos look: what Sheryl Sandberg teaches us about power dressing", *The Guardian*, 2016. (https://www.theguardian.com/fashion/2016/jan/25/davos-sherylsandberg-power-dressing-facebook-coo-swiss-winter-conference-highheels)

10. Silvia Bellezza u.a., "The Red Sneakers Effect: Inferring Status and Competence from Signals of Nonconformity", *Journal of Consumer Research*, 2014.

11. Tanja Merkle and Jan Hecht, "Gesundheit ist das wichtigste im Leben", *Pharma-Marketing-Journal*, 2011, p22 – 24.

12. Dirk von Nayhauß, "Über Gott steht noch der Künstler", *Chrismon*, 2018, p40.

13. "Sandra Navidi: Hör auf dein Bauchgefühl", *Blog Finanzdiva*, (https://finanzdiva.de/sandra-navidi-hoer-auf-deinbauchgefuehl/)

14. Peter K. Joshi et al, "Genome-wide meta-analysis associates HLA-DQA1/DRB1 and LPA and lifestyle factors with human longevity", *Nature Communications*, Vol. 8, 2017.

15. Jürgen Schwier, "Sport und soziale Ungleichheit", Justus-Liebig-Universität Giessen. (http://www.staff.uni-giessen.de/~g51039/vorlesungVI.htm)

16. Claudia Voigt, "Schön wär's", *KULTURSpiegel*, 2007, p19 – 21.

17. Jennifer Wiebking, "Brigitte Macrons Kleidungsstil: Vorbild par excellence", *Frankfurter Allgemeine*, 2017. (http://www.faz.net/aktuell/stil/mode-design/brigitte-macrons-kleidungsstil-15014475.html)

18. Kate Branch, "Why Joan Didion, at 82, Is Still a Beauty Icon", *Vogue* 2017. (https://www.vogue.com/article/joan-didion-documentary-the-center-will-not-hold-netflix- ageless-beauty-hair-new-york-california)

19. Regina Stahl, "Warum Isabella Rossellini noch einmal eine Modelkarriere startet" (http://www.vogue.de/beauty/beauty-tipps/isabella-rossellini-interview)

20. https://www.zukunftsinstitut.de/artikel/status-schoenheit-unnatuerlich-natuerlich/

21. Marathon-Ergebnis.de., 독일 마라톤 1위 목록이 첨부된 마라톤 결과. (http://www.marathon-ergebnis.de/FinisherDeutschland.html)

22. 피에르 부르디외, 최종철 옮김, 『구별짓기: 문화와 취향의 사회학』, 새물결, 2005.

23. Kathrin Werner, "Aimée Mullins: Sportlerin und Model auf Kunstbeinen", *Süddeutsche Zeitung*, 2018.

24. Li Huang(Northwestern University, Evanston) et al., Psychological Science. 온라인 초판. (10.1177/0956797610391912 dapd/wissenschaft.de)

25. 사회 계층에 따른 건강 의식, Statista, 2018. (https://de.statista.com/statistik/daten/studie/13628/umfrage/gesundheitsbewusstsein-nach-bevoelkerungsschicht/)

7장 언어자본: 어떻게 말하는가

1. Stéphane Côté and Michael Kraus, "Crossing Class Lines", *The New York Times*, 2014.

2. Anna-Maria Adaktylos, "Sprache und sozialer Status" In: Ingolf Erler, *Keine Chance für Lisa Simpson?-Soziale Ungleichheit im Bildungssystem*, Mandelbaum, 2007, p48-55.

3. Lena Greiner, "So haben die Millenials die Arbeitswelt verändert", *KarriereSpiegel*, 2018. (http://www.spiegel.de/karriere/generation-y-so-haben-die-millennials-die-arbeitswelt-bereits-veraendert-a-1195595.html)

4. Robin Givhan, "Mark Zuckerberg is one of the suits now. He'd better learn to get comfortable in one", *The Washington Post*, 2018. (https://www.washingtonpost.com/news/arts-and-entertainment/wp/2018/04/10/

mark-zuckerberg-wore-a-suit-to-washington-theres-no-going-back-to-hoodies/?noredirect=on&utm_term=.7b25f242d0d3）

5.   Statista, 2009~2018년 독일의 스마트폰 사용자 수(단위: 백만). (https://de.statista.com/statistik/daten/studie/198959/umfrage/anzahl-der-smartphonenutzer-in-deutschland-seit-2010/)

6.   Julian Schulze, "iPhone-Statistik: Vor allem junge Nutzer stehen auf Apple", *DeinHandyBlog*, 2017. (https://blog. deinhandy.de/news-und-trends/zahlen-und-fakten/07112017/iphonestatistik-vor-allem-junge-nutzer-stehen-auf-apple)

7.   Kurt Moeser, *Neue Grauzonen der Technikgeschichte*, KIT Scientific Publishing, 2018, p40.

8.   Philipp Crone, "So war es wirklich", *Süddeutsche Zeitung*, vol.262, 2018, p48.

9.   www.rolandberger.com

10. "Karl-Theodor zu Guttenberg hätte Chancen auf ein höheres Amt", *Presseportal*, 2016. (https://www.presseportal.de/pm/29590/3288316.)

11. Violetta Simon, "Sorgen der Mittelschicht: Die Lust am Jammern", *Süddeutsche Zeitung*, 2016. (http://www.sueddeutsche.de/leben/sorgen-der-mittelschicht-die-lust-am- jammern-1.3105521)

12. Dorothea Assig and Dorothee Echter, *Ambition:Wie große Karrieren gelingen*, Campus, 2012, p302.

13. 인터뷰: Peter Kreuz, "Erfolg folgt Entschiedenheit", *TOP JOB*,2016. (https://www.topjob.de/news/news-1507.html?newsid=7399)

14. 어빙 고프먼, 진수미 옮김, 『상호작용 의례: 대면 행동에 관한 에세이』, 아카넷, 2013.

15. Konrad Fischer, "Vorstellungsgespräch: Erfolg hat, wen der Personaler mag"(Lauren Rivera와의 인터뷰), Wirtschaftswoche, 2015. (https://www.wiwo.de/erfolg/beruf/vorstellungsgespraech-erfolg-hat-wen-der-personaler-mag/11862934.html)

16. 피에르 부르디외 외 1명, 이상길 옮김, 『성찰적 사회학으로의 초대: 부르디외 사유의 지평』, 그린비, 2015.

17. Armin Reins, *Corporate Language*, Hermann Schmidt Mainz, 2006, p139.

18. Anthony Kroch, *Dialect and Style in the Speech of Upper Class Philadelphia*, Gregory Guy and John Baugh, Deborah Schiffrin and Crawford Feagin 엮음(1995), *Towards a Social Science of Language: Papers in Honor of William Labov*, Philadelphia: John Benjamins.

19. William Labov, 「The intersection of sex and social class in the course of linguistic change」, 『Language Variation and Change』, 1990, p205 – 254.

20. Roman Deininger and Wolfgang Wittl, "Der Größte seiner Art", *Süddeutsche Zeitung*, vol.143, 2018, p3.

8장 사회자본: 누구와 어울리는가

1. Jürgen Schmieder, "Ihr eigenes Ding", *Süddeutsche Zeitung*, 2018, vol.189, p26.

2. Bianca Xenia Jankovska, "Hey ihr verwöhnten Großstadtkinder, hört endlich auf, so zu tun, als ob ihr 'arm und asozial' wärt", *Ze.tt*, 2017. (https://ze.tt/hey-ihr-verwoehntengoeren-hoert-endlich-auf-so-zu-tun-als-ob-ihr-arm-und-asozial-waert/)

3. Sarah Vaughan, *Anatomy of a Scandal*, Simon & Schuster UK, 2018.

4. Didier Eribon, *La société comme verdict: classes, identités, trajectoires*, suhrkamp, 2017.

5. Simon Book, "Wo Joe Kaeser immer noch der Sepp ist", Wirtschaftswoche, 2017. (https://www.wiwo.de/unternehmen/industrie/heimat-des-siemens-chefs-wo-joe-kaeser-immernoch-der-sepp-ist/20682048.html)

6. Lars Schmitt, *Bestellt und nicht abgeholt: Soziale Ungleichheit und Habitus-Struktur-Konflikte im Studium*, Springer-Verlag, 2010, p45.

7. Stephan Draf, "Was ist schon perfekt?", *mercedes me*, vol.357, 2018, p26-32.

8. Michelle R. van Dellen and Rick H. Hoyle, "Regulatory Accessibility and

Social Influences on State Self-Control", *Personality and Social Psychology Bulletin 36*, no.2, 2010.

9. Norbert Elias, *Mozart: Zur Soziologie eines Genies*, suhrkamp, 1993.

10. Alex Rühle, "Virginie Despentes: über Jugend", *Süddeutsche Zeitung*, 2018, vol.64, p56.

11. Marten Rolff, "Am Herd für die Weltmeister", *Süddeutsche Zeitung*, 2018, vol.108, p58.

12. Tuuli-Marja Kleiner, *Vertrauen in Nationen durch kulturelle Nähe?: Analyse eines sozialen Mechanismus*, Springer-Verlag, 2013, p135.

13. Brett McKay, "#393: The Importance of Building Your Social Capital", The Art of Manliness, 2018. (https://www.artofmanliness.com/articles/social-capital/)

14. Alexander Menden, "Voll im Saft: Wie ein Smoothie-Unternehmer den Zeitgeist zu Geld machte", *Süddeutsche Zeitung*, 2018, vol.114, p51.

15. Johanna Hofbauer et al, "Making sense of career networking: Towards a qualitative approach to social capital", *EGOS*, 23rd colloquium, Subtheme 13: 'Career as a dynamic dance between diverse partners', Vienna, Austria, 2007, p10. (https://www.wu.ac.at/fileadmin/wu/o/ vicapp/hofbauer_et_al_ career_networking_egos_2007_8_jun_07_upload.pdf)

16. www.arbeiterkind.de

17. Anne-Sophie Mutter와의 인터뷰: "Karajan ist und bleibt das Nonplusultra", *Frankfurter Allgemeine*, 2008, (http://www.faz.net/aktuell/feuilleton/anne-sophie-mutter-im-interviewkarajan-ist-und-bleibt-das-nonplusultra-1514847.html)

18. Wolfgang Mayrhofer et al, "International Career Habitus : Thick Descriptions and Theoretical Reflections", 'Global Careers and Human Ressource Development: Emerging IHRM Perspectives' of Academy of Management Annual Meeting Symposium, *New Orleans*, 2004, p14. (https://www.wu.ac.at/fileadmin/wu/o/vicapp/Mayrhofer_et_al_2004_thickDescr_carrhab_aom04.pdf)

19. Matthias Kestler, "Besetzung von Spitzenpositionen. Warum Sie im-

mer die falschen Manager bekommen", Wirtschaftswoche, 2017. (https://www.wiwo.de/erfolg/management/besetzung-von-spitzenpositionen-warum-sie-immer-die-falschen-manager-bekommen/19541766.html)

20. Das Kontor Blog, "GESCHLOSSENE ELITEN, oder Willkommen im Club", 2013. (http://das-kontor.blogspot.com/2013/03/geschlossene-eliten-oder-willkommen-im.html)

21. Reinhard Kreckel, *Soziale Ungleichheiten*, (SozialeWeltSonderband2) Göttingen, 1983. p183-198, Pierre Bourdieu. 'Ökonomisches Kapital, kulturelles Kapital, sozialesKapital' p191.

22. Sinus Markt-und Sozialforschung, "Den Menschen hinter dem User aktivieren", Digitale Zielgruppenlösungen von SINUS, *Heidelberg*, 2018. (https://www.sinus-institut.de/sinus-loesungen/digitale-sinus-milieus/)

23. Matthias Horx, "Digitales Cocooning: Offline als Status", Zukunftsinstitut, 2016. (https://www.zukunftsinstitut.de/artikel/digitales-cocooning-offline-als-status/)

24. 어빙 고프먼, 진수미 옮김, 『자아 연출의 사회학: 일상이라는 무대에서 우리는 어떻게 연기하는가』, 현암사, 2016.

25. http://www.dailymail.co.uk/femail/article-3837746/12-social-media-habits-away-social-class.html

26. https://twitter.com/barackobama

27. https://twitter.com/michelleobama

28. Nils Warkentin, "Status und Macht sind nicht dasselbe", Karrierebibel, 2016. (https://karrierebibel.de/statusund-macht/)

29. S. L. Blader and A. Shirako and Y. Chen, "Looking Out From the Top: Differential Effects of Status and Power on Perspective Taking", *Personality and Social Psychology Bulletin*, 1 - 15, 2016.

30. Heike Buchter, "New York ist das wahre Zentrum der Macht", *DIE ZEIT*, 2016.

31. Matthias Horx, "Digitales Cocooning: Offline als Status", Zukunftsinstitut, 2016. (https://www.zukunftsinstitut.de/artikel/digitales-cocooning-of-

fline-als-status/)

32. Rainer Zitelmann, *Die Psychologie der Superreichen. Das verborgene Wissen der Vermögenselite*, FinanzBuch Verlag, 2017, p269.

마치는 글 아비투스를 바꾸는 건 언제 어디서나 가능하다

1. Judith Niehues, "Die Mittelschicht in Deutschland: Vielschichtig und stabil", *Institut der deutschen Wirtschaft Köln*, IW-Trends, 2017. (https://www.iwkoeln.de/fileadmin/publikationen/2017/322410/IW-Trends_1_2017_Mittelschicht.pdf)

2. Alexander Hagelüken, "Friedrich Merz: Gehört ein Millionär zur Mitte?", *Süddeutsche Zeitung*, 2018. (https://www.sueddeutsche.de/wirtschaft/friedrich-merz-millionaer-1.4212376)

3. 아리스토텔레스, 홍석영 옮김, 『니코마코스 윤리학: 아들에게 들려주는 행복의 길』, 풀빛, 2005.

4. Daniela Dröscher, *Zeige deine Klasse: Die Geschichte meiner sozialen Herkunft*, Hoffmann und Campe, 2018, p23.

5. Dorothea Assig and Dorothee Echter, *Freiheit für Manager*, Campus, 2018, p114.

데이비드 브룩스, 형선호 옮김, 『보보스: 디지털 시대의 엘리트』, 동방미디어, 2001.

미하엘 하르트만, 이덕임 옮김, 『엘리트 제국의 몰락: 엘리트 연구의 세계적 권위자가 집대성한 엘리트 신화의 탄생과 종말』, 북라이프, 2019.

웬즈데이 마틴, 신선해 옮김, 『파크애비뉴의 영장류: 뉴욕 0.1% 최상류층의 특이 습성에 대한 인류학적 뒷담화』, 사회평론, 2016.

케빈 콴, 이윤진 옮김, 『크레이지 리치 아시안』, 열린책들, 2018.

피에르 부르디외, 최종철 옮김, 『구별 짓기: 문화와 취향의 사회학』, 새물결, 2005.

Asserate and Asfa-Wossen, *Manieren*, Dtv, 2003.

Dorothea Assig and Dorothee Echter, *Ambition: Wie große Karrieren gelingen*, campus, 2012.

Dorothea Assig and Dorothee Echter, *Freiheit für Manager: Wie Kontrollwahn den Unternehmenserfolg verhindert*, campus, 2018.

Bundeszentrale für politische Bildung, *Oben – Mitte – Unten: Zur Vermessung der Gesellschaft*, APuZ, 2015.

Elizabeth Currid-Halkett, *Sum of Small Things: A Theory of the Aspirational Class*, Princeton University Press, 2017.

Tori DeAngelis, *Class differences*, American Psychological Association, 2015.

"Dossier: Brauchen wir Eliten?", *Philosophie Magazin*, 2018, p43 – 63.

Daniela Dröscher, *Zeige deine Klasse: Die Geschichte meiner sozialen Herkunft*, HOFFMANN UND CAMPE, 2018.

Aladin El-Mafaalani, *BildungsaufsteigerInnen aus benachteiligten Milieus: Habitustransformation und soziale Mobilität bei Einheimischen und Türkeistämmigen*, Vs Verlag Fur Sozialwissenschaften, 2012.

Didier Eribon, *Gesellschaft als Urteil: Klassen, Identitäten, Wege*, suhrkamp, 2017.

Julia Friedrichs, *Gestatten: Elite-Auf den Spuren der Mächtigen von morgen*. Piper Taschenbuch, 2017.

Ulla Hahn, *Das verborgene Wort*, DVA, 2001.

Ulla Hahn, *Aufbruch*, DVA, 2009.

Rainer Hank, "Erfolg durch Zufall? Der Leistungsmythos", *FAZ*, 2016. (http://www.faz.net/aktuell/wirtschaft/arm-und-reich/erfolg-durch-zufall-der-leistungsmythos-14333152.html)

Lynsey Hanley, *Respectable: The Experience of Class*, Penguin, 2016.

Martin Hecht, *Das große Jagen: Auf der Suche nach dem erfolgreichen Leben*, Dtv, 2004.

Stefan Hradil, "Soziale Schichtung", *Bundeszentrale für politische Bildung*, 2012. (http://www.bpb.de/politik/grundfragen/deutsche-verhaeltnisse-eine-sozialkunde/138439/soziale-schichtung)

Matthias Kestler, "Besetzung von Spitzenpositionen. Warum Sie immer die falschen Manager bekommen", *wirtschaftswoche*, 2017.

Matthias Kestler, *Wanted: Headhunter, Unternehmen und die knifflige Suche nach den idealen Kandidaten*, campus, 2018.

Lee, E.M. and Kramer, R, "Out with the Old, In with the New? Habitus and Social Mobility at Selective Colleges", *Sociology of Education*, vol. 86, issue. 1, 2012, p18 – 35. (https://doi.org/10.1177/0038040712445519)

Doris Märtin, *Die ungeschriebenen Erfolgscodes der Eliten*, Der Große Knigge, 2016, p35 – 50.

Ruby Payne, Don L. Krabill, *Hidden Rules of Class at Work. Why you don't get promoted*, aha! Process, Inc, 2016.

Michael Reitz, "Das Denken Pierre Bourdieus im 21. Jahrhundert. Noch feinere Unterschiede?" *Deutschlandfunk*, 2017. (https://www.deutschlandfunk. de/das-denken-pierre-bourdieusim-21-jahrhundert-noch-feinere.1184. de.html?dram:article_id=398990)

SINUS Markt-und Sozialforschung GmbH. Sinus Milieus® 2018에 대한 정보, 하이델베르크/베를린, 2018. (https://www.sinus-institut.de/veroeffentlichungen/downloads/)

Katharina Starlay, *Stilgeheimnisse*, FAB, 2016.

Richard Todd, *Who me, rich?*, Worth, 1997, p70-84.

Eva Wlodarek, *Vertage nicht dein Glück, ändere dein Leben*, Herder, 2018.

Rainer Zitelmann, *Die Psychologie der Superreichen. Das verborgene Wissen der Vermögenselite*, FinanzBuch Verlag, 2017.

영화) Julia Friedrichs and Fabienne Hurst and *Andreas* Spinrath and Michael Schmitt, 「Ungleichland: Wie aus Reichtum Macht wird. Was Deutschland bewegt」, Das Erste, 2018.

옮긴이 배명자

서강대학교 영문학과를 졸업하고, 출판사에서 편집자로 8년간 근무했다. 이후 대안 교육에 관심을 가지게 되어 독일 뉘른베르크 발도르프 사범학교에서 유학했다. 현재 바른번역에서 번역가로 활동 중이다. 『내 안에서 행복을 만드는 것들』, 『부자들의 생각법』, 『우리는 얼마나 깨끗한가』, 『오만하게 제압하라』, 『세상은 온통 화학이야』, 『은밀한 몸』, 『정원 가꾸기의 즐거움』, 『독일인의 사랑』 등 60여 권을 우리말로 옮겼다.

인간의 품격을 결정하는 7가지 자본

아비투스

초판　　　　　**1쇄 발행** 2020년 8월 3일
양장특별판 14쇄 발행 2024년 11월 21일

지은이 도리스 메르틴
옮긴이 배명자
펴낸이 김선식

부사장 김은영
콘텐츠사업본부장 박현미
책임편집 박윤아　**디자인** 황정민　**책임마케터** 오서영
콘텐츠사업4팀장 임소연　**콘텐츠사업4팀** 황정민, 박윤아, 옥다애, 백지윤
마케팅본부장 권장규　**마케팅1팀** 박태준, 오서영, 문서희　**채널팀** 권오권, 지석배
미디어홍보본부장 정명찬　**브랜드관리팀** 오수미, 김은지, 이소영, 박장미, 박주현, 서가을
뉴미디어팀 김민정, 이지은, 홍수경, 변승주
지식교양팀 이수인, 염아라, 석찬미, 김혜원
편집관리팀 조세현, 김호주, 백설희　**저작권팀** 이슬, 윤제희
재무관리팀 하미선, 김재경, 임혜정, 이슬기, 김주영, 오지수
인사총무팀 강미숙, 이정환, 김혜진, 황종원
제작관리팀 이소현, 김소영, 김진경, 최완규, 이지우, 박예찬
물류관리팀 김형기, 김선민, 주정훈, 김선진, 한유현, 전태연, 양문현, 이민운

펴낸곳 다산북스　**출판등록** 2005년 12월 23일 제313-2005-00277호
주소 경기도 파주시 회동길 490 다산북스 파주사옥 3층
전화 02-702-1724　**팩스** 02-703-2219　**이메일** dasanbooks@dasanbooks.com
홈페이지 www.dasanbooks.com　**블로그** blog.naver.com/dasan_books
종이 신승INC　**인쇄** 한영문화사　**코팅 및 후가공** 제일오엘앤피　**제본** 국일문화사

ISBN 979-11-306-9836-6(03300)